古代歷史文化研究輯刊

九 編

王 明 蓀 主編

第 12 冊

宋代官場儀制研究

王 鵬 著

國家圖書館出版品預行編目資料

宋代官場儀制研究／王鵬 著 — 初版 — 新北市：花木蘭文化
出版社，2013〔民 102〕
目 2+224 面；19×26 公分
（古代歷史文化研究輯刊 九編：第 12 冊）
ISBN：978-986-322-194-4（精裝）
1. 中國政治制度　2. 宋代
618　　　　　　　　　　　　　　　　　　102002674

ISBN-978-986-322-194-4

古代歷史文化研究輯刊
九　編　第十二冊　　　　　ISBN：978-986-322-194-4

宋代官場儀制研究

作　　者　王　鵬
主　　編　王明蓀
總 編 輯　杜潔祥
出　　版　花木蘭文化出版社
發 行 所　花木蘭文化出版社
發 行 人　高小娟
聯絡地址　235 新北市中和區中安街七二號十三樓
　　　　　電話：02-2923-1455／傳真：02-2923-1452
網　　址　http://www.huamulan.tw 信箱 sut81518@gmail.com
印　　刷　普羅文化出版廣告事業
初　　版　2013 年 3 月
定　　價　九編 27 冊（精裝）新台幣 45,000 元

宋代官場儀制研究

王　鵬　著

作者簡介

王鵬，山東臨朐人，獲得北京師範大學歷史學博士學位，現任教於西藏民族學院。研究領域包含宋代官制與禮制，取得系列成果。近來興趣逐步轉向民族史研究，關注點是中央王朝的邊疆民族政策。

提　　要

　　本文以宋代官場儀制為研究對象，通過對儀式與禮節的探討，重點研究宋代官員在國家禮儀制度中的角色差異。本文共計六章，前三章分別討論宋代官場相見儀、朝儀、合班儀，後三章則關注特殊群體的儀制角色問題，分別討論皇太子、宰輔群體的儀制地位，以及宋代文武官員儀制角色差異。宋代的百官相見儀制頒佈的背景是，唐五代以來的政治體制轉型。相見儀制是建立在規範官員相見禮儀的基礎之上的，儀制的變化要受到政治運作強烈影響。禮儀也不斷受到觀念與習俗的影響，儀制也保持與官場文化的互動。北宋文德殿朝儀包括常朝儀、入閣儀和月朔視朝儀。北宋文德殿常朝徹底形式化，但是直至神宗時才正式取消。宋初在文德殿舉行入閣儀，神宗時入閣儀被廢止，取而代之的是月朔視朝儀，徽宗時再次修訂，並載入《政和五禮新儀》。這一系列變化的背後是朝會制度的變革。

　　合班由朝會班位出發，進而被抽象成為一種位階序列，作為多種官職序列的混合，其高下依據是人而非事，因此被認為屬於品位分類。其與其他等級序列之間的關係，既有所區別，又互相影響，而且隨著制度變革而變化。皇太子儲君的身份，決定了其禮儀上獨特地位。對於宋代君主而言，在禮儀上壓低皇子的待遇，是為了壓抑臣子們的政治投機。對於士大夫而言，利用禮儀來塑造儲君的政治理念，是其理想與抱負的實施途徑。宋代宰相在禮儀體系中享有最高等級，拜相、上事等禮儀都可以證實這一點。宰相的禮儀等級在某種程度上成為一種禮儀符號，具備象徵意義和被利用闡釋的可能。宋代文官基於對其士大夫身份的自我認同，多傾向於在禮儀上貶低武臣，通常認為壓抑武臣地位是為了便於管理。但文武官員在國家儀制中大角色體現更多的是內外之別，而非文武之分。

目

次

緒　論

一、解題

　　禮在中國傳統文化中的地位毋庸置疑，孔穎達曾說：「中國有禮義之大，故稱夏；有服章之美，謂之華。華、夏一也。」〔註1〕對禮的研究無疑是中國古代史研究中不能迴避的問題。同時，禮在中國傳統文化中又是一個包羅萬象的概念，滲透到了社會生活的方方面面。一般而言，禮是儒家思想的核心觀念之一，「禮治」被用來描述一種儒家理想的政治秩序，法國學者汪德邁（Lion Vandermeersch）曾做過如下的觀察：「禮治是治理社會的一種很特別的方法。除了中國以外，從來沒有其他的國家使用過類似禮治的辦法來調整社會關係，從而維持社會秩序。這並非說禮儀這種現象是中國獨有的──此現象是很普遍的，任何文化都具有的──可是只有在中國傳統中，各種各樣的禮儀被組織得異常嚴密完整，而成為社會活動中人與人關係的規範系統。」〔註2〕這一描述指出，在「禮治」秩序中發揮作用的社會規範是以「禮儀」的形式出現的。另一方面，「禮治」的獨特性還在於「維護禮這種規範的是傳統」，「禮並不是靠一個外在的權力來推行的，而是從教化中養成了個人的敬畏之感」，換言之教化才是禮獨特的推行手段。〔註3〕

　　回到歷史的進程中，這種對「禮治」的描述並不完全等於社會現實，這

〔註1〕《左傳‧定公十年》孔穎達疏。

〔註2〕汪德邁：《禮治與法治──中國傳統的禮儀制度與西方傳統的JUS（法權）制度之比較研究》，《儒學國際學術討論會論文集》，濟南：齊魯書社，1989年。

〔註3〕費孝通：《禮治秩序》，載《鄉土中國 生育制度》，48～53頁，北京：北京大學出版社，1998年。

一觀念的形成本身就凝聚了儒家學者們的不斷闡釋與建構。〔註4〕具體到歷史場景中，禮很多時候是作爲一種制度出現的，比如《大唐開元禮》等名之爲「禮」的國家禮典。〔註5〕中國歷史上第一次頒佈禮典是在西晉武帝太康年間，而現存最早的禮典《大唐開元禮》則被視作國家禮典的典範。〔註6〕禮典的内容一方面源自對儒家經典的詮釋，另一方面則是基於現實政治的需要，對一些通行的社會規範進行改造。因此，在禮典的結構有很強的承襲性的同時，其内容也有深刻的時代烙印。

禮上陞到制度層面後，其實施是由國家機關的權力來保證的，維持禮的手段因而也會超越單純的教化範圍。同時禮作爲一種政治理念，其許多原則觀念滲透進了整個國家制度，瞿同祖所講的「中國法律之儒家化」，或曰「以禮入法」，正是這樣的過程。〔註7〕但這一過程並非是單方面的授受關係，而是一種互動與融合。近來閻步克在討論歷史上的冕制變遷時說：「冕制變遷的背後，是士人及其承載的文化傳統與王朝政治的互動，進而是早期中國文化的『禮制浪漫主義』與中國制度的『官僚理性主義』的互動。」〔註8〕其意在於強調中國歷史上存在著中國禮制與中國政制一體化的過程。不管是法律儒家化的過程還是禮制與政制一體化的過程，唐代都是一個階段性的標誌，宋以下則開啓了新的變化階段。〔註9〕因此對宋代禮制的研究要特別注意其與唐

〔註4〕 甘懷眞認爲，若把「禮」視作一語言符號，不同時代、不同學派、不同學者都會賦予它不同的意義内涵。參看甘懷眞：《先秦禮觀念再探》，載《皇權、禮儀與經典詮釋：中國古代政治史研究》，3～25 頁，上海：華東師範大學出版社，2008 年。

〔註5〕 關於國家禮典的形成可參看甘懷眞《「製禮」觀念的探析》（載《皇權、禮儀與經典詮釋：中國古代政治史研究》，59～85 頁，上海：華東師範大學出版社，2008 年）。該文認爲中國國家禮典的形成蘊含了兩類觀念：一是受命改制，這一觀念促進了禮制的法典化；二是天子推行教化觀念，這使得禮典所規範的内容涉及人民的日常生活。

〔註6〕 《新唐書》卷一一一《禮樂志一》稱讚《大唐開元禮》，「唐之五禮之文始備，而後世用之，雖時小有損益，不能過也。」

〔註7〕 參看瞿同祖：《中國法律與中國社會》第六章《儒家思想與法家思想》及附錄《中國法律之儒家化》，北京：中華書局，2003 年新 1 版。

〔註8〕 閻步克：《服周之冕：〈周禮〉六冕禮制的興衰變異》，426 頁，北京：中華書局，2009 年。

〔註9〕 唐代一般被認爲中國封建社會的成熟期，很大程度上是就國家制度而言的。閻步克認爲：「約中唐以後，君臣對『古禮』的熱情漸趨低落；除了必要的禮典，依『周禮』對王朝制度做大幅度改弦更張的事情，越來越罕見了」。（《服周之冕：〈周禮〉六冕禮制的興衰變異》，29 頁。）

禮的關係。〔註10〕

　　禮儀現在一般並稱，但是二者還是有一定的區別，禮本身包含了一系列相對抽象概念，而「儀則是禮的具體表現形式，它嚴格依據和遵循禮的規定和內容，形成的一套系統而且完整的程序和形式」〔註11〕。唐代禮典的完備，也是「儀」的系統化，儀制成爲可以遵循的、并由國家權力保障的禮的實施細則。實施細節規定的越是詳細，執行時自由裁量的空間就越小，在面對複雜多變的社會環境時，出現的問題也就越多。中唐開始，「變禮」盛行，禮的「儀注」之學日漸發達，至北宋禮典《政和五禮新儀》則以「儀」爲名。〔註12〕宋人謂：「禮之有儀，禮之細也，然儀猶不立，則何禮之足。」〔註13〕

　　唐宋禮的變化不只體現在國家制度層面，社會層面的變化更加引人注意。吳麗娛通過對中古書儀的研究，指出「唐後期禮的重心被轉移於地方官場」，「俗儀更多地取代朝廷正禮」，「官本位的觀念愈益支配現實生活，官位即是等級的標誌」。〔註14〕在這樣的背景下，官場禮儀的研究價值，被凸顯在國家與社會互動的層面上，這也是本文研究宋代官場禮儀的起點，即國家制度變遷脈絡與社會轉型期禮儀變化的雙重意義。

　　所謂官場，今天的意思是指「官吏階層及其活動範圍」。〔註15〕在此，「官場」不只包含官員活動的物理空間，如辦公場所，也包含人際網路所形成的

〔註10〕制度文本上，要注意其沿襲與差異；實踐層面，更要注意觀念的變化。

〔註11〕朱筱新：《中國古代的禮儀制度（增訂版）》，4頁，北京：商務印書館，1997年。

〔註12〕關於中唐開始禮的變化，參見姜伯勤：《唐貞元、元和間禮的變遷——兼論唐禮的變遷與敦煌元和書儀文書》，《敦煌藝術宗教與禮樂文明》，北京：中國社會科學出版社，1996年，442～458頁。

〔註13〕范成大：《論朝市儀注箚子》，《歷代名臣奏議》卷一百二十。

〔註14〕吳麗娛：《唐禮摭遺：中古書儀研究》，北京：商務印書館，2002年，637頁。

〔註15〕《現代漢語詞典》（第五版），北京：商務印書館，2005年，502頁。該條特別注明「貶義，強調其中的虛僞、欺詐、逢迎、傾軋等特點」，其價值取向十分明確。唐代杜牧《冬至日寄小侄阿宜》詩有「朝廷用文治，大開官職場」句，「官職場」之意已近似今日「官場」，卻未必有貶義；到清代「官場」才成爲習用之語，陳文述《自箴詩》有「名場有坎坷，官場有恩怨」，「自從入官場，名公多知己」之句（見《頤道堂集》詩選卷二十六，清嘉慶十二年刻道光增修本。）；清末李寶嘉《官場現形記》一出，「官場」的貶義大致無疑。需要指出的是，唐宋時期「官場」一般指官府設立的市場，如《宋史·食貨志上三》：「准詔課植桑棗，嶺外唯產苧麻，許令折數，仍聽織布赴官場博市，匹爲錢百五十至二百。」

政治空間。〔註 16〕在中國古代，官僚不僅在行政體系中承擔各種職能，另一方面也在禮制世界中充當著執行者。〔註 17〕對官場禮儀的研究關注的是禮儀因時代、場合與人物關係的變化。宋代官僚有一些不同於前代的變化，一方面，科舉制成爲文官的主要選拔途徑，文官中出身平民的比例大大增加了〔註 18〕；另一方面，高門士族在宋代已經煙消雲散，取而代之的是新的宗族類型。這些變化都影響了宋代官僚政治與宋代社會，吳宗國認爲：「（宋代）士大夫綜合型官僚的形成和與這個群體血肉相連的士人家族的出現，其範圍遠遠超出唐朝後期的舉人層，而向著明代紳士發展，從而使官僚政治建立在一個更深、更廣的土壤之上。」〔註 19〕

官場儀制的變化不只受到政治的（制度的、政局的）影響，此外還受到傳統（主要是儒家經典闡釋）的影響，而且處於與各種社會習俗不斷地互動中。就宋代而言，一方面，儒學發展到了一個新的時期，不管是以「宋學」爲名，還是作爲「宋明理學」歸類，都說明了此種變化之巨；另一方面，拋開「唐宋變革」所描述的巨大社會變遷不談，僅就坐具之改變就可稱之爲一個劃時代的改變。〔註 20〕這些都會影響到官場禮節，在這樣的背景下，深入考察禮節的變與不變都是理解這一系列變化的重要角度。〔註 21〕

〔註 16〕這裡的「政治空間」並非單純的物理空間，而是指皇帝、官僚進行政治活動的特定空間和時間，或者稱之爲「場」。既有官僚集團形成意見的「場」，也有皇帝裁決的「場」，朝會就成爲皇帝和官僚共有的一個進行政治活動的「場」。關於政治空間概念，參考平田茂樹《解讀宋代政治空間》，《宋代政治結構研究》，林松濤等譯，上海：上海古籍出版社，2010 年，289～332 頁。

〔註 17〕小林聰《漢六朝時代禮制和官制的關係》（《北朝史研究——中國魏晉南北朝史國際學術討論會論文集》，北京：商務印書館，2004 年，22～31 頁。）一文指出，魏晉南北朝時期，在以尚書省爲核心的現實行政體系之外，還存在著禮制世界的秩序，兩種體系既有聯繫又有區別。

〔註 18〕據陳義彥研究，《宋史》所載 1953 名官員中由平民入仕者達 55% 以上（陳義彥：《從布衣入仕論北宋布衣階層的社會流動》，《思與言》（臺北）第九卷第四號，1972 年）。

〔註 19〕吳宗國主編：《中國古代官僚政治制度研究》，緒論，5 頁，北京：北京大學出版社，2004 年。

〔註 20〕中國人的坐具由席變椅，並非一個一蹴而就的變化，其開始的具體時代尚有爭論，但其完成於宋代則是學界共識。

〔註 21〕禮儀不變部分也是值得關注的一點，世易時移，當人的關係發生變化時，禮儀的變與不變都有其獨特考慮，重複前代的禮儀也可能是一種對「傳統的發明」。霍布斯鮑姆認爲：「發明傳統本質上是一種形式化和儀式化的過程，其特點是與過去相聯繫，即使只是通過不斷重複。」（霍布斯鮑姆等編《傳統的

儀制與官制的關係十分密切，宋代的很多典禮雖然載於禮典，卻很少舉行，但儀制卻常被引用討論官制變化。北宋前期官制紊亂，官、職、差遣等並行，官品在區分官員等級上的作用被大大削弱，儀制成爲討論官員等級的重要依據，如雜壓在一定程度上起到官品的作用。

二、研究回顧

學術研究的脈絡是建立在對前人研究的理解上的，基於研究範圍，本節的回顧集中在兩個方面，政治史視野下的宋代禮制史研究與社會史視野下的宋代風俗史。

宋代政治史研究是宋史研究中積澱最深的領域，傳統的研究主要是制度史、事件史、人物研究，成果繁碩，在此不作贅述。〔註 22〕在此只是回顧一下近年來，宋代政治史研究的一些新的動向。首先是關於宋代政治文化的研究，重要的研究成果包括余英時《朱熹的歷史世界：宋代士大夫政治文化的研究》〔註 23〕、鄧小南《祖宗之法：北宋前期政治述略》〔註 24〕。前者的價值在於政治史與思想史的溝通，將宋代的新儒學放回到原有的歷史脈絡中重新加以認識。該書將「政治文化」一方面界定爲政治思維的方式和政治行動的風格，另一方面又兼指政治與文化兩大領域的互動。後者將「祖宗之法」視作一個若干「做法」和「說法」的集合體，揭示了政治與文化之間複雜的互動關係。此類研究拓寬了政治史研究的視野，提示我們重新認識士大夫官員與學者的雙重身份之間的複雜關係。二是日本學者基於微觀政治學立場的研究。寺地遵是日本宋史學界較早對以往基於宏觀政治學立場之研究進行反思的學者，例如他批判「唐宋變革論」容易偏重唐宋宏觀政治形態的類型比較，並形成了偏重於北宋史的傾向，因此他提倡開展基於「政治過程論」的研究，所謂「政治過程論」就是站在微觀角度確定政治現象是由什麼人、基於什麼原因、通過何種過程而發生，對過程作微觀、動態的分析。〔註 25〕寺

發明》，顧杭等譯，南京：譯林出版社，2008 年，4 頁。）

〔註 22〕關於二十世紀宋史研究的總體狀況可參考王曾瑜《宋史研究的回顧與展望》（《歷史研究》1997 年第 4 期），細緻的分析可參考朱瑞熙、程郁：《宋史研究》（福州：福建人民出版社，2006 年）、包偉民主編《宋代制度史研究百年：1900～2000》（北京：商務印書館，2004 年）。

〔註 23〕北京：生活・讀書・新知三聯書店，2004 年。

〔註 24〕北京：生活・讀書・新知三聯書店，2006 年。

〔註 25〕寺地遵：《南宋初期的政治史研究》，劉靜貞、李今芸譯，臺北：稻禾出版社，

地遵的反思帶動了日本宋史學界對政治空間、政治集團（基於「朋黨」構造的分析）、政治決策過程等的研究。〔註26〕但寺地等人的研究依然發源於宮崎市定關於宋代君主與臣僚直接接觸的論點，「君主獨裁制」等「唐宋變革論」的重要概念依然影響著他們的研究。〔註27〕日本學者的這一研究趨向，近年來得到了大陸學界的回響，對信息渠道、官方文書、政治決策程序等基於微觀、動態角度的政治史研究日益受到重視。〔註28〕

禮制研究，主要考察對象是國家禮儀制度。甘懷眞在總結二十世紀唐代禮制的研究時指出：「綜觀二十世紀中國學者對於禮的研究，多集中於思想文化層面，此層面不致有誤，但相對於重視禮是一種『精神文明』，卻也忽略了禮的制度層面，更不用說二者之間的關聯性問題。也因此禮的研究多在中文、哲學部門，少在歷史學部門。」〔註29〕這一判斷比較的是禮學和禮制兩個研究領域，而沒有涉及禮俗方面，但也許可以用來說明宋代禮制研究相對薄弱

1995 年。

〔註26〕 參看平田茂樹系列文章，《日本宋代政治史研究述評》（載包偉民主編《宋代制度史研究百年（1900～2000）》，40～63 頁，北京：商務印書館，2004 年）、《日本宋代政治史研究現狀與課題》（《史學月刊》2006 年第 6 期，95～102 頁）。

〔註27〕 參看王化雨：《唐宋變革與政治制度史研究》，《中國史研究》2010 年第 1 期，第 31～36 頁。王文提出「不應將『變革』視爲觀察唐宋制度的唯一視角」，體現了作者對當前「唐宋變革」研究熱潮的較爲清醒的認識，其實這一熱潮的出現，也反應了當前唐宋研究中有解釋力的框架的缺乏。

〔註28〕 這一系列研究主要由鄧小南所推動，研究成果如鄧小南主編《政績考察與信息渠道：以宋代爲重心》（北京：北京大學出版社，2008 年）、王化雨《宋朝君主的信息渠道研究》（北京大學博士論文，2008 年，導師鄧小南）、張禕《制詔敕箚與北宋的政令頒行》（北京大學博士論文，2009 年，導師鄧小南）等。

〔註29〕 胡戟等主編《二十世紀唐研究》，北京：中國社會科學出版社，2002 年，「政治卷」第五章「禮制」，甘懷眞撰，178 頁。該文論述分四個主題進行：禮與政治社會的原理、禮與國家論、禮制與文化教養、唐禮與東亞世界。第一個主題涉及到禮作爲階級統治工具和禮律關係的研究。第二個主題則源自日本學者的禮制研究，日本學者基於對中國「國家爲何」問題的反思，從禮制的角度重新思考漢唐皇帝制度，其中包含即位禮、元會禮、郊祀禮、宗廟禮等的一系列研究，並由此引發對國家禮典的重視，在這一思路影響下，大陸、臺灣學者引發了對漢唐禮制的研究的熱潮。第三個主題則聚焦於六朝隋唐的士大夫禮儀和敦煌書儀，這一方面的研究與「唐宋變革說」的推動密不可分。第四個主題的討論基點是外交禮儀和傳統朝貢體制，由於有日、韓學者的積極推動而有了多角度的考察。

的原因。張文昌《唐宋禮書及其研究的回顧與展望》〔註 30〕一文指出，以宋代禮典爲研究對象的成果數量遠不及唐代，與宋代禮典研究冷清相對照的卻是司馬光《書儀》和朱熹《家禮》研究的熱絡。該文認爲這一狀況與唐宋時代的特性有莫大的關係，這首先與該文是以「唐宋變革說」作爲對話對象有關，但該文由此提出了一個非常重要的問題，即宋人對禮儀的認知與唐人相比是否已經發生了很大的變化，這一變化與唐宋社會轉型的關係如何。要解讀這一問題，甘懷眞關於漢代威儀和教化兩種製禮觀念的區分似乎可資借鑒。〔註 31〕所謂威儀是指將禮儀視作一種蘊含神聖性或者權力正當性的儀式符號，可以用來表徵實踐者的身份等級和社會秩序。教化觀念則將禮儀視作可以通過改造人民行爲來達到社會秩序重建目的的制度規範。這兩種觀念展現在不同制度層面，有時是對立的，有時又是同一的，因此可以用來分析宋人的禮儀觀念，進而分析具體的禮儀制度。

關於宋代禮制研究的具體成果，前引張文昌論文已經回顧的，在此就不再贅述，下面的分析按制度運行目標大致分作威儀與教化兩類。歸入威儀角度的內容主要是展示身份的朝廷禮儀。宋炯《唐宋時期的朝會和朝位》通過梳理唐宋朝會變化的脈絡，考察了朝位對官制變化的意義，北宋前期的合班制度實際上起到了官品的作用。〔註 32〕該文其實從可以視作官制研究，因爲其目的是爲解讀宋代的合班制度，但朝位是君臣相見的朝會禮儀中的關鍵環節之一，而且該文的研究更證實了朝位在區分官員等級方面的關鍵作用。〔註 33〕皮慶生《宋代的「車駕臨奠」》，將臨奠禮納入唐宋轉型的解釋框架，指出北宋末政和年間臨奠禮發生了重大變化，其儀式的重心從實施對象（臣下）向實施者（君主）一方傾斜，民間喪禮中的佛教因素也滲透進來，而北宋中期開始出現的新的經典解釋思路也推動了傳統臨奠禮中巫術因素的隱退。〔註 34〕吳羽《唐宋禮典與社會變遷——以〈中興禮書〉爲中心》是宋史學界少見禮典研究，其對文獻的整理工作意義重大，作者研究集中於三個方面，一是梳理了中晚唐以來的禮學

〔註 30〕 載黃俊傑主編《東亞儒學研究的回顧與展望》，125～175 頁，上海：華東師範大學出版社，2008 年。張文昌的研究思路也可參看其博士論文《唐宋禮書研究——從公禮到家禮》（臺灣大學歷史學研究所，2005 年，導師高明士）。
〔註 31〕 甘懷眞《「製禮」觀念的探析》，載《皇權、禮儀與經典詮釋：中國古代政治史研究》，59～85 頁，上海：華東師範大學出版社，2008 年。
〔註 32〕 南京大學博士論文，2002 年，導師李昌憲。
〔註 33〕 關於宋代朝會禮儀其他研究成果評述，可參見本文第二章論述。
〔註 34〕 《臺大歷史學報》第 33 期，43～69 頁，2004 年 6 月。

（主要是韋彤《五禮精義》）與禮典（《元和曲臺新禮》和《政和五禮新儀》）對《中興禮書》的影響；二是分析了唐宋道教對國家禮制的影響，研究由玉清昭應宮、太一宮、南宋臨安璿璣觀三個個案組成；三是對都城禮儀空間的討論，主要是京師涉外館驛和南宋臨安佛寺的個案研究。〔註35〕該文的研究充分利用了《中興禮書》的史料，研究視野基本承襲於唐史學界「禮與國家論」，值得關注的一點是作者提出了中唐以來的儀注之學對宋代國家禮典編纂的影響問題。樓勁《宋初禮制沿革及其與唐制的關係——兼論「宋承唐制」說之興》通過對宋初三朝禮制文獻史料的爬梳，指出眞宗朝興起的「宋承唐制」之說有意識淡化了宋制與五代繼承關係。〔註36〕

關於宋代外交禮儀的研究是威儀部分成果相對集中的領域。首先就是關於交聘禮儀的研究。「交聘」強調的是兩國之間的平等交往關係，研究多著墨於遼宋、金宋關係，前輩學者如聶崇岐、傅樂煥等所作之基礎研究，禮儀問題雖有涉及但多未作專文討論，這一問題近年則得到改觀。〔註37〕具體到交聘制度基本由兩方面組成，一是出使，所謂國信使即屬此；一是接待，包括接伴、館伴、送伴等內容。可能是基於史料所限，交聘禮儀專門研究多集中於後一方面。稍早的研究有趙永春的兩篇論文《宋金關於「受書禮」的鬥爭》、《宋金關於交聘「國書」的鬥爭》，「受書禮」即宋金雙方互派使臣遞交國書的禮節，這兩篇文章介紹了南宋因「受書禮」而與金所進行的交涉過程。〔註38〕近年曹顯徵《遼宋交聘制度研究》詳細討論了北宋接待遼朝使臣之禮儀、館伴禮儀以及遼朝館伴禮儀，討論方式主要是依照禮儀程序展開。〔註39〕李輝《宋金交聘制度研究（1127～1234）》關於宋金交聘禮儀論述也集中在受書儀和接送、館伴禮儀上。〔註40〕吳曉萍《宋代外交制度研究》第三章是外交禮儀制度，包括迎送就館、交聘禮儀、禮物互饋制度，分類方式雖有不同，

〔註35〕中山大學博士論文，2007年，導師姜伯勤。

〔註36〕《中國史研究》2008年第2期，57～76頁。

〔註37〕聶崇岐《宋遼交聘考》，《宋史叢考》下冊，北京：中華書局，1980年，283～375頁。傅樂煥《宋遼聘使表稿》，《遼史叢考》，北京：中華書局，1984年，179～285頁。宋代交聘制度研究成果頗豐，此不贅述。

〔註38〕趙永春《宋金關於「受書禮」的鬥爭》、《宋金關於交聘「國書」的鬥爭》，載《金宋關係史研究》208～221頁及196～207頁，長春：吉林教育出版社，1999年。

〔註39〕中央民族大學博士論文，2006年，導師李桂芝。

〔註40〕復旦大學博士論文，2005年，導師姚大力。

但研究模式並無不同。〔註41〕除交聘禮儀之外，其他外交禮儀的探討相對零散，以下僅對筆者所見成果作一簡述。山崎覺士《吳越國王與「眞王」含義——五代十國的中華秩序》以吳越國王的冊命文中「眞王」一語為線索分析了吳越國在五代「天下」秩序中的地位。〔註42〕藤善眞澄則聚焦於成尋《參天台五臺山記》所載朝見程序，比對宋朝官方禮書中的賓禮儀式，作了細緻的文本考察。〔註43〕

　　教化角度的內容涉及到禮制在國家與社會之間的互動，關於宋代士大夫私撰禮書的研究是這一方面成果最集中的領域，可參看張文昌的回顧，此不贅述。宋代的祠神信仰問題近年頗受重視，放在禮制角度觀察則是對祭祀制度的討論，論者多從國家權力向地方滲透角度著手，比如正祀淫祀的劃分、政府的賜額制度，這或可以視作葛兆光所謂「國家與士紳雙重支持下的文明擴張」的體現。〔註44〕葛兆光對皇權和士紳的區分承襲費孝通的思路，將宋代視為中國近世生活倫理同一性確立的關鍵時期，這一論述提示我們宋代禮儀的考察或許可以放在由教化達成新的生活倫理的進程來看。日本學者山口智哉對宋代鄉飲酒禮的研究值得關注，鄉飲酒禮在先秦被賦予「明長幼之序」和「進賢能」的功能，在唐代進入國家禮典，與正齒位禮分離，局限於地方舉行，北宋的鄉飲酒禮雖然存於禮典中，但實際並未實行，到南宋則被士大夫們改造為替舉人壯行的集會。〔註45〕楊建宏《宋代禮制與基層社會控制研究》從社會控制的角度考察禮制，並區分了士紳與政府在其中的不同角色，

〔註41〕合肥：安徽人民出版社，2006年。
〔註42〕平田茂樹等主編《宋代社會的空間與交流》127～156頁，開封：河南大學出版社，2008年。
〔註43〕藤善眞澄《宋朝の賓禮——成尋の朝見をめぐって》，《關西大學東西學術研究所紀要》36，2003年。
〔註44〕葛兆光論述可參見其《中國思想史》第二卷第二編第三節（上海：復旦大學出版社，2005年）。對祠神信仰研究回顧參看蔣竹山《宋至清代的國家與祠神信仰研究的回顧與討論》（《新史學》第八卷第二期，1996年6月，187～220頁。具體研究成果如皮慶生《宋代民眾祠神信仰研究》（上海：上海古籍出版社，2008年）。
〔註45〕主要包括《宋代鄉飲酒禮考——儀禮空間としてみた人的結合の〈場〉》（載廣島史學研究會：《史學研究》241，2003年）、《南宋鄉飲酒禮考》（載劉海峰主編《科舉制的終結與科舉學的興起》，238～253頁，武漢：華中師範大學出版社，2006年）。此外其他斷代的相關研究如游自勇《漢唐時期「鄉飲酒」禮制化考論》（《漢學研究》第22卷第2期，2004年12月）、申萬里《宋元鄉飲酒禮考》（《史學月刊》2005年第2期，28～36頁）。

該文實質上依然將禮視爲統治工具，在當前大陸學者的研究中有相當的代表性。〔註46〕

再來看宋代社會風俗史研究，也有稱之爲社會生活史或民俗史。在二十世紀社會史眼光向下研究思路下，標示爲社會生活史、風俗史、民俗史的成果大量湧現。〔註47〕此類成果採用的多是列舉式表述，只考察其存在，而甚少涉及演變與社會背景之考察。社會風俗史研究包羅萬象，在此只是簡述一下涉及本文研究範圍的成果。首先是宋代的交際風俗。方健《宋代的相見、待客與交遊風俗》〔註48〕分別討論了宋代的相見、待客、交遊風俗，前兩部分以禮節分析爲主，第三部分則對交遊形式、宋人交友觀、奔競之風等作了分析。徐吉軍等著《中國風俗通史・宋代卷》第十三章爲交際風俗，討論了相見、待客、交遊、饋贈、通信、賀弔、稱謂七種風俗，收集資料詳盡，但未能按照交際雙方的身份作更細緻的分類探討。〔註49〕朱瑞熙等著《宋遼西夏金社會生活史》雖沒有專章討論交際風俗，但第十九章「稱謂和排行」也涉及交際禮節，如對士大夫之間的通用稱謂的研究。〔註50〕相似的研究成果又可見朱瑞熙《宋代的官民稱謂》〔註51〕。與大陸學界的狀況略有不同，臺灣宋史學界相關研究更加側重禮俗之互動，如彭利芸《宋代婚俗研究》〔註52〕、張永升《宋代士庶人之喪葬禮俗研究》〔註53〕等。

風俗史研究中還包含著十分重要的一環，即禮節研究，較早的研究成果如黃現璠《我國禮節形態與演變之研究》、《中外坐俗研究》〔註54〕、李濟《跪

〔註46〕 四川大學博士論文，2006 年，導師蔡崇榜。

〔註47〕 對二十世紀社會史研究思路的總結反思，可參看趙世瑜、鄧慶平《二十世紀中國社會史研究的回顧與思考》，《歷史研究》2001 年第 6 期，157～172 頁。國內宋史學界的研究成果狀況可參看王善軍《近 20 年來宋代社會生活史研究綜述》（《中國史研究動態》2001 年第 2 期，9～13 頁）與朱瑞熙、程郁《宋史研究》第五章（福州：福建人民出版社，2006 年）。

〔註48〕 《浙江學刊》2001 年第 4 期，第 123～128 頁。

〔註49〕 上海：上海文藝出版社，2001 年，第 795～858 頁。

〔註50〕 朱瑞熙等：《宋遼西夏金社會生活史》，北京：中國社會科學出版社，1998 年。

〔註51〕 《上海師範大學學報》1990 年第 3 期，103～110 頁。

〔註52〕 臺北：新文豐出版公司，1988 年。

〔註53〕 國立成功大學歷史語言研究所碩士論文，1994 年，導師黃耀能。

〔註54〕 兩文原載於 1941 年《掃蕩報》，現收入《古書解讀初探：黃現璠學術論文選》，103～151 頁，桂林：廣西師範大學出版社，2004 年。前文分析跪拜等禮節及其演變，後文坐俗討論則涉及中、日，以及印度佛教。

坐、蹲居與箕踞》〔註55〕今時依然有相當的參考價值。宋代禮節研究的系統
性成果主要體現在前述風俗史、生活史的專著中。此外，朱大渭《中古漢人
由跪坐到垂腳高坐》認爲東晉南北朝是人們由跪坐向垂腳坐的轉變期，而且
傳統是床、榻傢具足部也是在這一時期日漸增高。〔註56〕徐美莉《中國古代
的客禮》認爲客禮與甄別尊卑等級的臣禮相對立而存在，常被引用到不同社
會等級成員的交往，用以表達平等、不屈或尊崇的意思。區分了客禮和賓禮
的不同，認爲賓禮是將平等意義上的客禮與表示尊卑關係的君臣禮相聚合的
結果。雖然該文對賓禮的梳理尚有值得探討的方面，但客禮與臣禮概念可以
用來分析相見禮。〔註57〕甘懷眞《中國古代君臣間的敬禮及其經典詮釋》以
古代中國與日本的敬禮比較爲契機，通過梳理拜禮和起立爲禮兩種禮儀符號
在儒家經典詮釋中的變化，展示了漢唐間皇權藉由儒家經典詮釋以獨佔一些
禮儀符號，從而凸顯君臣身分的差異。〔註58〕李斌城《唐代上朝儀初探》對
「蹈舞禮」進行了探討，認爲此儀式創於隋代，並說蹈舞禮是臣對君所實施
的禮，是君臣關係的象徵。〔註59〕朱瑞熙在討論經筵講讀的方式和方法梳理
了坐講和立講的演變過程。〔註60〕劉淑芬《〈禪苑清規〉中所見的茶禮與湯禮》
以《禪苑清規》爲主要資料，配合其他相關文獻，探討寺院的茶禮和湯禮，
以及這些禮儀與唐、宋社會生活的關聯，作者將寺院茶、湯禮和世俗社會中
的禮節做一比對，發現其中部分取材自當時官方的禮節，反映出佛教寺院與
世俗社會之間一種微妙的互動關係。〔註61〕

　　官場禮俗不可避免的涉及的是對官員身份的思考，在社會史的視野中，
官僚與士大夫緊密聯繫在一起。將士大夫視作特殊的社會階層的研究，大致
上可歸類爲社會史範疇的研究。〔註62〕就宋史學界而言，美國學者的研究尤

〔註55〕《李濟考古論文集》（上），文物出版社，1985 年。
〔註56〕載《六朝史論》，中華書局，1998 年 8 月，36～63 頁。
〔註57〕《孔子研究》2008 年第 4 期，第 95～102 頁。
〔註58〕《臺大歷史學報》第 31 期，第 45～75 頁，2003 年 6 月。
〔註59〕《唐文化研究》，上海人民出版社，1994 年。
〔註60〕朱瑞熙《宋朝經筵制度》，《中華文史論叢》第五十五輯，1～52 頁，上海：上
　　　　海古籍出版社，1996 年。
〔註61〕《中央研究院歷史語言研究所集刊》第 78 本第 4 分冊，2007 年 12 月，629
　　　　～670 頁。
〔註62〕社會史角度對士大夫階層的研究，最有影響力的是關於「士紳階層」的討論。
　　　　這一討論發端於二十世紀上半葉費孝通和吳晗等著的《皇權與紳權》（上海：
　　　　觀察社，1948 年）吳晗認爲官僚、士大夫、紳士、知識份子四位一體，皇權

其需要注意,「大部分美國學者對宋代的研究,實際上都和所謂的『士大夫』(士人)和他們的文化有關」。〔註63〕美國學者對士大夫身份的理解,出發點是韋伯關於中國社會的等級是由爲官資格決定的論述,同時又受到帕累托「精英循環」理論的影響,將士大夫視爲社會的精英集團。〔註64〕正是基於這一理解,美國學者的研究多從科舉制度出發,基於考察社會流動的目的,延伸到研究士大夫的家族與婚姻,逐漸擴展到士大夫的方方面面,如包弼德對士大夫思想轉型的考察〔註65〕,再如劉子健對宋代人物的研究〔註66〕,韓明士則引入了對精英地方性的考察〔註67〕。臺灣宋史學者受美國影響較大,具體成果如黃寬重《宋代的家族與社會》〔註68〕等。相比於美國,日本宋史學界原本將士大夫界定爲文化上是讀書人、政治上是官僚、經濟上則是地主或者商業經營者,這一界定與馬克思主義對日本史學的影響有關。近年來,日本的研究者逐漸傾向於將士大夫更寬泛地定義爲知識份子。〔註69〕研究視角集

與紳權具有同一性;費孝通則認爲官僚與皇權存在對立關係,紳士是士,官僚是大夫。這一論爭在宋史學界的回響遠不及明清史學界,原因可能與宋代情況與明清還存在一定的差異有關。關於明清學界的討論回顧可參見楊念群《中層理論:東西方思想會通下的中國史研究》第四章「從『士紳支配』到『地方自治』:基層社會研究的範式轉變」,南昌:江西教育出版社,2001年。國內宋史學界關於鄉紳、士紳的研究,較早的有徐規《試析陳亮的鄉紳生活》(收入《仰素集》,杭州:杭州大學出版社,1999年,533〜548頁),近年則如周揚波《宋代士紳結社研究》(北京:中華書局,2008年)。

〔註63〕 包弼德:《美國宋代研究的近況》,《新史學》第六卷第三期,118頁。

〔註64〕 參看羅禕楠《模式及其變遷——史學史視野中的唐宋變革問題》,《中國文化研究》2003年夏之卷,18〜31頁。

〔註65〕 包弼德:《斯文:唐宋思想的轉型》,劉寧譯,南京:江蘇人民出版社,2001年。

〔註66〕 劉子健人物研究的代表作如《歐陽修的治學與從政》(臺北:新文豐出版公司,1963年),另一部著作《中國轉向內在——兩宋之際的文化轉向》(趙冬梅譯,南京:江蘇人民出版社,2001年)更將士大夫文化的整體考察與人物個案研究相結合。

〔註67〕 具體可參考包偉民的書評,《精英們「地方化」了嗎——試論韓明士〈政治家與紳士〉與「地方史」研究方法》(《唐研究》第十一卷,653〜671頁,北京:北京大學出版社,2005年)。

〔註68〕 北京:國家圖書館出版社,2009年。對與士大夫家族的研究可參看郭恩秀《八〇年代以來宋代宗族史中文論著研究回顧》(《新史學》第16卷第1期,2005年3月,125〜128頁。

〔註69〕 參看眞鍋多嘉子《近十五年來日本對宋代士大夫的研究》,《中國史研究動態》2005年第8期,24〜28頁。

中於社會網路、空間，關注士大夫的日常交流和關係的建構。〔註70〕大陸學者從社會史角度出發的士大夫研究成果，先前多從社會階級角度的分析，近年來則集中於家族史的研究。〔註71〕此外，關於士大夫的交遊的討論也日漸增多。〔註72〕在此有必要一提的是近年兩篇問題意識較爲突出的博士論文，即吳諍強《宋代科舉與鄉村社會》〔註73〕與傅俊《南宋的村落世界》〔註74〕。前文是站在宋史研究立場上對「士紳階層」討論的回應，作者從國家與社會角度切入，指出了先前研究將西方「市民社會」比附於中國傳統的「士紳階層」所造成的研究困境，試圖引入艾森斯塔得關於「歷史官僚帝國的政治體系」的論斷，即中央集權的官僚帝國必須以相當程度的社會分化爲條件，但這種分化又不能超出統治者的傳統合法性所能容許的限度，官僚政治體系的分化必須與傳統社會共同體共存。該文的結論是科舉與理學雖然爲專制政權和鄉村社會的整合提供了一種有效的機制，但並不能改變專制政權與鄉村社

〔註70〕這一視角的轉換直接体現在日本宋代史研究會報告集第 6 集《宋代社會的网絡》（遠藤隆俊等編《宋代社會のネットワーク》，汲古書院，1998 年）和第 7 集《宋代人的認識——相互性與日常空間》（岡元司等編《宋代人の認識——相互性と日常空間》，汲古書院，2001 年）的主題上，此外還有平田茂樹等編《宋代社會的空間与交流》（《宋代社會の空間とコミユニケーション》，汲古書院，2006 年。該書中譯本由河南大學出版社 2008 年出版，但文章有刪節）。單篇論文則如平田茂樹《從小說史料看宋代科舉社會的人際結合》（劉海峰主編《科舉制的終結與科舉學的興起》，347～354 頁，武漢：華中師範大學出版社，2006 年）等。

〔註71〕關於宋代階級結構的研究成果以王曾瑜先生《宋朝階級結構》（河北教育出版社，1996 年）爲代表，這一研究思路基於户籍制度的考察，實際影響著同時期對士大夫身份的界定。近年來出現了家族史研究的熱潮，代表性著作如張邦煒《宋代婚姻家族史論》（北京：人民出版社，2003 年。）、王善軍《宋代宗族和宗族制度研究》（石家莊：河北教育出版社，2000 年），這類研究接近於美國學者的思路。關於宋代社會史的研究成果回顧可參看朱瑞熙、程郁《宋史研究》第五章，福州：福建人民出版社，2006 年。

〔註72〕稍早的研究如鄧小南《北宋蘇州的士人家族交遊圈——以朱長文之交遊爲核心的考察》（《國學研究》第三卷，北京：北京大學出版社，1996 年，451～486 頁）、《龔明之與宋代蘇州的龔氏家族——兼談南宋昆山士人家族的交遊與沉浮》（《中國近世家族與社會學術研討會論文集》，臺北：中央研究院歷史語言研究所，1998 年）基本在家族史的範疇內討論交遊。最近則有梁建國《朝堂內外：北宋東京士人交遊諸側面》，北京大學博士論文，2007 年，導師鄧小南）開始重視空間等因素，思路接近日本學者。

〔註73〕浙江大學博士論文，2006 年，導師包偉民。

〔註74〕浙江大學博士論文，2009 年，導師包偉民。

會作爲兩個不同的社會主體而存在的基本前提。後一篇論文則以宋代多數人
生活的主要空間場所——村落爲起點，將人群之間的關係網絡、官民之間的
互動與對話作爲實體空間的社會內涵來考察，作者並未直接回應社會結構分
層的問題，而是強調了研究日常生活的意義，重點關注日常生活中的各種關
係是如何構築一個「村落世界」的。這兩篇論文並非是直接討論宋代的士大
夫問題的，但都是基於社會史角度來考察宋代不同人群的身份、關係問題，
其啓示意義不容忽視。

三、研究思路與論文結構

宋代官制研究的難點之一就是名實混雜，有官、有職、有差遣，欲理清
其脈絡殊爲不易，儀制是一個可資利用的切入點。官場儀制的核心是官員權
力地位，官員權位的變動常伴隨著儀制的改變。現代官僚制研究有「多餘行
爲」的概念，指從功能角度看所有不爲外部提供服務的制度與行爲。在這一
點上，官場禮儀在很大程度上屬於「多餘行爲」。〔註75〕但對外部的「多餘」，
並不等於毫無意義，官場禮儀不僅在維繫官僚組織內部的秩序上十分重要，
而且在「官本位」社會的塑造上也扮演了重要角色。張星久認爲：「任何官僚
機構的活動一旦『制度化』而成爲『官僚制度』，就必然發育形成一種獨立於
個人意志、照章辦事、對事不對人的『自主性』，官僚機構的職權就會變成『常
規化權力』。」〔註76〕官場禮儀某種程度上也是這種「常規化權力」的體現。

年鑒學派認爲，規範不能當作純粹強制性的東西來分析，而應該是社會
角色爲自我定位建立的一套參考點，以及限定條件下可動員之資源。〔註77〕
儀制的實行要依賴於官員對自身角色的定位。對禮節的考察是一個中介，目
的是考察禮節所代表的人際關係和價值觀念。比如禮制和習俗就代表著官方
正統價值觀與社會大衆價值觀，二者禮節方面的互相影響在一定程度上體現
了兩種價值觀念的互相影響。儒家設計禮制的目的在某種意義上也可以視作
試圖藉由特定的禮儀符號來凸顯其價值觀念，這種符號可能來自習俗，但經

〔註75〕閻步克認爲官階的研究屬於「多餘行爲」，見《中國古代官階制度引論》，22
頁，北京：北京大學出版社，2010 年。
〔註76〕史雲貴：《外朝化、邊緣化與平民化——帝制中國「近官」嬗變研究》2 頁，
張星久序，上海：上海人民出版社，2009 年。
〔註77〕韓明士《道與庶道：宋代以來的道教、民間信仰和神靈模式》，皮慶生譯，南
京：江蘇人民出版社，2007 年，12 頁。

過儒家的經典闡釋，從而具備特殊意義。

　　本文的研究擬從分析儀制入手，考察儀制對於國家與官員的雙重意義，因此對官場儀制的研究主要是圍繞官場上各種角色的定位展開的。本文共計六章，前三章分別討論宋代官場相見儀、朝儀、合班儀，朝儀以北宋文德殿朝儀為例來展開；後三章則關注特殊群體的儀制角色問題，分別討論皇太子、宰輔群體的儀制地位，以及宋代文武官員儀制角色差異。

第一章　宋代百官相見儀制述論

　　相見禮之名源自《儀禮》中所存《士相見禮》篇，《士相見禮》主要記述的是士與士的相見禮節，但也包括了士與大夫相見、士及大夫見君、侍食見先生、侍坐於君子等內容。《禮記‧王制》所言「六禮」爲「冠、婚、喪、祭、鄉、相見」，其目的是「司徒修六禮以節民性」，將相見禮與婚、喪等禮並列，視作日常生活的重要禮儀之一。清人秦蕙田在總結相見禮時認爲：「蓋先王重交際之禮，必介紹以通其誠，贄幣以厚其禮，揖讓以致其敬，以故上交不諂，下交不瀆，有交孚之德而無苟合之咎。古人列朋友於五倫，而相見之禮與冠、昏、喪、祭並舉，誠重之也。」〔註1〕簡言之，相見禮是儒家根據原本士禮，加以擴充，從而形成的一種日常交際禮儀，因此相見禮可以視作相互見面的禮儀。〔註2〕

　　關於古代禮儀制度的分類，「五禮」體系影響最大，並在唐代正式成爲國家禮典的基本分類方式。〔註3〕「五禮」之名最早見於《尚書》和《周禮》，按《周禮‧春官‧大宗伯》所述「五禮」之功能，基本上屬於治國之禮。〔註

〔註1〕《五禮通考》卷二三二，卷首案語。
〔註2〕彭林認爲：「之所以稱相見，是因爲賓執贄見主人後，主人又還贄見賓，雙方互爲賓主。」（《儀禮全譯》，貴陽：貴州人民出版社，1997年，76頁。）就宋代而言，從宋太祖乾德二年製定「內外群臣相見之儀」看，相見基本上可以理解爲相遇、見面。
〔註3〕演變過程可參看楊志剛《中國禮儀制度研究》第二章第三節「五禮制度的草創與完備」，156～176頁，上海：華東師範大學出版社，2001年。
〔註4〕《尚書‧堯典》：「舜修五禮。」《周禮‧春官‧大宗伯》：「以吉禮祀邦國之鬼神祇」；「以凶禮哀邦國之憂」；「以賓禮親邦國」；「以軍禮同邦國」；「以嘉禮親萬民」。

4）《周禮》的這種「五禮」體系並不能涵蓋儒家經典所載的各種禮儀，《儀禮》與《禮記》中還有所謂「六禮」、「八禮」等各種分類方式。但隨著國家的禮典編纂逐漸定型化，各種禮儀逐漸被納入到「五禮」體系中。相見禮最初只是士禮，並未出現在國家禮典中，而是作為一種交誼之禮在士人階層中流傳。如果禮可以劃分為禮制和禮俗兩個層面的話，此時的相見禮更多的是屬於禮俗範疇。《大唐開元禮》之嘉禮雖然出現了皇太子與師、傅、保相見禮，但這種相見禮還是被歸入朝會禮儀範疇的。〔註5〕而且《唐六典》中已規定了若干官員相見時的原則。北宋乾德二年，正式頒行了「內外群臣相見之儀」，原本只是士禮的相見禮正式進入國家制度的範疇。〔註6〕但需要指出的是，北宋末的《政和五禮新儀》並未將這一內容納入國家禮典。而且在內容規定上依然承襲了唐代的若干原則。到明代，洪武三年修成的《明集禮》也未見相見禮的身影，但《明史‧禮志》卻載有「品官相見禮」與「庶人相見禮」。〔註7〕乾隆時編修的《清通禮》其賓禮部分共分兩卷，其中一卷即為相見禮，至此相見禮有了系統完備的規定。〔註8〕

在「五禮」體系中，相見禮一般被歸入賓禮。首先從字面意思來看，相見禮就與賓禮有著密切的關係。甲骨文的賓字，上面象屋形，下面是「人」和「止」。表示客人來到屋下，即賓客到門。金文將「止」改為「貝」，小篆從之，表示賓禮一定有贄。同時，在《士相見禮》中用賓主來稱呼相見雙方，相見過程中所執的其實可以稱作賓主之禮。漢代鄭玄就明確將士相見禮歸入賓禮。〔註9〕但這種分類方式依據的是《儀禮》，而在《周禮》的「五禮」體系中，賓禮主要包括朝、宗、覲、遇、會、同、問、視，都屬於諸侯或諸侯派使者拜見天子之禮，兩者的區別在於前者是基於社會通行規範，後者是基

〔註5〕《大唐開元禮》卷一一三，533頁，洪氏公善堂刊本影印本，北京：民族出版社，2000年。
〔註6〕《宋史》卷一一八，2788頁，北京：中華書局，1985年。
〔註7〕《明史》卷五六，俱為洪武時頒行。
〔註8〕《欽定大清通禮》卷四四，共載17種相見禮，包括：宗室外蕃親王相見、宗室外蕃郡王相見、宗室外蕃貝勒相見、宗室外蕃貝子公相見、京官敵體相見、京師屬官見長官、國學師弟子相見、直省官敵體相見、直省文官見長官、直省武職見長官、直省官見學政鹽政、京府官屬相見、直省文武官相見、直省滿漢官相見、士賓友見、受業弟子見師長、幼卑見尊長。
〔註9〕《儀禮‧士相見禮》鄭玄注：「士相見於五禮屬賓禮。」

於國家制度的。〔註10〕從國家禮典的沿革看，「五禮」體系在唐代逐漸完備，《大唐開元禮》按照「吉、賓、軍、嘉、凶」撰作，此後歷代王朝禮典基本承襲了這一結構框架，只是《明集禮》將五禮順序調整爲「吉、嘉、賓、軍、凶」。〔註11〕《大唐開元禮》之賓禮部分包括六種禮儀，屬於與蕃國外交禮儀。北宋末的《政和五禮新儀》則將朝儀納入賓禮體系。〔註12〕《宋史‧禮志》在解釋這一變動時言：「《周官》：司儀掌九儀賓客擯相，詔王南鄉以朝諸侯；『大行人掌大賓之禮、大客之儀，以親諸侯』。蓋君臣之際體統雖嚴，然而接以仁義，攝以威儀，實有賓主之道焉。是以《小雅‧鹿鳴》燕其臣下，皆以嘉賓稱之。宋之朝儀，政和詳定五禮，列爲賓禮。今修《宋史》，存其舊云。」〔註13〕這裡強調之所以將朝儀納入賓禮，是因爲君臣之間遵循賓主之道符合賓禮的主旨。《明集禮》的賓禮並未繼承這一變化，朝儀重新被歸入嘉禮。在禮典層面上，《清通禮》之賓禮部分才是自唐代以來的最大變化，相見禮與外國朝貢禮平分秋色。

　　跳脫開「五禮」體系，官員相見的禮節性規定實際上一直存在於官僚制度中，可以稱之爲一種儀制方面的規定。應劭《漢官儀》中就包含不少官員相見的儀制規定，如尙書丞見尙書令、僕射要「執板拜」等。〔註14〕

〔註10〕李無未認爲：《周禮》所載八種賓禮屬於「王朝之禮」，而《儀禮》涉及賓禮的覲禮、聘禮、大射禮、燕禮、鄉飲酒禮、士相見禮，以及《禮記》中涉及賓禮的相見禮、朝禮、聘禮、鄉飲酒禮、射禮，都可以視作「通行之禮」，「王朝之禮」向「通行之禮」的轉變代表著「禮下庶人」的過程。（李無未：《中國歷代賓禮》，16～18 頁，北京：北京圖書館出版社，1998 年。）這一論述的問題在於，《周禮》所反映年代是否早於《儀禮》、《禮記》，仍然是值得探討的。但「王朝之禮」和「通行之禮」的區分卻明確了兩者賓禮體系的範圍差別。

〔註11〕甘懷眞認爲：「所謂國家禮典，是由官方編纂，並以皇帝名義頒佈的禮儀書，其內容包含官府與私家的禮儀，其關鍵處在於國家禮典亦規範一般的日常生活，故與『朝儀』不同。」（《「製禮」觀念的探析》，載《皇權、禮儀與經典詮釋：中國古代政治史研究》，83～120 頁，上海：華東師範大學出版社，2008 年。）筆者基本認同這一國家禮典的概念界定，但需要指出的是，國家禮典對日常生活的規範有一個逐漸完備的歷史過程，而且從篇幅上看，圍繞國家制度的「王朝之禮」始終占主要地位。

〔註12〕這次變動中，「皇太子與師、傅、保相見儀」也隨之歸入賓禮，楊志剛認爲這一變化意義深遠，相見禮在賓禮中的地位由此逐漸突顯。（楊志剛：《中國禮儀制度研究》，399 頁，上海：華東師範大學出版社，2001 年。）

〔註13〕卷一一六，2743 頁，北京：中華書局，1985 年。

〔註14〕〔清〕孫星衍等輯：《漢官六種》，周天遊點校，北京：中華書局，1990 年。

第一節　宋代百官相見儀的內容與原則──乾德二年儀制解析

　　放在國家禮制沿革的角度看，北宋乾德二年「內外群臣相見之儀」的頒行是有其特殊背景和意義的，但在學界卻甚少人注意。〔註15〕本節擬從此一制度的製定背景、內容作一較全面的分析。

　　乾德二年（964）九月十二日，太祖下詔製定內外群官相見儀制：

> 國家職位肇分，軌儀有序，冀等威之斯辨，在品式之惟明。矧著位之庶官，及內司之諸使，以至軒墀引籍、州縣命官，凡進見於宰司，或參候於長吏，既為總攝，合異禮容。稽於舊儀，具無定法。或傳亢揖之制，或有沒階之趨。既位貌之相殊，復典章之舛異。若以內司諸使承前規例，則朝官拜揖之制不同；若以儀制令遵守而行，則古今沿革之制不等。晉天福、周顯德中，以廷臣內職賓從將校比其品數，著為綱條，載於刑統，未為詳悉。宜令尚書省集臺省官、翰林學士、秘書監、國子司業、太常博士等詳定內外群官、諸司使副、供奉官、殿直及州縣官等見宰相、樞密使及所總攝正一品二品官、東宮三師三少、內外所屬長官及品位相隔者，以前後編敕故事參定儀制以聞。〔註16〕

　　詔書的要點有二：一是製定相見儀制的起因，主要是群官見「宰司」、「長吏」時的禮節不能體現出「總攝」關係，「亢揖」與「沒階之趨」代表行禮或輕或重的兩個極端。此種混亂狀況的原因之一是先前內司諸使與「庶官」遵循不同的行禮原則。行禮原則的問題實際體現的是官制的混亂，相見儀制的規範屬於新王朝重建官場秩序的措施之一。內司諸使的問題源自中唐以來行政體制的轉變，即三省制向中書門下體制的轉變，其起點就是使職在行政運作中重要性的日漸提高。〔註17〕

〔註15〕宋代百官相見禮的專題研究，目前僅見崔婷婷《北宋官員相見禮研究》（遼寧大學碩士論文，2008年，導師任爽），該文以乾德二年的制度規定為中心，除了敘述制度內容之外，還從宋人筆記中收集了一些反應制度實施狀況的史料，可惜只是做了簡單歸類，未作深入分析。

〔註16〕《宋會要輯稿》儀制五之一。《全宋文》卷三，第二冊72～73頁。

〔註17〕中書門下體制的界定可參見劉後濱：《唐代中書門下體制下的三省機構與職權──兼論中古國家權力運作方式的轉變》，《歷史研究》2001年第1期，15～28頁。該文認為：「宰相逐漸被納入到政務裁決和執行部門的體系之中，更多

　　二是詔書指出五代的後晉天福年間、後周顯德年間朝廷已經開始「比其品數」，對象是「廷臣內職賓從將校」。今本《宋刑統》中記載了後晉天福年間與後周顯德年間兩條敕令的內容：

　　　　晉天福□□□□十五日：應內外帶職廷臣、賓從、有功將校等，並請同九品官例。其京都軍巡使及諸道、州、府衙前職員，內外雜任，鎮將等，並請準律不得上請當、贖。其巡司、馬步司判官雖有曾歷品官者，亦請同流外職。準律：仗罪以下，依決罰例；徒罪以上，仍依當、贖法。

　　　　周顯德五年七月七日敕條：今後定罪，諸道行軍司馬、節度副使、副留守，欲準從五品官例；諸道兩使判官、防團副使，欲準從六品例；諸道節度掌書記、支使、防團判官、兩蕃營田等使判官，準七品例；諸道推巡及軍事判官，準從八品例；諸軍將校內諸司使、使副、供奉、殿直官，臨時奏聽敕旨。〔註18〕

　　前一敕令在《冊府元龜》中也有記載，比對二者即可發現上文開始當作「應內外文武官有品官者，自依品官法。有散、試官者，應內外帶職廷臣、賓從有功將校等，並請同九品官例。」〔註19〕頒行時間是後晉天福六年五月十五日。

　　兩條敕令考慮的主要是帶使職的官員、將校如何定罪的問題，其核心就是使職原本沒有官品，而原本的刑法制度則是以官品作爲區分原則的，比品在此成爲將帶使職的官員納入原有制度範疇的方法。乾德詔書提到這兩條敕令顯然是將百官相見儀制的製定視同爲此類措施的延續。使職問題是影響唐宋官制變化的一個重要因素，這一變化過程實際上是以宋神宗元豐官制改革爲尾聲的。〔註20〕在這一過程中，官品區分效能受到了很大影響，朝廷採取

　　　　地作爲『參總庶務』的政務官而不是『坐而論道』的諮詢者。」這或許是「總攝」關係得以凸顯的背景，行政中上下統屬關係在新體制中更受重視。
〔註18〕《宋刑統》卷二，薛梅卿點校，33頁，北京：法律出版社，1999年。
〔註19〕《冊府元龜》卷六一三。
〔註20〕學者們早已注意到從唐代中後期開始，伴隨著使職差遣的興起，從中央到地方出現了職事官階官化的進程。這一過程對原有的官僚等級體系造成了巨大的衝擊。而這一進程一直持續到了北宋前期。北宋前期依然實行的是官、職、差遣分離的制度。這顯然應當從唐代尋找根源。相關的討論可參見張國剛《唐代階官與職事官的階官化》(《中華文史論叢》1989年第2期，上海古籍出版社版) 以及孫國棟《宋代官制紊亂在唐制的根源》(《唐宋史論叢》，香港商務

了許多替代措施，一方面是爲了解決使職的身份問題，另一方面也伴隨著整個官僚體制的重新釐定，百官相見儀的頒行顯然也是其中之一。〔註21〕

百官相見儀制的基本原則，直承唐代的「百官拜禮」，其內容如下：

> 凡百官拜禮各有差：文武官三品已下拜正一品。(中書門下則不拜) 東宮官拜三師，四品已下拜三少。自餘屬官，於本司隔品者皆拜焉。其準品應致敬，而非相統攝，則不拜。(謂尚書都事於諸司郎中，殿中主事於主局直長之類，其品雖卑，則亦不拜。若流外官，拜本司品官。) 凡致敬之式，若非連屬應敬之官相見，或自有親戚者，各從其私禮。(諸官人在路相遇者，四品已下遇正一品，東宮官四品已下遇三師，諸司郎中遇丞相，皆下馬。凡行路之間，賤避貴，少避老，輕避重，去避來。)〔註22〕

這裡的規定可以歸納爲以下幾點：第一，行拜禮的原則是拜隔品，即只拜高於自己兩品以上的官員；第二，「非相統攝，則不拜」，即只拜直屬上級，沒有隸屬關係則不拜；第三，朝廷沒有規定的，或者官員之間有親戚關係的，官員相見可以行私人禮節；第四，官員在路上相遇，需要下馬的情況有三種，四品以下遇到正一品，東宮官四品以下遇到三師，諸司郎中遇到丞相；第五，行路時的通行規定，而不僅限於官員之間，即「賤避貴，少避老，輕避重，去避來」。第四、五條涉及行路問題，已經超出了拜禮的範疇，成爲一種拜禮原則的一種制度延伸。

拜禮在唐代執行或因時因人而異，如乾封時侍御史韋仁約自恃御史身份，「與公卿相見，未嘗行拜禮」，而且認爲「且耳目之官故當特立，乃曰御

印書館 2000 年版，197 頁)。

〔註21〕 官品在宋初的行用與制度變化在學界依然存在爭議，具體可參見俞宗憲《宋代職官品階制度研究》(載《文史》第 21 輯，中華書局 1983 年版，第 101～133 頁)、李寶柱《宋史職官志》官品制度補正》(《中國史研究》1988 年第 3 期)、龔延明《論宋代官品制度及其意義》(《西南師範大學學報》(哲學社會科學版) 1990 年第 1 期)。需要指出的是，宋炯認爲北宋前期的合班制度實際上起到了官品的作用 (《唐宋時期的朝會和朝位》，南京大學博士論文，2002 年)。合班制度源於朝會時的朝位，是朝會儀制功能擴展的一種結果，情況與相見儀頗有相像之處。

〔註22〕 《唐六典》卷四，北京：中華書局，1992 年，115～116 頁，括弧中內容原文爲小字，下同。《大唐開元禮》卷三「雜制」也載有此內容，文字有出入，文意基本相同。此內容又見仁井田陞《唐令拾遺》所復原之《儀制令》(《唐令拾遺‧儀制令第十八》，東方文化學院東京研究所刊，490～491 頁)。

史」。〔註23〕又如房琯作馮翊尉時，在路上遇到孔目官黨芬，黨芬避馬稍遲，便被房琯拽下馬，脊杖數十下。〔註24〕韋仁約與房琯在執行朝廷儀制規定方面恰恰相反，但其目的卻一致，都是通過相見禮儀來凸顯自己的地位。韋仁約強調御史爲天子耳目的特殊地位，是借助皇帝自擡身價，在皇帝眼中御史與公卿抗禮是他們互相牽制的表現。孔目官在唐代屬於吏職〔註25〕，房琯的行爲是爲了維護官吏之間的身份差異，樹立權威。

官員爲了維護自身地位的努力，影響著朝廷儀制的演變。唐太和三年（829）四月，中書舍人李啓的奏言中有一段話解說了這種影響：

> 臣等又按令文：屬官於街衢相遇，隔品者致敬，禮絕者下馬，無迴避之文。雜令所言轉避貴重賤者，祇謂迂直之間，各申遜讓，非令藏匿。惟車駕出入，警蹕行人，事關嚴上，不屬臣下。但卑僚自後多就他途，百姓無知，亦皆相效，道途迴避，因此成例。就中臺官以職在彈糾，人情畏奉，他官相遇，苟務推崇。始自私敬，漸爲公禮。相循既久，將謂合然。籠街專道，止絕行旅，奔避不及即以爲罪。徵異說於前古，訪近例於走卒。國章明具，不複檢尋。遂於師長，亦欲均禮。〔註26〕

李啓認爲，道路迴避制度本來專屬於皇帝，朝廷制度規定官員在路上相遇只是按官品高低「致敬」、「下馬」，但是官場等級的森嚴，使得品級較低的官員傾向於採取級別更高的迴避禮儀，以表達對上官的敬意。所謂「致敬之式，在途則斂馬側立。」〔註27〕百姓也因之倣傚，私禮成爲慣例，然後逐漸具有制度的強制性，不迴避成爲一種罪名。這種變化成爲了「官本位」不斷擴張的生動案例。

再來看乾德制度的具體內容：

> 自今兩省官除授、假使出入，並參宰相。起居郎以下參司舍【《宋史》卷一一八此句作「起居郎以下參同舍人」】，五品以上官遇於途，

〔註23〕《太平御覽》卷二百二十七。

〔註24〕《太平廣記》卷四百九十六「趙存」條。

〔註25〕《資治通鑑》卷二百一十六，「（安祿山）有輕中國之心。孔目官嚴莊、掌書記高尚因爲之解圖讖，勸之作亂。」胡三省注：「孔目官，衙前吏職也。唐世始有此名，言凡使司之事，一孔一目，皆須經由其手也。」

〔註26〕《唐會要》卷五十七。

〔註27〕《唐會要》卷五十七。

斂馬側立，須其過。常侍以下遇三公、三師、尚書令，引避；值僕射，引馬側立，御史大夫、中丞皆分路行。起居郎以下避僕射，遇大夫引馬側立，中丞分路。尚書丞郎、郎中、員外並參三師、三公、令、僕，郎中、員外郎兼參左右丞，本行尚書侍郎及本轄左右司郎中、員外。御史大夫以下參三師、三公、尚書令、僕【《宋史》卷一一八無「僕」】〔註28〕，中丞兼參大夫，知雜事參中丞，三院御史兼參知雜及本院之長。大夫避尚書令以上，遇僕射分路。中丞引馬側立而避。大夫、中丞遇尚書丞郎、兩省官、諸司三品以上、金吾大將軍、統軍上將軍皆分路，餘官悉引避。【《宋史》卷一一八無「中丞」，末尾作「餘官遇中丞，悉引避。」】〔註29〕知雜兼避中丞，遇左右丞引馬側立，餘皆分路。郎中及少卿監，大將軍以下皆避之。〔註30〕三院同行，如知雜之例。少卿監並參本司長官，丞參少卿監。諸司三品遇僕射於途，皆引避。諸衛大將軍參本衛上將軍，東宮官參隔九品【《宋史》卷一一八所引無「九」字。】，參者若遇於途皆避。

公參之禮，列拜於堂上，位高受參者答焉。四赤令初見尹，趨庭，受拜後升廳如客禮。上將軍在中書侍郎之下，大將軍在卿監之下，將軍在少監之下，太子諸衛率府率在東宮五品官之下。內客省使視七寺卿，客省使視三監，引進使視左右庶子，判四方館事視少卿，閤門使視少監，諸司使視郎中，客省、閤門、引進副使視員外郎，諸司副使視太常博士，供奉官視諸衛率，殿直視副率，樞密承旨視諸司四品常參官，副承旨視六品丞，諸房副承旨視南省七品都

〔註28〕 按唐制，僕射爲從二品，御史大夫爲正三品，不當受御史大夫參，參見吳麗娛《試論唐後期中央長官的上事之儀——以尚書僕射的上事爲中心》，《中國社會科學院歷史研究所學刊》第三集，263～291頁。

〔註29〕 此句意思難解，御史中丞爲四品，不當與三品官分路，《宋史》只及御史大夫當是。《宋史》又言「餘官遇中丞，悉引避」，與前文起居郎與中丞分路不符。

〔註30〕 郎中、少卿監爲五品官，大將軍按唐制爲三品（《通典》卷二十九），所以此句當爲「郎中及少卿監，大將軍以上皆避之」。即郎中、少卿監避大將軍以上。《宋代官制辭典》以金吾衛大將軍爲正四品（431頁），依據《職官分紀》卷三十五「國朝元祐令，諸衛上將軍從三品，諸衛大將軍正四品，諸衛將軍從四品。」以乾德相見儀看，金吾大將軍與正三品御史大夫分路，地位應該相當，似應符合唐制爲三品，宋初情況與元祐時應不同。

事。凡視朝官者序於本品之下，視京官者在上。內客省使謁宰相、樞密使以客禮，閤門使以上列拜，皆答，客省副使至通事舍人、諸司使、樞密承旨不答焉。自樞密副使、宣徽使皆差降其禮，供奉官、殿直、教坊使【《宋史》卷一一八作「教坊使副」】、辭令官、伎術官並趨庭，俱受。諸司副使參大使，通事舍人參閤門使，防、團、刺史謁本道節帥，節度、防、團副使謁本使，並具軍容趨庭，延以客禮。少尹、幕府於本使【《宋史》卷一一八作「本院」】長官悉拜，防、團判官謁本道節帥，並趨庭。天長、雄武等軍使謁宰相、樞密使，上佐、州縣官見樞、宰及本屬長官，並拜於庭，參本府賓幕官及曹掾，縣令、簿、尉參本府錄事，簿、尉參令，皆答拜。王府官見親王如賓職見長【《宋史》卷一一八作「見使長」】，府縣官兼三館職者見大尹同。四赤令、六品以上【《宋史》卷一一八作「六品以下」】未嘗參官，見樞、宰及本司長官，並拜階上。流外見流內品官並趨庭。

　　諸司非相統攝者皆移牒，分路者不得籠街及占中道，依秩序以分左右。胥遇於驛舍，非相統攝及名位相隔，先至者居之。臺省官當道官呵止者如舊式【《宋史》卷一一八「當通官呵止」】。文武官不得借假呼稱，以紊朝制。當避路者，若被宣召及有所捕逐者，許徑度焉。〔註31〕

仔細考察這段儀文，其主要內容有二，即公參禮與路遇禮。這裡首先要明確何謂「公參」，南宋趙升《朝野類要》的解釋是：「小官赴任，詣長貳公參訖，衙前聽候三日，方敢退歸本職。今制遂禁廷拜。」〔註32〕簡言之，公參是官員赴任參見長官。黃庭堅被責授涪州別駕時，被安置於黔州，到任需向黔州長吏行公參之禮。〔註33〕蘇軾被責授寧遠軍節度副使，惠州安置，也是如此。〔註34〕天聖四年五月丁酉詔「初補太廟齋郎自今並赴宗正寺公參。」〔註35〕或者可以將公參看作新官報導，原因是宋代將公參時間視作正式上任

〔註31〕　《宋會要輯稿》儀制五之一、二、三。
〔註32〕　趙升：《朝野類要》卷三，76頁。
〔註33〕　《豫章黃先生文集》卷二十《謝黔州安置表》。
〔註34〕　蘇軾《蘇文忠公全集》東坡後集卷十三《到惠州謝表》。
〔註35〕　《續資治通鑑長編》卷一百四。

的時間。〔註36〕公參作爲正式任職的標誌,其時間成爲計算任職時間的起點。〔註37〕如未能按時赴任公參,遲到的時間是不能計入任職時間的。〔註38〕領取俸祿的時間也以此爲準。〔註39〕

　　情況似乎不止如此,下面幾個例子中公參似乎有著更廣泛的內涵。李綱在談到招安盜賊時說:「其招安出,首領雖已補授官資或與差遣,多是不離巢穴,不出公參,依舊安居鄉土。」〔註40〕這裡公參的對象究竟是直屬上司,還是其他機構不得而知。在朝廷眼中,被招撫者公參代表降服,拒絕公參者則視作繼續反叛的行爲。〔註41〕沿邊羈縻州蕃官需要定期到所屬州司「公參」,同時以進貢的方式進行貿易,「公參」在此成爲一種顯示歸附的禮儀。〔註42〕南宋初,朝廷重申,使臣、校尉、副尉俸祿起支時間是其到吏部公參之日,原因是使臣等到吏部公參的同時,也要接受分派的新差遣,當時不少人因爲害怕到部公參會被派到繁重的差使,所以藉故推辭,朝廷不得不採取經濟手段迫使其公參。〔註43〕這裡使臣公參的對象是管理機構。南宋初,川陝地區的選人改官不需要到吏部簽到,而是以到所屬轉運使司或宣撫使司公參代替。〔註44〕天禧四年九月十七日詔:「諸州縣尉見巡檢使臣供奉官以上,

---

〔註36〕《慶元條法事類》卷六《殿侍批書印紙》中明確要求寫公參年月日,以計算成資長短。

〔註37〕《續資治通鑑長編》卷四百九十三,紹聖四年十二月,成都府轉運司言:「乞逐路將用舉主升資選人,先具舉主、考第、到司公參月日,申吏部會問違礙,符下理公參月日名次射闕。」從之。

〔註38〕《續資治通鑑長編》卷四百九十五,元符元年三月,戶部言請:「押綱人押荊湖南路鹽糧綱,已受省部付身除,程限三十日到轉運司公參。如無故違限,論如之官限滿不赴律,違限月日,仍不理磨勘。」從之。

〔註39〕梁克家《淳熙三山志》卷二十六,熙寧六年,「特奏名進士、明經諸科人,今三司依例支給長史文學料錢,月七貫文,全折。到州公參日起支,三年滿日住支,進歷納省。」

〔註40〕李綱:《梁溪集》卷一百七《申督府密院相度措置虔州盜賊狀》。

〔註41〕如李綱:《梁溪集》卷九十五《差官體究周十隆等受招安及令李貴差人入寨告諭奏狀》。

〔註42〕《續資治通鑑長編》卷三百三十二,元豐六年正月丙申條,「安化上、中、下三州及北遐鎮月赴宜州公參,及中賣板木」,但是因爲「前知宜州錢師孟、通判曹覯擅裁損例冊,酒食不如舊,買板木不及貫,賞答貢物估貫虧其實,邊補文字至五年不給,故自五年三月侵掠省地。」

〔註43〕趙鼎:《忠正德文集》卷二,《奏乞參酌呂頤浩等申請指揮狀》。

〔註44〕《建炎以來繫年要錄》卷一百三十七,紹興十年九月丁巳。

並升階公參，答拜如上佐州縣官見幕職之儀。」〔註45〕縣尉與巡檢職責雖然相近，一般並無統屬關係。《宋大詔令集》載《令子弟因父兄歿收敘未經百日不得公參詔》〔註46〕，這裡的公參似乎可以理解為上班。再如記錄官員履歷的批書印紙中需要載明：「任內如曾請假，即開坐請假月日、緣故、曾與不曾住管職事、并公參依舊幹辦月日。」〔註47〕公參時間在此被視作銷假上班的時間。外出差使回京，需要到所屬官司公參，以示任務完成，違者會受懲罰。〔註48〕《慶元條法事類・職制門》：「諸縣令、佐非公事不得下鄉，令出城過宿者，交縣事與以次官，遇知州到任，非獨員者，許赴公參。」〔註49〕這裡的公參原因是長官到任，而非下屬赴任。

　　公參似乎也不止在官員之間進行。鄭獬《論安州差役狀》提到衙前「方得公參，及差著重難綱運上京」。〔註50〕這裡的公參是指擔負差役的百姓見長官領取任務。熙寧三年十一月，看詳編修條例所言：「堂後官每經南郊，許保引有服內外親屬一人充制敕院私名」，「各隨狀領赴都檢正廳，集檢正官呈驗人才書箚，堪任習學公事，即僉書保狀，引詣聚廳處公參訖，批狀送房收繫。」〔註51〕這裡公參是吏人赴主管機關。

　　紹興末，洪邁等要求更改金國來使的接伴禮儀，其中有一條為：「舊上、中節公參時，接伴公服出笏迎於幕外，與之揖。今只著紫衫，而彼冠服如儀。上節先作一番參，接伴稍起，不還揖。中節來則坐受其禮。」〔註52〕這裡的公參似乎只是節日時禮節性的拜見。

　　公參的概念有了如此多的延伸，那麼「群官相見儀」中的公參究竟如何理解呢？先來詳細分析一下乾德二年制度的內容。儀文第一部分提到的是，兩省官在命官時、出使前後，需要參宰相。也就是說此處的公

〔註45〕《宋會要輯稿》儀制五之一一一。
〔註46〕《宋大詔令集》卷一百四十六《令子弟因父兄歿收敘未經百日不得公參詔》，淳化五年七月壬午。
〔註47〕《慶元條法事類》卷六《殿侍批書印紙》。
〔註48〕《續資治通鑑長編》卷五百十八，元符二年十一月，涇原奏乞留大將王翼，樞密院言：「翼乃劉奉世隨行遣還都官，而不赴部公參，私往塞上獲級遷借職，又舉西安州差遣。翼本吏部令史，斬首級必妄冒。」詔追所受賞，勒還都官，與重難差使。章楶不合奏留，罰銅二十斤。
〔註49〕《慶元條法事類》卷四。
〔註50〕鄭獬：《鄖溪集》卷十二《論安州差役狀》。
〔註51〕《宋會要輯稿》職官三之二六。
〔註52〕《建炎以來繫年要錄》卷一百九十八，紹興三十二年三月壬寅。

參包含了命官後赴任，以及奉命出使前後兩種狀況。而且下文稱「公參之禮，列拜於堂上」，行禮的地點應是在衙署等辦公場所，此處的「公」，也就可以理解為在「公」的場合發生的，既包括在公的地點，也包括基於公事。宋初兩省指門下省和中書省，其官員包括左右散騎常侍（正三品下）、給事中（正五品上）、中書舍人（正五品上）、左右諫議大夫（正五品上）、起居郎（從六品上）、起居舍人（從六品上）、左右補闕（從七品上）、左右正言（從八品上），左屬門下，右屬中書，給事中、起居郎屬門下，中書舍人、起居舍人屬中書。〔註53〕需要指出的是，宋初的兩省官多數情況下只是寄祿官，並非官員的實際職事。

儀文關於公參的部分，實際上是兩方面的規定，首先是需要公參的情況，即要參的對象問題，主要遵循的原則如下：一是參隔品，即對方高於自己兩品以上，如尚書丞郎、郎中、員外郎參三師、三公，宋初三師為太師、太傅、太保，三公為太尉、司徒、司空，俱為為正一品，尚書丞郎指尚書省左右丞及六部侍郎，俱為正四品，郎中為從五品上，員外郎為從六品上。又如正三品的御史大夫參三師、三公、尚書令。二是有統屬關係的官員之間，下屬參上級，如郎中、員外郎兼參左右丞、本行尚書侍郎及本轄左右司郎中、員外，中丞兼參大夫，知雜事參中丞，三院御史兼參知雜及本院之長，少卿監並參本司長官，丞參少卿監，諸衛大將軍參本衛上將軍。這裡的統屬關係有實際與形式兩類。實際統屬指直接管轄，如赤縣令參府尹、縣主簿參縣令等。形式上的統屬，如節度、防、團副使謁本使，再如宰相、樞密使作為政府首長接受各類官員的參拜。需要指出的是，此處有流外官參流內官的規定，兩者雖然不一定有直接的統屬關係，但兩者在行政事務中有頻繁的接觸，作一原則性規定避免繁瑣行文，而且也強調了兩者地位判然二分。

其次是關於公參禮節的分等，即對象不同，禮節也不同。關於具體的禮節，原則當然是卑拜高，卑者的禮節包含趨庭、施拜，並且按照雙方地

〔註53〕龔延明《宋代官制辭典》（中華書局，1997年）載右諫議大夫為正四品下（174頁），查《舊五代史》卷一百四十九《職官志》：「周顯德五年六月勅，諫議大夫宜依舊正五品上，仍班位在給事中之下。按唐典，諫議大夫四員，正五品上，皆隸門下省班，在給事中之下。至會昌二年十一月，中書門下奏升為正四品下，仍分為左右，以備兩省四品之闕，故其班亦升給事中之上。近朝，自諫議大夫拜給事中者，官雖序遷，位則降等。至是，以其遷次不備故改正焉。」故乾德時，諫議大夫應為正五品上。其餘官品若無特殊說明，均據《宋代官制辭典》。

位的差距大小，有拜於庭者，有拜於階上者，有拜於堂者。具體規定參見表 1。地位高者的禮節則包含是否答拜，這裡涉及的兩個詞「客禮」與「倨受」。所謂「客禮」，字面意思待客之禮，意味著平等與尊重。〔註 54〕但此處所言「升廳如客禮」，也就是說客禮是表現在升廳的方式上。古代來賓入門之禮有臣禮、客禮的區別，從左側入是客禮，從右側入是臣禮。〔註 55〕關於客禮的行禮細節，當時一條詔令內容是：「諸司使、副使、通事舍人見宰相、樞密使，升階、連姓通名，展拜，不答拜。其見樞密副使、參知政事、宣徽使以客禮展拜，他如舊儀。」〔註 56〕此處客禮與展拜相連，從互相尊重的角度考慮，可能是答拜之意。《說文》曰：「倨，不遜也。」倨受顯然是一種並不尊重對方的禮節，考慮到其出現趨庭拜之後，禮節上屬於不答拜一類。太祖時，雷德驤被貶為商州司戶參軍，「刺史知德驤舊為省郎，以客禮之；及奚嶼知州，希宰相旨，至則倨受庭參，德驤不能堪，出怨言。」〔註 57〕在此，雷德驤的感受可以反映出這兩種禮節的差別。武官見所屬長官還有其特殊要求，要「具軍容」，軍容應當是指盔甲等代表武官身份的裝束。〔註 58〕

〔註 54〕　參見徐美莉《中國古代的客禮》，《孔子研究》2008 年第 4 期，95～102 頁。該文將客禮與臣禮相對，以「不趨拜」、「坐」為客禮的核心禮節，但實際上並非所有提到客禮之處都遵循這樣的要求，此處客禮顯然是趨拜之後的禮節。

〔註 55〕　《通典》卷七十四「天子受諸侯藩國朝宗覲遇」有「至於朝……諸侯序進，入門右」之語，杜佑注曰：「入門而右，執小道，不敢由賓客之位。」黃震《黃氏日抄》卷二十：「公事自闑西，私事自闑東」，「公事謂聘享為國，而與主君敵，故自闑西，客禮也」。「闑」為古代立於門中的木樁，大門向南，入門時向北，闑之西為左，闑之東為右，從左側進是客禮。

〔註 56〕　見《宋史》卷一一八（2790 頁），但未繫日。《宋會輯稿》儀制五之三亦載此條，所標時間為四月二十四日，而繫於乾德二年九月十二日詔之後，文中提及的參知政事設於乾德二年四月十九日，因此推斷此詔頒行於乾德二年。《宋會要》文字有兩處不同，一是作「連姓通職」，二是樞密副使列於參知政事之後。按名字對中國人有特殊意義，卑者要避長者之名，古代皇帝常賜大臣上朝時「贊拜不名」以示尊重，拜見時通名是顯示尊重一種方式，因此《宋會要》或當作「連姓通職、名」，更為合理。

〔註 57〕　《宋史》卷二百七十八《雷德驤傳》。

〔註 58〕　宋代官員的冕服、朝服、公服等都未區分文武，這裡要求具軍容，而且是在武官之間，最初可能是遵循軍中慣例，武官可以穿軍服見長官，而不必換正式禮服，但當其成為禮儀規定後，便成為凸顯其身份的特色禮節。

表1　乾德二年公參之禮行禮表

施禮者(卑者)	受禮者(高者)	趨庭拜	拜於階	拜於堂	答拜	客禮	具軍容
四赤令	府尹	✓				✓	
內客省使	宰相、樞密使			✓	✓	✓	
客省使至閤門使	宰相、樞密使			✓	✓		
客省副使至通事舍人、諸司使、樞密承旨	宰相、樞密使			✓			
供奉官、殿直、教坊使副、辭令官、伎術官	樞密使副、宣徽使	✓					
諸司副使	諸司使	✓				✓	✓
通事舍人	閤門使	✓				✓	✓
防禦使、團練使、刺史	本道節度使	✓				✓	✓
節度、防禦、團練副使	本地節度使、防禦使、團練使	✓				✓	✓
少尹、幕府	本使長官				✓		
防禦、團練判官	本道節度使	✓					
上佐、州縣官	宰相、樞密使、本屬長官	✓					
天長、雄武等軍使〔註59〕	宰相、樞密使	✓					
上佐、州縣官	本府賓幕、曹掾				✓		
縣主簿、縣尉	縣令				✓		
王府官	親王				✓		

〔註59〕　《宋史》卷八十八《地理四》揚州天長縣原爲天長軍，至道二年廢軍。《新唐書》卷三十九《地理志》薊州有雄武軍。《宋史》卷二百七十一《杜漢徽傳》杜漢徽建隆三年出爲天長軍使，移爲雄武軍使、知屯田事。

府縣官兼三館職者	府尹			✓	
四赤令、六品以下未嘗參官	宰相、樞密使、本司長官		✓		
流外官	流內官	✓			

　　公參規定的文字中含有一段武官等級的規定，之前乾德二年二月重定內外官儀制時，有類似的內容：「上將軍在中書侍郎之下，大將軍在少卿監之下，諸衛率、副率在東宮五品之下，內客省使視大卿，客省使視大監，引進使視庶子，判四方館事視少卿，閣門使視少監，諸司使視郎中，客省、引進、閣門副使視員外郎，諸司副使視太常博士，通事舍人從本品，供奉官視諸衛率，殿直視副率，樞密承旨視四品朝官，兼南班官諸司使者從本品，副承旨視寺監丞，諸房副承旨視南省都事。凡視朝官者本品下，視京官者在其上。」〔註60〕兩段文字相較的原則性差異在於，公參禮以「大將軍在卿監之下，將軍在少監之下」，按此處所謂上將軍、大將軍、將軍，當指環衛官〔註61〕，按《宋史・職官志》「建隆以後合班之制」〔註62〕諸衛大將軍在卿監之下，諸衛將軍在少卿監之下，與公參禮同。這兩項規定頒行時間相近，疑兩者內容本一致，差別可能繫傳抄脫漏。這段文字的核心是確認武官在朝會中的班位，這種位次的排序實際上決定了地位的高下，成為行禮基本依據。〔註63〕這裡所列的武官並未包括武階中最高的節度使等官，重點放在內客省使等橫行官以及諸司使副等源自唐代內廷諸使的武選官，其實也是唐代使職差遣階官化的進一步延伸。在官制系統性整理之前，這種儀制上的規定體現了如何在不觸動原有制度框架的前提下滿足新的政治需求。需要指出的是，樞密承旨、副承旨、諸房副承旨實際上在宋初只是差遣，此一規定或可視作其階官化的開始。〔註64〕

〔註60〕《宋會要輯稿》儀制三之二，《宋史》卷一百一十八同（2782頁）。

〔註61〕《宋大詔令集》卷一百六十三，政和二年九月二十五日《改武選官名詔》：「衛官各有三等：上將軍、大將軍、將軍，共四十六階。」（624頁）

〔註62〕《宋史》卷一百六十八，3987～3991頁。龔延明認為此當為慶曆以後制度（《宋史職官志補正》494頁，杭州：浙江古籍出版社，1991年）。

〔註63〕宋炯認為北宋前期的合班制度實際上起到了官品的作用（見《唐宋時期的朝會和朝位》，南京大學博士論文，2002年）。北宋前期的官品問題依然存在爭議，但雜壓在儀制中的作用卻不容質疑。

〔註64〕《宋代官制辭典》以樞密院副承旨為吏人職（106頁），不知何據。但依此處規定，其待遇同六品丞，吏人身份顯然不太可能。

關於路遇之禮，在唐代原本是作為拜禮的延伸規定出現的，在某種意義上，官員在路上相遇，其實是「公」的場合的一種延伸，雖然不是辦公的場所，但卻是公共的場所。其禮節分為三等，按隆重程度由高到低依次是引避、斂馬側立、分路。相比於唐代只有是否下馬之分，禮節更加的細化了。引避即迴避，按前引李啓之言，迴避原本專屬於皇帝，用於官員之間自然屬於最高等級的禮儀。引避的基本原則是「參者若遇於途皆避」，即隔品迴避。如兩省官自散騎常侍以下遇到三師、三公、尚書令，兩省官起居郎以下遇到僕射，御史大夫遇尚書令以上，御史知雜事遇御史中丞。分路即是兩方並行，代表雙方地位相等或者接近。如御史大夫遇僕射，散騎常侍遇御史大夫、中丞，大夫遇尚書丞郎、兩省官、諸司三品以上、金吾大將軍、統軍上將軍皆分路。斂馬側立的情況，如起居郎遇五品以上官，散騎常侍遇僕射，御史中丞遇御史大夫，侍御史知雜事遇左右丞，都是遇見比自身高一品的官員時執行。

表 2　乾德二年百官路遇行禮表

位卑者	位高者	避	斂馬側立	分路
兩省官	宰相	✓		
起居郎	五品官以上		✓	
兩省官散騎常侍以下	三師、三公、尚書令	✓		
散騎常侍	僕射		✓	
散騎常侍	御史大夫、中丞			✓
兩省官起居郎以下	僕射	✓		
兩省官起居郎以下	御史大夫		✓	
兩省官起居郎以下	御史中丞			✓
尚書丞郎、郎中、員外郎	三師、三公、尚書令	✓		
郎中、員外郎	尚書左右丞、本行尚書、侍郎、本轄左右司郎中、員外	✓		
御史大夫以下	三師、三公、尚書令	✓		
御史中丞	御史大夫	✓		
侍御史知雜事、三院御史（同行時）	御史中丞	✓		
三院御史	侍御史知雜事、本院長官	✓		
御史大夫	僕射		✓	

御史大夫	尚書丞郎、兩省官、諸司三品以上、金吾大將軍、統軍上將軍			✓
侍御史知雜事、三院御史（同行時）	尚書左右丞		✓	
郎中、少卿監、大將軍以下	侍御史知雜事	✓		
少卿監	本司長官	✓		
寺監丞	本司少卿	✓		
諸司三品	僕射	✓		
諸衛大將軍	本衛上將軍	✓		
東宮官	隔品官	✓		

　　前述只是原則性規定，但其中尚有特例，如僕射，規定中有「諸司三品遇僕射於途皆引避」，僕射爲從二品，尚未達到隔品的要求。相見儀製定之前，在乾德二年六月關於拜表儀引發的討論中，僕射雖然品級低於太子太師（從一品），但因爲是尚書省長官而列爲表首。〔註65〕考慮到這一背景，此時僕射地位有相應的提高也存在一定的可能。御史大夫爲正三品，品級雖然低於僕射，但卻與僕射分路，這與唐五代以來形成的慣例有關，僕射在唐後期多爲節度使兼銜，同期御史臺職權也得到一定強化，兩者地位的陞降體現著當時中央與藩鎮的政治博弈。〔註66〕

　　乾德二年儀制的最後，還有一些關於行禮的細節以及延伸性規定，包含分路時不能占道；地位相當者在驛站相遇，遵循先到先得；沒有統屬關係的，公文要稱移牒；按規定享有開道者（通官呵止）的官員遵循原本制度；需要避路的官員在皇帝宣召時或身負追捕任務時可以不行禮；官員的稱呼要符合其身份，不能隨便擡高。這些規定一方面儘量使制度運行符合實際需要，另一方面則儘量在細節上體現官員的等級制度，而且說明所謂的「相見」其實包含著廣義上的接觸，如公文細節的規定。〔註67〕

〔註65〕《宋會要輯稿》儀制七之一四～一七。

〔註66〕關於僕射與御史相見禮儀變化，參見吳麗娛《試論唐後期中央長官的上事之儀——以尚書僕射的上事爲中心》，《中國社會科學院歷史研究所學刊》第三集，263～291頁。

〔註67〕實際上這裡可以有兩種解釋，一是宋初制度的界限並不清晰，朝廷對分類名目缺乏清楚的認識，制度製定更多考慮的是實際需要，缺乏宏觀設計藍圖；二是宋人觀念中，制度本身應該是一個整體，相似的情況應該執行相同的規

　　整體而言，乾德二年的百官相見儀的內容在唐制中都可以找到源頭，這是與當時整個政治制度的狀況相符合的。宋初的制度定位依然是在唐代制度的框架內的修補，《開寶通禮》內容依據是《大唐開元禮》，其內容雖不可見，但歐陽修等纂的《太常因革禮》有新禮、廢禮之稱，就是相對《開寶通禮》而言的。依此，宋代禮典依然試圖延續唐制。當然這只是形式上的，實際上，正如乾德詔書所提到了後晉天福、後周顯德的詔令，宋初的制度實際上是五代的延續。從政治體制轉型的角度看，宋初只是唐中期就開始的制度變革過程中的一環，在這一意義上，乾德二年儀制在唐宋禮制變遷過程中的重要性與其頒佈的時間點有關。

　　百官相見儀在宋代雖然最終未能進入國家禮典，但卻不能因此忽視其意義，其原因與宋代禮制形態的獨特性有關。唐宋禮制形態的變化與法制形態的變化密切相關，二者作為國家制度的組成部分，其制度形式的變化屬於同一過程。唐宋法制制度形式上最大變化之一即是製定法地位的下降與判例法地位的上陞，體現在禮制形式上，即系統性的禮典在禮制體系中的地位下降，更具針對性的禮例在整個體系具有更高的效力。〔註68〕正是由於宋代禮制形態的這種獨特性，乾德二年的「內外群臣相見之儀」的意義才更加凸顯，一方面百官相見儀由於沒有進入國家禮典，乾德二年儀制相較後續的禮例更具系統性；另一方面，禮例具體靈活，多數屬於大框架下的修補，因而其承續性也更強，乾德二年儀制對之後制度的影響不可忽視。簡言之，乾德二年百官相見儀制其實是為了分析宋代相見禮提供了一個概念界定與分析框架。

第二節　宋代百官相見禮的演變

　　對於儀制變化的研究，首先應當考察規定本身，但由於史料的殘缺，很難理清其變化脈絡，只能據零星史料作一大致勾勒。

　　　定，制度的應用有著很強的外延性，沒有清晰規定的地方可以參照類似規定執行，在實際運行中這種做法常常引發衝突。

〔註68〕關於宋代禮例的在禮制形態變遷中的意義，參看樓勁《宋初三朝的禮例與禮制形態的變遷》（《中國社會科學院歷史研究所學刊》第五集，北京：商務印書館，2008 年，157～190 頁）。該文雖然限於宋初三朝，但是對宋代而言，禮例的作用仍然十分突出，徽宗朝雖然出現禮典編纂的高潮，製定了《政和五禮新儀》，但從南宋《中興禮書》的體例來看，更接近於禮例的彙編，而非系統性的禮典。

我們先來看公參禮的情況，北宋《天聖編敕》中載有一段百官見宰相的文字：

> 文明殿學士至龍圖閣直學士，列班於都堂階上，堂吏贊云「請，不拜，班首前致詞，訖，退，歸位，列拜，宰相答拜。」兩省官相次同學士之儀。上將軍、大將軍、將軍、御史臺官，及南班、文武百僚，序班於中書門外，應節度使至刺史，並綴本班，中丞揖訖，入。宰相降級，南向立於位，乃稱班，文東武西，並北上，臺官南行，北向東上。贊云：「百僚拜，宰相答拜，訖，退。」
>
> 內客省使至閤門使見宰相、樞密使，並階上列行拜，不答拜；見參知政事、樞密副使、宣徽使，客禮展拜；皇城使以下諸司使、橫行副使見宰相、樞密使，並階下連姓稱職展拜，不答拜；見參政、副樞，並列行拜。若諸司副使、閤門祗候見參樞，亦不答拜。〔註69〕

這段材料兩段內容性質有所不同，前一段是儀式程序，材料中沒有說明這段規定適用的場合，但明顯是某種典禮場合下，百官集體赴都堂拜賀宰相的儀式。殿閣學士、兩省官分班在都堂階上拜賀，宰相答拜；其他官員在中書外序班，分班入，宰相降階相迎，百官北向拜，宰相南向答拜。這裡沒有區別官員品級的高低，且有明確的舉行地點，因此不屬於原則性規定。〔註70〕後一段細緻區分官員品級，當屬於原則性規定，涉及的主要是武選官見宰相、樞密使。相較於乾德二年之制，此處武選官地位明顯下降了，其差別可對比表1與表3。

表3　《天聖編敕》武選官見宰執行禮表

拜者 ＼ 受拜者	宰相、樞密使	參知政事、樞密副使、宣徽使
橫班諸使	階上列拜，不答拜	客禮展拜，答拜
諸司使、橫班副使	階下連姓稱職展拜，不答拜	列行拜，不答拜
諸司副使、閤門祗候	階下連姓稱職展拜，不答拜	不答拜

〔註69〕洪邁：《容齋續筆》卷十一「百官見宰相」，358 頁，北京：中華書局，2005年。

〔註70〕這段儀式其實與下文討論的赴上儀相似，但程序要簡單的多。大中祥符四年宰相王旦遷右僕射，「於本廳受賀」。（《續資治通鑒長編》卷七十五，1721 頁。）筆者懷疑本段儀式就適用於此類情況。

　　關於南宋公參禮的規定，《慶元條法事類》「職制門」中專門有「謁見」一節。〔註71〕內容分敕、令兩部分，敕包含《職制敕》與《戶婚敕》各一條，令則是儀制令，共八條。《職制敕》謂：「諸州武臣見長吏，不應庭趨而輒令庭趨者，杖一百。」前提是「謂非緣教閱軍陣、出師討賊而見者。」也就是說武臣見州長官分兩種情形，一是在教閱軍陣、出師的公開儀式性場合，一律庭趨參長官，顯然是作爲儀式一部分出現的；二是日常情況下，長官不能強迫級別較高的武官庭趨見自己。由於諸州長官一般爲文臣，此敕顯然是爲了方便統馭。事實上，宋代早有規定，屯駐禁軍中帶遙郡的高級武官與州長官客禮相見，原因是屯駐禁軍與地方沒有統屬關係，級別相當的文武官地位應當是平等的。〔註72〕

　　《戶婚敕》的內容是朝廷命官見僧、道就拜者，以違制論。此敕源自儒者的排佛運動。北宋大觀四年正月曾下詔，至寺院「非其徒而設拜者，以大不恭論」，目的是「使天下後世知崇尙儒術，遏絕橫流，自聖時始，庶亦一變而至道。」〔註73〕當時士大夫崇佛行爲存在誇張的一面，「士大夫有詣僧寺參，請入室，至去冠帶，衣緇褐，折腰俛首，合爪作禮，立侍席末，師受其說而弗慚。其甚至有少妻寡婦屛去侍妾，密隨其徒更入迭出」。在排佛者眼中，士大夫以師禮待僧人是十分刺眼的行爲，而且讓婦女出入僧舍，更是有傷風化。政和元年十一月朝廷曾下詔禁止此類行爲。〔註74〕戶婚敕的這條規定相較徽宗時的兩條詔令更加嚴格。

　　《儀制令》的內容如下：

1、諸發運、監司見前宰相、執政官，雖係本路，並客位下馬，聽就廳上馬。

2、諸知州或路分鈐轄以上，見本路發運、監司者，並客位下馬，聽就廳上馬。其待制、太中大夫以上或帶一路安撫、總管、鈐轄者，不拘此令。

3、諸州諸司參軍事，縣丞（從事郎以上充者非。）、簿、尉、城

〔註71〕《慶元條法事類》卷四，36～37頁。

〔註72〕《宋史》卷一百九十六，4894頁，「凡屯駐將校帶遙郡者，以客禮見長吏，餘如屯駐將校。」後一「屯駐」似乎不通，或爲「駐泊」之誤。

〔註73〕《宋會要輯稿》刑法二之五一。

〔註74〕《宋會要輯稿》刑法二之五六。

寨、馬監主簿，及長史、司馬、別駕，見知州，庭參不拜，右選入品官準此。

4、諸見本貫知州、縣令，官卑者，致恭。

5、諸應參及致參之官，若非公見，往從私禮。

6、諸州職醫、助教，許隨州縣官參集。

7、諸屯駐禁軍將校領遙郡者，見非統屬。

8、諸命官與舊轄公人或本家親隨人同官守者，雖事局不相干亦申請對移。即任通判以上，其公人、親隨人係從義郎以下，不避，仍庭參不接坐。

這八條規定是針對地方官員，2、3 是有統屬關係的地方官員之間的相見禮，2 是知州與地方高級軍官（路分鈴轄以上）見路級長官，所謂「客位」當在門外〔註75〕，也就是說來時在門外下馬，以示尊重，去時在廳前上馬，知州級別較高時則不遵守此制。3 是州屬官見知州，按乾德二年制度，諸州上佐見所屬長官拜於庭，此言只參不拜，顯然是採納了前述蘇洵的意見。1 則是為了凸顯前任宰執的地位，即便有統屬關係，監司也要放低姿態對待前任宰執。4 則是對鄉梓長官的尊重。5 是強調儀制規定是針對「公」的場合，沒有公事就可以行私禮。助教多是進納得官者，有官的頭銜卻不能完全享受官員的待遇，因此 6 是規定其有參加官場活動的權力。〔註76〕7 的意思有些模糊，「見非統屬」或可以理解為相見時按照沒有統屬關係的情況行禮，那麼這就與《宋史》「凡屯駐將校帶遙郡者，以客禮見長吏」的說法大致一致。8 是關於官員迴避的，「舊轄公人或本家親隨人」都是曾服務過官員的，可能會有密切的關係，因此需要迴避，但當兩者身份差別大到一定程度就不需要迴避，「庭參不接坐」是對兩者接觸的限制。類似的規定北宋前期就已經出現，如天聖六年十二月十四日詔：「應臣僚聽下公人及本家親隨僮僕等出為班行者，諸處相

〔註75〕《容齋三筆》卷四，洪適「以故相帶觀文學士帥越，提舉宋藻穿戟門訶殿，云：浙東監司如何不得穿紹興府門？將至廳事，始若勉就客位者，主人亟令掖以還。」此為監司見故相，按禮當在客位下馬，宋藻的行為顯然是非禮的，反言之就是在府門外下馬才是符合禮儀的，據此推測客位當在門外。

〔註76〕《咸淳臨安志》卷八十八「施藥局」，趙安撫「因創局製藥，分差職醫家至診視，隨症畀藥」。據此，職醫當是在官府服務的醫生，本條與助教並列，極可能有醫官的身份。

遇，並須迴避，不得接坐。如或同州郡勾當者，閤門祗候、內殿崇班已上並三班使臣充監押、巡檢，許令申奏，於鄰近州對換。其三班使臣以下監當物務，並令公參而退，更不接座。」〔註77〕

再來看路遇之禮的變化。真宗時，供奉官、閤門祗候劉文贊「趨東華門，衝宰相馬；至崇政殿門，宰相與親王對揖，文贊又橫絕而過。」劉文贊由此得罪，被貶為監當官。朝廷因此下詔重申路遇之禮，違者治罪，「自今文武群臣內庭出入，道路相逢，據品秩迴避側立，一依儀制。命婦車擔與文武官相遇，亦須迴避，不得交雜導從。仍令所由司咨示，違者具名以聞，當寘其罪。」〔註78〕劉文贊冒犯的是宰相、親王的威嚴，受到懲處十分正常，但事情的發生說明當時朝廷儀制並沒有得到較好的執行。此時正值真宗「天書封禪」之後，朝廷對禮儀的重視正處於一個新的高峰，重申前制只是開端，次年，朝廷又頒行了新的路遇儀制：

> 文武百官遇宰相、樞密、參知政事並避，兩省官侍郎、常侍以下遇三師、三公、尚書令則避。遇僕射，則給舍以上斂馬側立，起居郎以下則避。給舍以上遇御史大夫、中丞，分路而行。起居郎以下遇大夫、給舍以上斂馬，遇中丞分路而行。御史大夫遇三師、三公、尚書令則避，遇僕射、東宮三師、尚書丞郎、兩省侍郎，分路而行。中丞遇大夫避，遇僕射斂馬。尚書丞郎、常侍以下至正言、東宮三師、三少、太常卿、金吾上將軍，並分路而行。知雜御史遇中丞則避，遇左右丞斂馬，遇尚書侍郎、諸司三品、金吾大將軍、統軍諸衛上將軍，分路而行。尚書省五品、諸司四品以下遇諸衛大將軍皆避之。三院同行，如知雜例；不同行，遇左右丞避。尚書丞郎、郎中、員外遇三師、三公、尚書令則避。郎中、員外遇丞郎則避。太常博士以下朝官遇本司長官、三師、三公、僕射、尚書丞郎、大夫、中丞、知雜御史，並避，權知、判官不避，遇兩省給舍以上斂馬。京官遇丞郎、給舍、大卿監、祭酒以上、本寺少卿監、司業並避。諸衛大將軍以下遇上將軍、統軍亦避。詹事遇上臺官如卿監之例。庶子、少詹事至太子僕遇太子三師、三少並避，遇上臺官如少卿監例。中允以下遇太子三師、三少並避，遇賓客、詹事斂馬，

〔註77〕《宋會要輯稿》儀制五之一二。
〔註78〕《宋會要輯稿》儀制五之七，大中祥符元年二月二十九日。

遇上臺官如太常博士例。應合避尚書者，並避三司使。權知開封府者，如本官品避。其臺省官雖不合避，而職分見在三司、京府統臨者避。

中書門下、樞密院、常朝有衝突者，巡檢人員具名送開封府，京朝官謄報御史臺彈奏。內諸司使以下報宣徽院施行。不即申舉者，委御史臺、左右街司察訪以聞。入皇城司及殿門外當避而不避者，委親事官報皇城司捕送開封府，職官具名以聞【「聞」原脫，據本書儀制七所引補。】。諸色人當避臺省官及斂馬側立而有違者，街坊巡檢親事官止約，固違不伏者，移牒官司，及申奏如上制，即不得凌辱命官。武班內職並依此品施行。〔註79〕

新制度與乾德二年儀制的差別可對比表1與表4。

表4　大中祥符二年百官路遇行禮表

位卑者	位高者	避	斂馬側立	分路
百官	宰相、樞密、參知政事	✓		
兩省官侍郎、常侍以下	三師、三公、尚書令	✓		
兩省官給、舍以上	僕射		✓	
兩省官起居郎以下	僕射	✓		
兩省官給、舍以上	御史大夫、中丞			✓
御史大夫	三師、三公、尚書令	✓		
御史大夫	僕射、東宮三師、尚書丞郎、兩省侍郎			✓
御史中丞	御史大夫	✓		
御史中丞	僕射		✓	
御史中丞	尚書丞郎、兩省官常侍以下至正言、東宮三師三少、太常卿、金吾上將軍			✓
知雜御史、三院御史（同行時）	御史中丞	✓		

〔註79〕《宋會要輯稿》儀制五之八、九、十，大中祥符二年九月十二日，翰林學士李宗諤、龍圖閣直學士陳彭年言，此內容附在導從制度之後。

知雜御史、三院御史（同行時）	左右丞		✓	
知雜御史、三院御史（同行時）	尚書侍郎、諸司三品、金吾大將軍、統軍諸衛上將軍			✓
尚書省五品、諸司四品以下	諸衛大將軍	✓		
三院御史（不同行時）	左右丞	✓		
尚書丞郎、郎中、員外	三師、三公、尚書令	✓		
郎中、員外郎	尚書丞郎	✓		
朝官太常博士以下	本司長官、三師、三公、僕射、尚書丞郎、御史大夫、御史中丞、知雜御史	✓		
朝官太常博士以下	兩省給舍以上		✓	
京官	尚書丞郎、給舍、大卿監、祭酒以上、本寺少卿監、司業	✓		
諸衛大將軍以下	上將軍、統軍	✓		
東宮官庶子、少詹事至太子僕	太子三師三少	✓		
東宮官中允以下	太子三師三少	✓		
東宮官中允以下	太子賓客、詹事		✓	

　　此外還有幾點值得關注，一是規定中提到「上臺官」。上臺在唐代指門下省〔註80〕，規定中特別申明東宮官與門下省官員的相遇禮儀，其實源自唐代東宮官次於上臺官的規定〔註81〕，其原因當是太子作爲儲君，其屬官地位當低於天子屬官。宋太宗曾對臣僚表示，東宮官對太子稱臣，以及東宮官地位

〔註80〕　張鷟《龍筋鳳髓判》卷上《給事中楊珍奏狀錯以崔午爲崔牛斷笞三十徵銅四斤不伏》：「楊珍門承積閥，榮重搢紳，趨左掖之嚴凝，奏上臺之清切。出納王命，職當喉舌之官；光闡帝猷，佐處腹心之地。」元稹《元氏長慶集》卷五十《贈王承宗侍中》：「上臺之首，左輔之崇，特越彝章，用明加等，忠魂尚在，期爾有知，可贈侍中。」

〔註81〕　杜佑《通典》卷七十五。

與上臺官等同，都是「近世澆薄」所致。〔註82〕眞宗新制一定程度上恢復了
唐制，與太宗觀點相合。

二是新制特別強調了違禮的處罰，列舉了不同情況下管轄官司及處理方
式，一般情況下，巡檢官員要勸阻違禮者，不聽者才具名上報，特別強調不
得淩辱命官。官員之間在路上發生衝突，巡檢官員也只能具名上報，而沒有
明確的執法權。但在皇城司管轄範圍內，皇城司是有權抓人送開封府的，由
此可見，一方面是處於對皇權的尊重，不同的場合，違禮的嚴重程度也不同；
另一方面，皇城司作爲皇帝耳目之司〔註83〕，擁有相當大的權力。

雖然強調了違禮的處罰，但多數情況下，巡檢官員只是事後上報而已，
執法的力度不足，因而朝廷儀制的約束力值得懷疑。元祐時，劉器之以待制
爲樞密都承旨，路遇執政，本應避，卻只是「去席帽涼衫，斂馬遣人傳語，
相揖而過」，宰臣呂大防也只是「心甚不樂」而已。〔註84〕宰臣尚且如此，可
見相見儀制當時其實很難得到執行。

南宋路遇之禮面臨一個特殊的變化，即官員以乘轎代替了騎馬。原本建
立在上下馬基礎上的禮節在一定程度上失去了意義。紹熙二年六月十一日，
臣僚言：「長官曹屬相遇於途，自有定制，今也不問別曹異局，必揭簾相揖，
甚則並輿相語，有駭觀瞻，識者以謂避遇之制廢矣。」〔註85〕

關於宋代相見儀制，還有一點值得重視，即所謂官稱的問題，乾德二年儀
文中即有「文武官不得借假呼稱」的規定。官場的稱呼不得僭越當然是原則性
的規定，實際生活中則很難規範，尤其是在官本位社會中。〔註86〕正因爲如此，
稱呼的規範問題才會一再被提及，儀文的規定也日漸詳細。淳化元年四月二日，
國子祭酒孔維上言：「竊睹中外文武官稱呼之間，多或假借。殿直、承旨差出者
須邀司徒之稱；京朝官等不分品秩高下，一例遞呼郎中。伏乞今後員外郎以上
只可正呼，五博至將作監丞得假員外之稱，助教以上只令正呼本官，毋致僭越
班制，瀆亂典常。」孔維要求按官員的本官來稱呼的建議，只是一種想當然，

〔註82〕 《續資治通鑑長編》卷三十二。
〔註83〕 《續資治通鑑長編》卷一百六十二，「皇城司在內中最爲繁劇，祖宗任爲耳目
之司。」
〔註84〕 《容齋續筆》卷十一《百官避宰相》，357～358 頁，北京：中華書局，2005
年。
〔註85〕 《宋會要輯稿》刑法二之一二五。
〔註86〕 關於宋代稱呼的總體情況，參見朱瑞熙等著《宋遼夏金社會生活史》第十九
章，北京：中國社會科學出版社，1998 年。

翰林學士宋白等在討論這一問題時就認爲：「官品之內，甚有難爲稱呼者，遽令改易，皆從正名，亦慮有所未便。」宋白等考慮到執行難度，提出「於過呼尤甚者重行條禁，所貴庶官易爲遵守」，以一種妥協的姿態來維護朝廷儀制。具體規定如下：「文班臺省官及卿監、郎中、員外並只得呼本官，升朝官自太常博士以下並京官至大理評事，並不得呼郎中。諸司使、諸衛將軍不帶遙郡者，並諸司副使，並不得呼太保。三班自供奉官以下並不得呼司徒。京官自校書郎以下並不得呼員外。待詔、醫官等並不得呼奉御。府司錄參軍、縣令等並不得呼員外。京府司錄不在此限。判司簿尉等不得呼侍御。文武職事州縣等如有檢校、兼、試同正官者，伏請並得呼之。」〔註87〕北宋前期官制繁複，名目繁多，禁令只能禁止一些過分稱呼，如供奉官稱司徒之類。但是因爲官制本身所造成的問題卻很難迴避，如兼官，北宋「兼官」特指武官兼御史大夫、侍御史、殿中侍御史、監察御史。〔註88〕武官可以稱御史大夫，雖然不一定發生，卻無法否認這種可能性，因而是一個制度上尷尬的問題。

　　眞宗時，御史知雜范正辭再次上言官稱問題，儀制又作了更爲詳細的規定：「尚書省、門下、中書省、御史臺、九寺、三監、東宮常參官、京官、武班諸衛各呼本官。除臺省外，自有檢校兼官者，從高稱呼。兩京五府少尹並以本官稱呼，兩京留守、判官、通判、諸路轉運使副、四赤令、諸州知州、通判、監臨官並是京朝官充職，並以本官稱呼。其兩京留守、判官、諸道行軍副使各有檢校官者，以檢校官稱呼。節度、觀察使、兩使兵馬留後官未至檢校太傅者，許通呼太傅，檢校高者從高稱。內客省使、客省、引進、四方館、昭宣、東西上閣門使、遙郡內諸司使官未至檢校太保者，許通呼太保。客省、引進、東西上閣門副使、未至遙郡內諸司使副，並許通呼司徒。內殿崇班、供奉官、侍禁、殿直、奉職、借職並只呼本職。其殿頭高品、高班黃門並內品並以本職稱呼。若銜命出外，即通呼天使。翰林待詔、醫官並通呼待詔奉御。如有同正檢校、兼官者，各呼本官。諸道幕職、錄事參軍、縣令有檢校、試銜者，呼本官。錄事參軍仍呼都曹，縣令呼長官，簿尉許呼評事。」〔註89〕與淳化儀文相比，這次沒有採用禁止的口吻，而是列出了允許的範圍，看起來不象限制過稱官呼的行爲，倒像是承認現實，並將稱呼作爲一種禮儀

〔註87〕《宋會要輯稿》儀制五之三、四，1917頁。

〔註88〕《宋史》卷一百六十九《職官九》，4063～4064頁。

〔註89〕《宋會要輯稿》儀制五之五、六，眞宗咸平三年八月九日。

上的待遇加以分配。具體內容上，此次規定也比淳化要寬鬆，如淳化所禁止的翰林待詔、醫官稱奉御情況，就得到了允許。大中祥符七年七月二十日，詔：「在京勾當官差出外住程勾當，不得帶在京名目出外稱呼。」〔註90〕是要稱呼要符合其實任差遣。

　　元豐官制改革後，宋代官制名實混雜的情況得到了遏制，官制中互相牴牾的地方減少了，因此對過稱官呼規定大大簡化了，如《職官分紀》引《元祐令》：「諸官員不得容人過稱官號，有檢校兼官者聽從高稱。曾任職事者許稱職事官。」〔註91〕《慶元條法事類》引《職制令》：「諸命官不得容人過稱官名，有兼官若檢校官者，聽從高稱。其曾任職事官者，雖已替，聽稱職事官。」〔註92〕兩條內容相同，都是關於檢校官的問題。政和《職制令》有「諸命官不得容人過稱官名」的條文。〔註93〕此令的出臺顯然有一定的社會背景，這個問題當時可能相對比較嚴重，這一時期不少臣僚上言提及此事。宣和元年五月十四日臣僚上言提及選人呼「宣教」，文武臣通呼「大夫」，當時下詔禁止的是承宣使稱節度使，節度使稱相公，王稱大王。〔註94〕崇寧二年十二月十四日林攄上言針對的是「郡王稱大王、正任稱太尉、少卿稱判寺、郎中、員外郎稱省判」。〔註95〕政和三年三月二日，臣僚言針對「官爲將仕，尙稱秘校；職列諸曹，仍呼府判。」〔註96〕

　　南宋這一問題一直存在。紹興二十六年二月九日臣僚言：「自一命以上，文臣即學士自居，武臣亦以團練自處。至有不曾任京局者，必欲強名寺監丞、郎中、省幹之類，以避本稱。」〔註97〕慶元三年五月二十五日，臣僚言：「判司簿尉以朝議爲未足則曰中大，令倅而上稱以中大爲未足則曰太中。」〔註98〕嘉泰四年十月二十七日，臣僚言：「今州縣官之初品與夫一再循轉者，即取卿監、侍從、兩府之階官過爲稱呼。如以至守令丞簿之屬，僭稱曰判，小小監

〔註90〕《宋會要輯稿》儀制五之十。
〔註91〕孫逢吉：《職官分紀》卷四十九「檢校兼官」。
〔註92〕謝深甫：《慶元條法事類》卷三《避名稱》，戴建國點校，黑龍江人民出版社，2002年，12頁。
〔註93〕《宋會要輯稿》刑法二之七五、七六。
〔註94〕《宋會要輯稿》刑法二之七五、七六。
〔註95〕《宋會要輯稿》儀制五之二一。
〔註96〕《宋會要輯稿》刑法二之六〇。
〔註97〕《宋會要輯稿》儀制五之二六。
〔註98〕《宋會要輯稿》刑法二之一二八。

當,例以判院呼之。」〔註99〕這些說法不斷出現足見當時情況之嚴重,而且稱呼是逐步升級的狀態。

　　其實過稱官呼的問題是很難用制度來約束的,兩人見面或通信的稱呼,都是相對私密的,朝廷想用制度規範,在操作上有很大的難度,稱呼本質上還是風俗問題。如趙彥衛談到南宋初的情況:「宣和以前,士大夫輩行相等,皆稱字,雖通上官,亦不過呼。若大夫以上,祇云『運判大夫』之類,秦忠獻與人簡尺,多云『丈』,世俗傚之,雖貽晚進書,亦云『丈』。知州而上則稱『朝議』,以下皆『學士』。秦薨,臣僚論列。未幾,昔日之朝議進而爲『太中』,學士進而爲『朝議』。近年尤甚,知州以上,皆有『太中』、『通奉』之稱矣。」〔註100〕秦檜當政,寫信對人不稱官,也曾引領了一段風俗,最終抵不過官稱的逐步升級。這一問題產生的根本原因在於官僚制度。閻步克提出用「品位——職位」的研究框架來考察中國古代的官僚制度,官僚本身具有自利與服務兩種取向,「官僚的服務取向,與重效率、以『事』爲中心的職位分等,具有較大的親和性;官僚的自利取向,與重身份、以『人』爲中心的品位分等,具有較大的親和性。」〔註101〕以此角度來考察過稱官呼的問題,雖然只是稱呼,當官僚的自利取向占上風時,官呼的逐漸升級也是不可避免的。

　　反對過稱官呼,主要是考慮到維護等級制度權威,所謂「爵列稱謂皆有次序」,指責「士大夫習尚澆薄,爭爲誇誕,擬人不於其倫,稱謂不以其實」。〔註102〕洪邁就稱此爲「士大夫僭妄相尊,日以益甚。」〔註103〕當然也有其他的說法,如宋人錢昂認爲過稱官號會損害福氣,「自己有官不自以爲稱,而妄取他人官而稱之,豈非福薄邪」。〔註104〕

　　官稱還有一個特殊問題即是招牌中含有官稱,如《清明上河圖》中就繪有「趙太丞家」醫藥鋪。宣和五年三月十七日延康殿學士趙逿奏:「乞降睿旨,禁止市井營利之家、伎巧賤工不得以官號揭榜於門肆。」能夠以官號爲招牌,說明當時稱人官號是社會的通例。六月十一日,中書省言:「近降指揮,禁止

〔註99〕　《宋會要輯稿》刑法二之一三五。

〔註100〕趙彥衛:《雲麓漫鈔》卷四,傅根清點校,北京:中華書局,63頁。

〔註101〕閻步克:《中國古代官階制度引論》,北京:北京大學出版社,2010年,359頁。

〔註102〕《宋會要輯稿》儀制五之二六。

〔註103〕洪邁:《容齋三筆》卷五《過稱官品》,孔凡禮點校,北京:中華書局,2005年,482頁。

〔註104〕徐度《卻掃編》卷下。

市井營利之家不得以官號揭榜門肆，其醫藥鋪以所授官號職位稱呼，自不合禁止。」〔註105〕也就是說只要招牌上官號沒有過稱，就是合法的。

　　官場的相見禮節是由相見雙方的身份、以及相見的場合所決定。而官員身份地位的變化又可以分爲兩個層面。一是在國家制度層面，百官相見儀是與官制變化密切相關的，行禮的細節並非制度的重點，官員地位的變化才是儀制不斷調整的動力。比如新官職的出現時，相見儀制的相關規定需要與之配合。如淳化五年（994）十一月二十四日詔：「三司判官、主判、推官等見本使，並如郎中、員外見丞郎、尙書之儀。」〔註106〕此處「本使」指三司總計度使，淳化四年閏十月二十五日置，五年十二月二十四日罷。〔註107〕所謂「主判」則指總計度司判官，是隨著總計度使的設置而新設的，隨即罷廢，存在只一年。〔註108〕由兩官的設置可知，這一規定並未實行幾天，其出臺可能是考慮到新的差遣需要確認在官制體系中的地位，因爲差遣本身沒有品級，需要通過儀制來設定。〔註109〕需要指出的是，這一詔令出臺時間比差遣設立晚了近一年，也可能是儀制隨官而變只是遵循一種常規的做法，並不迫切，只是由於行政系統的遲緩而拖延，因而是一種形式上的規定。再如熙寧三年九月戊子，「置檢正中書五房公事一員，每房各置檢正公事二員，並以朝官充，見宰相、參知政事如常朝官禮。檢正五房公事官位提點上，諸房檢正與提點序官位堂後官上。主書以下不許接坐，非親屬、寺觀職事相干，不許出謁。」〔註110〕由此可以清楚看到，設立新的差遣，會通過儀制確定其地位待遇，包含見上級（宰相、參知政事）、下屬（主書等）的禮儀，以及朝會時的雜壓。哲宗元祐元年八月丁亥曾下詔「今後蕃官不許充漢官差遣」。其原因是宋朝在邊地設置蕃官，原本蕃官官資較高，但是卻要受漢官管轄，因此「見漢官用階墀禮」，便於控制，如果授予其漢官差遣則「與漢官相見均禮」，即便是在內地任職，也會影響到朝廷對蕃部的控制。〔註111〕實際上宋朝控制蕃官的手段，一方面給予其高官以籠絡，一方面卻在禮儀上貶低以利於管理，

〔註105〕《宋會要輯稿》刑法二之八七。
〔註106〕《宋會要輯稿》儀制五之五，1918頁。
〔註107〕《玉海》卷一百八十六《淳化總計使》。
〔註108〕《職官分紀》卷十三。
〔註109〕《宋大詔令集》卷一百六十載有此詔，其前還有如下文字「朝廷設官分職，各有等威。名既不同，禮亦異數。」（北京：中華書局，1962年，608頁。）
〔註110〕《續資治通鑒長編》卷二百十五，5230頁。
〔註111〕《續資治通鑒長編》卷三百八十四。

相見禮在此承擔了獨特的管理功能。

官員地位變化的另一因素政治形勢的變化。太平興國八年六月十三日詔：「自今京朝官知錄事參軍及知縣事者見本州長吏，用賓主之禮。宴集班位，其升朝官在判官之上，京官在推官之上。違者在所以聞，當行責罰。」〔註112〕宋初京朝官到地方任錄事參軍與知縣，是中央削弱藩鎮的重要措施之一，實際從乾德元年六月就開始了。〔註113〕這些朝官到地方，目的是為了與節度使爭權，所以在相見時常與節度使抗禮，昭示雙方地位相當，便於工作的開展。如右贊善大夫周渭知永濟縣（今河北館陶縣東北），時任天雄軍節度使兼大名府尹的符彥卿「郊迎，渭揖於馬上，就館，始與彥卿相見，略不降屈。」〔註114〕右贊善大夫不過五品官，作知縣又受到府尹的直接統轄，周渭卻在見符彥卿時連馬都不下，顯然與國家儀制不合。節度使全面罷支郡，是在太平興國二年八月〔註115〕，到了八年才修改儀制，提高京朝官知縣、參軍的地位，其時大局已定後，藩鎮的威脅已基本消除。這時出臺這樣的規定，是從制度上確認京朝官知縣與本州島長官之間的地位相當，使兩者互相牽制，避免新「藩鎮」的產生。

但是，這樣的規定實際上是對原有相見儀制的破壞，使得制度的執行受到影響。咸平五年五月二十八日，詔：「開封府左右軍巡使、京官知司錄及諸曹參軍、知畿縣見知府，並趨庭設拜。」〔註116〕按乾德二年儀制，州縣官見本屬長官要拜於庭，禮節與此並無明確變化，那麼再次重申規定的目的何在呢？原來此時知開封府寇準認為，由於收藩鎮之權時鼓勵屬官與節度使分庭抗禮，導致小官養成了凌慢長官的風氣。這一詔令實際上修改了太平興國八年詔書，雖然沒有提到朝官的問題，且只涉及開封府，但卻扭轉了風氣，此後諸州選人也拜伏於庭了。〔註117〕寇準的目的顯然是為了維護自身的權威，一方面也因為當時藩鎮專權早已不是問題，其意見才能被採納。

禮儀本身由一系列文化符號所組成，社會文化則賦予這些符號以象徵意義，有了這些象徵意義，禮儀才能發揮其實際功能。社會文化系統本身並非

〔註112〕《宋會要輯稿》儀制五之三，1917 頁。

〔註113〕朝官始任知縣，見《宋會要輯稿》職官四八之二五。

〔註114〕《續資治通鑑長編》卷四，乾德元年六月庚戌條，96 頁。

〔註115〕《宋會要輯稿》職官三八之二。

〔註116〕《宋會要輯稿》儀制五之六，《宋史》卷一百一十八「知畿縣」作「到畿縣」（2790 頁）。

〔註117〕王栐：《燕翼詒謀錄》卷一，北京：中華書局，1981 年，8～9 頁。

一成不變，劇烈的社會變革當然伴隨著社會觀念的變化，進而會影響禮儀系統，或者重新闡釋其象徵意義，或者爲了凸顯某些新的觀念而改造禮儀的構成以適應新的形勢。如前述地方官員趨庭設拜的問題，在北宋中期遭到蘇洵的強烈反對，他認爲「州縣之吏趨走於太守之庭，不啻若僕妾」；太守受州縣吏拜，是「使州縣之吏事之如是君之禮」；「其尤其不可者，今以縣令從州縣之禮。」蘇洵的邏輯主要有兩點，一是古代陪臣事諸侯，如同諸侯事天子，是因爲諸侯主宰陪臣的生殺大權；漢唐的州縣之吏拜太守、刺史，是因爲太守有「署置辟舉之權」；而北宋「收天下之尊歸之京師，一命以上皆上所自署」，「自宰相至於州縣吏，雖貴賤相去甚遠，而其實皆所與比肩而事王耳」，即宋代皇帝大權獨攬，官員的權力等級不像以前那麼分明了，參拜於庭這樣的大禮只適合臣拜君，臣子自身沒有理由接受這樣的大禮。二是州縣小吏地位低，俸祿少，和百姓最接近，是很容易徇私舞弊的，朝廷只有用氣節來激勵他們，「使知有所恥也」，而且其中也許有人會做到更高的位置，因此需要尊重他們，而不是迫使他們向長官諂媚求利；而縣令擔負一縣之責，拜伏在太守之庭，會損害其權威，其下屬和百姓會輕視他。從蘇洵的言論中可以看出，拜伏於庭在當時被視作十分隆重的禮節，用於君臣之間尚可，用於長官則有諂媚之嫌。因此，取消這一規定，是「所以全士大夫之節，且以儆大吏之不法者。」需要指出的是，蘇洵提到「夫縣令之官雖卑」，「與京朝官知縣等耳」，言下之意京朝官知縣並不需要行此禮，說明此時執行的規定與太平興國八年詔書相同。〔註118〕而且蘇洵這一解釋邏輯也爲後來者所接受。政和三年八月十五日，新提舉淮東路常平應安道奏：「臣伏睹儀制令內有州縣官參知州，贊姓名致恭，見通判，階上受拜，以至一簿尉參縣令，亦曰受拜，此於臣下實爲僭越。」〔註119〕「贊姓名致恭」、「受拜」都被納入到僭越的範圍內，應安道的意見被採納後，地方官員之間公參行禮的等級實際上已經被破壞。南宋規定「從事郎以下，庭參不拜」〔註120〕比如洪邁言：「宰府呼召之禮，始時庶僚皆然，已而卿、監、郎官及史局、玉牒所緣提舉官屬之故，一切得免。逮乾道以後，宰相益自卑，於是館職亦免。迄於淳熙則凡職事官悉罷此制。」

〔註118〕蘇洵：《嘉祐集》卷十《上皇帝書》其四，嘉祐三年十二月一日，曾棗莊、金成禮箋注本，上海：上海古籍出版社，1993 年，286 頁。

〔註119〕《宋會要輯稿》儀制五之二一。

〔註120〕《朱子語類》卷九十一，2334 頁。

〔註121〕所謂「呼召」,「欲見宰執者,具名刺門狀,計會本府書司直省官,謂之下呼召,候呼召,即隨引參見。」〔註122〕洪邁認爲不行呼召之禮標誌宰相地位的下降。朱熹稱「今朝士見宰相,只是客禮」,見監司、郡守時,即便客司揖請降階,也「平立不降可也,同官雖皆降階,吾獨不降可也」。〔註123〕也就是說從朝廷儀制的角度,官員相見的禮儀是簡化了,但這卻並不意味著,官員的上下之分淡化了,朱熹堅持不降階是不願意從流俗,以維護自身的氣節,不願給人以阿諛上官的印象,這恰恰說明當時官場上下之分的嚴格。

小　結

　　宋代的百官相見儀制頒佈的背景是,唐末五代以來的官制混亂。唐末職事官的階官化,使得三省制下的臺省寺監等職事官成爲「寓祿秩、敘位著」的寄祿官。原有的官品制度在一定程度上失去了區分官員等級的作用。一般認爲,寄祿官的最終形成是太宗淳化四年確定遷轉次序。在此之前的建隆二年百官相見儀制,其實也可以視作一種重新調整官制,恢復等級秩序的努力。類似的努力,如建隆三年的合班儀。在這裡,儀制承擔了兩個功能,一是行禮的實施細則,二是討論等級品位的依據。這種取向滲透到了整個宋代儀制的發展變化過程中,如雜壓制度,即便在元豐官制改革後,宋朝官制相對穩定後,雜壓也依然具有區分等級的作用。閻步克先生曾經將「禮遇」作爲品秩構成要素之一,並指出「中國官僚組織具有濃厚的『儀式組織』性質,其內部秩序,在更大程度上要靠各種禮儀活動來維持」。〔註124〕同樣官場儀制也是爲了維持一種等級秩序,這種秩序則是中國古代王朝政治體系運作的必要條件。

　　相見儀制是建立在規範官員相見禮儀的基礎之上的,官員的相見是政治運作的常態,儀制的變化要受到政治運作強烈影響。因此,相見儀制與官制有很強的互動關係。另一方面,禮儀也不斷受到觀念與習俗的影響,作爲一種文化符號,禮儀的象徵意義隨著社會的變化而不斷被重新闡釋,在這種意義上,儀制也保持與官場文化的互動。

〔註121〕洪邁:《容齋五筆》卷四,878 頁。

〔註122〕趙升《朝野類要》卷三。

〔註123〕《朱子語類》卷九十一,2334 頁。

〔註124〕閻步克:《中國古代官階制度引論》,197 頁,北京:北京大學出版社,2010年。

第二章　宋代朝儀管窺——以北宋文德殿朝儀爲例

　　朝會是官場活動的重要環節，朝儀則是朝會時所遵循的禮儀。在中國古代皇帝制度下，作爲皇帝與臣下會見處理政務的正式場合的朝會，其禮儀功能也十分重要，朝儀制度因此在官場儀制中具備獨特的地位。

　　古代禮儀制度的分類，《周禮・春官・大宗伯》吉、凶、賓、軍、嘉的五禮分類法影響最大，禮典結構多以此爲據。〔註1〕在此五禮分類結構下，按照適用對象的不同又有進一步的分類，如冠禮、婚禮等，如果把五禮看作是一級分類，那麼這些就可以看作二級分類。這些二級分類依時代有所變化，但是又有相當的繼承性，因此朝廷製禮和現代研究多以此來劃分。

　　朝儀可以看作一個二級類別，但並非明確屬於一個一級類別。朝，最初泛指人們的聚會相見。《禮記・王制》：「耆老皆朝於庠。」鄭玄注：「朝猶會也。」後來，朝演變爲專指臣子拜見君主。《爾雅》：「臣見君曰朝。」所謂朝儀，就是帝王臨朝時的典禮儀式。《周禮・夏官・司士》載：「正朝儀之位，辯其貴賤之等。」孫詒讓解釋說：「『正朝儀之位』者，此亦天子治朝之朝位也……此官掌正其儀。」〔註2〕《史記・叔孫通列傳》載叔孫通語曰：「臣願徵魯諸生，與臣弟子共起朝儀。」〔註3〕趙升《朝野類要》則將朝儀解釋爲「趨

〔註1〕　演變過程可參看楊志剛《中國禮儀制度研究》第二章第三節「五禮制度的草創與完備」，156～176頁。
〔註2〕　孫詒讓：《周禮正義》卷五九，2459頁，北京：中華書局，1987年。
〔註3〕　《史記》卷九九《叔孫通列傳》，2722頁，北京：中華書局，1959。又見《漢書》卷四三《叔孫通傳》，2126頁，北京：中華書局，1962。

朝之儀」〔註4〕。

　　清代學者秦惠田對朝禮制度有如下概括：「古朝禮有二。《書》曰覲四岳羣牧，又曰肆覲東后；《周禮》大行人掌朝宗覲遇會同聘問之事，乃賓禮也。《周禮》宰夫掌治朝之法，太宰王視治朝則贊聽治，爲天子日視朝之正，乃嘉禮也。秦漢以還，有常朝，有正至聖節朝賀，與古不同，惟常朝爲周治朝之意，餘皆起於後世，今以朝宗覲遇等別爲賓禮，而屬之嘉禮者統名之曰朝禮。」〔註5〕

　　秦惠田在此將朝儀界定爲嘉禮，包括常朝儀和朝賀儀。朝賀儀，宋代也稱之爲大朝會，是元旦、冬至等節日的禮節性慶賀儀式，一般認爲起自西漢叔孫通制朝儀，特爲強調君臣之別。〔註6〕常朝儀，是皇帝會見群臣處理政事的禮儀，也常被稱作朝參儀。楊志剛將朝儀定義爲「君臣相會商國事」，與「叩頭下跪表忠心」的朝賀儀並列，所指範圍基本與常朝儀一致。〔註7〕

　　具體到宋代的情況，宋代的官修禮書中沒有明確的朝儀這一分類條目，但《文獻通考》將朝儀列入「王禮考」，論述的範圍基本在朝參與朝賀之內，馬端臨對朝儀的界定基本與秦惠田一致。《宋史・禮志》也列有大朝會儀和常朝儀。因此從實際承擔的功用出發，本文將朝儀界定爲朝賀和朝參。

　　需要指出的是，宋代官修的禮書《政和五禮新儀》將朝賀與朝參的相關內容列入了賓禮，《宋史・禮志》也繼承了這種分法〔註8〕。《政和五禮新儀》成書於徽宗政和元年，「因革綱要既爲禮書，纖悉科條又載儀注，勒成一代之典」〔註9〕。徽宗爲是書所作序中說：「乃作賓禮以朝、以會、以覲、以問。」從功用的角度界定了賓禮。但是成書於北宋仁宗朝的《太常因革禮》卻將朝儀相關內容列入嘉禮，對照其條目可知，《太常因革禮》實際與《大唐開元禮》的分類方法一脈相承。雖然宋初所修《開寶通禮》不存，但是依據《太常因

〔註4〕　趙升：《朝野類要》卷一，王瑞來點校，北京：中華書局，2007年。

〔註5〕　秦惠田：《五禮通考》卷一三一，案語。

〔註6〕　《五禮通考》卷一百三十六：「古者有朝覲之禮，無朝賀之文。秦改封建爲郡縣，始有朝十月之禮。漢叔孫通起朝儀，其制始詳，大朝會實始於此。」

〔註7〕　楊志剛《中國禮儀制度研究》，357～363頁。

〔註8〕　《宋史》卷116，「《周官》：司儀掌九儀賓客擯相，詔王南鄉以朝諸侯；『大行人掌大賓之禮、大客之儀，以親諸侯』。蓋君臣之際體統雖嚴，然而接以仁義，攝以威儀，實有賓主之道焉。是以《小雅・鹿鳴》燕其臣下，皆以嘉賓稱之。宋之朝儀，政和詳定五禮，列爲賓禮。今修《宋史》，存其舊云。」

〔註9〕　《政和五禮新儀》卷首《尚書省牒議禮局》。

革禮》依然可以大致推斷其分類方式應與《大唐開元禮》類似。〔註10〕再與後世禮書對照，《政和五禮新儀》將朝儀列入賓禮的分類方式實際是一種特例。

　　朝賀與朝參的分類方式在具體儀制的研究中依然較爲概括，具體的研究還應該依據官修禮書的儀制分類進行。《政和五禮新儀》爲我們展示了一個較爲系統的禮儀分類，以朝參制度爲例，大致包括文德殿月朔視朝儀、紫宸殿望參儀、垂拱殿四參儀、紫宸殿日參儀、垂拱殿日參儀、崇政殿再坐儀、崇政殿假日起居儀。這樣一個分類方式的標準是儀制舉行的地點、時間，地點包括文德殿、紫宸殿、垂拱殿、崇政殿。雖然北宋的朝儀制度經歷複雜的變化，但是由於宮城的結構基本固定，因此依據舉行地點來把握北宋朝儀制度具有較好的可操作性。

　　對朝儀制度沿革作較爲系統的整理，首推秦惠田《五禮通考》，清儒在經學方面的成就令人高山仰止，其禮學著作考訂精詳，尤其值得重視，雖然史學研究的範式已經發生變化，但是其細節考訂和許多見解仍然具有相當的參考價值。王美華博士論文《唐宋禮制研究》〔註11〕對唐宋朝儀有簡要介紹，但並未展開。宋代禮制的研究近年來逐漸受到學界的重視，但是依然處在拓荒階段。陳戌國《中國禮制史・宋遼金夏卷》〔註12〕對宋代禮制做了一個概括性的論述，但是就整體而言，是書內容雖極爲豐富，卻略顯蕪雜，其論禮制的範圍似失之過寬，如何將禮制與其他制度加以較爲明確的界定，應是作者需要考慮的問題，而且每章各小節內容的歸類也不是特別清晰。第一章第十一節「趙宋巡幸宴饗朝會及相關禮儀」涉及常朝儀部分，主要依據《宋史・禮志》，對材料的考辨顯然不夠，但是作者卻指出「若是將趙宋常朝儀、元豐元年大朝會儀注與唐以前古禮比較，可知趙宋大朝會之儀與隋唐多同，與兩漢前後朝會之禮亦頗有相似處，而趙宋所謂常朝儀卻與唐以前古禮頗有區別（如見謝者之赴班，問起居之先後因地而別等等），當然也不是毫無因襲關係（如問起居之儀性質並無不同）。」其實這正體現了常朝儀與政治運作過程的密切關係，大朝會儀式的象徵性較強，而常朝儀則與實際政治運作的需要相

─────────────

〔註10〕　《太常因革禮》有「廢禮」、「新禮」，明確記載了禮書的變化。

〔註11〕　東北師範大學博士論文，2004 年，指導教授是任爽，該文研究思路與任爽《唐代禮制研究》（東北師範大學出版社，1999 年）一脈相承，前半部分按照五禮分類簡要敘述各種禮儀，後半部分以小專題論述唐宋禮制與社會變遷之間的關係。

〔註12〕　長沙：湖南教育出版社，2000 年。

聯繫，政治運作體制變化了，常朝儀自然也隨之發生變化。

綜觀涉及到宋代朝儀制度的研究，大致可以劃分為兩類。一類是政治制度史研究中關於宋代中央決策機制的研究。朱瑞熙《中國政治制度通史‧宋代》將皇帝坐殿視朝聽政界定為宋代中央最高決策機構，通過考察朝儀的參加者及其討論內容，來展示宋代中央決策機制的運作。〔註13〕這類遵循政治學方法的研究，強調權力和政治行為的研究，朝會只是政治活動的場所，儀制本身並未受到特別關注。如苗書梅《朝見與朝辭——宋朝知州與皇帝直接交流的方式初探》一文，從題目就可以看出作者側重的是朝見與朝辭的內容，儀制本身基本沒有進入討論的範圍。

另一類是禮制史方面的研究，雖然有一些貫通性的著作涉及宋代的朝儀制度，但專題性成果還十分缺乏，就筆者所見，僅有金子由紀的兩篇文章《北宋の大朝會議禮》、《南宋の大朝會議禮——高宗紹興15年の元会を中心として》〔註14〕，討論宋朝的大朝會議。國內史學界對朝儀制度的研究主要集中在漢唐時期，如李斌城《唐代上朝儀初探》〔註15〕、杜文玉對五代起居制度的研究〔註16〕。受馬克思主義史學的影響，二十世紀後半期的中國史學界多數認為禮是統治階級的政治工具，從這一觀點出發的禮法關係研究受到法制史學者的重視。九十年代之後，學者開始注意到禮的文化內涵，研究逐漸有新的面貌。與此不同，日本史學界雖然在戰後也深受馬克思主義史學影響，但六十年代後，在西嶋定生帶動下，探討中國古代專制國家時，逐漸從社會經濟層面轉向禮制、法制層面。〔註17〕原因是日本學界開始認識到不僅是社會結構決定了國家形態，國家結構（包括其意識形態）也會影響社會經濟構成。在這一從「社會」轉向「國家」研究思路下，與皇帝相關的禮制受到關

〔註13〕 朱瑞熙：《中國政治制度通史‧宋代》，第三章「中央決策機制」，人民出版社，1996年。
〔註14〕 金子由紀：《北宋の大朝會儀禮》，《上智史學》第47號，第49～84頁，2002年11月：《南宋の大朝會儀禮——高宗紹興15年の元會を中心として——》，《紀尾井史學》第23號，第25～36頁，2003年11月。
〔註15〕 李斌城：《唐代上朝儀初探》，《唐文化研究》，上海人民，1994年。該文對「蹈舞禮」進行了探討，認為此儀式創於隋代，並說蹈舞禮是臣對君所實施的禮，是君臣關係的象徵。
〔註16〕 杜文玉：《五代十國制度研究》，第六章「起居制度」，第280～306頁，人民出版社，2006年。
〔註17〕 參看前引甘懷真文章。

注，皇帝即位禮、郊祀禮等引發了熱烈討論。聚焦到朝儀制度，最有代表性的是渡邊信一郎《天空の玉座——中華帝國の朝政と儀禮》〔註18〕研究國家結構方法是分析國家禮制，故分析了漢唐間的朝儀，尤其是「元會」儀式，由於《大唐開元禮》有完整的元會儀式的內容，自然成爲熱點。渡邊信一郎藉此儀式說明皇帝制度如何藉由這類儀式以達成「君臣關係的再生產」，並論證唐朝的「帝國的秩序」的原理。金子由紀的兩篇文章正是這一思路的延續，通過梳理宋朝「大朝會」儀式，探討君臣關係與儀式的關係。

事實上，禮制也可以歸入廣義的政治制度，因此前述兩種思路只是關注焦點的區別，前者關注朝儀與政治決策的關係是制度運行層面的內容；後者重視儀式變遷的研究，採用象徵主義的方法〔註19〕，較多涉及意識形態方面。這兩種思路在不少情況下可以互相借鑒。

宋代朝會體系是如此複雜的一個系統，其研究也是一個浩大的系統工程，並非本章篇幅所能承載，因此本章從儀制研究出發，選取北宋文德殿朝儀作爲研究對象，試圖從其變化軌迹一窺宋代朝儀制度。

文德殿在宋代被稱作「正衙」，其朝儀在北宋前期主要包括入閤、常朝及正衙橫行。眾所周知，北宋政治制度在神宗朝發生了重大變化，與元豐官制改革相伴，宋代禮制也在此時發生了重大變化。《宋史・禮志》所言「熙寧、元豐變禮之最大者」，其中有「罷入閤儀並常朝及正衙橫行」〔註20〕一項。此後，文德殿的視朝儀固定爲月朔視朝儀。

需要指出的是，作爲正衙的文德殿按照原本制度設計是作爲常朝之所，常朝儀原本是屬於朝參範圍的，但北宋前期，文德殿常朝已經徒具形式，皇帝實際處理政事已經轉移到內朝（如垂拱殿），文德殿承擔的功能已經向純粹禮儀方向轉化，即「商國事」的功能已經淡化。而入閤儀承接唐五代的影響，在北宋前期成爲文德殿所舉行的重要禮儀活動。神宗朝禮制改革之前，按照常態，常朝是每日舉行，正衙橫行是五日一次，入閤儀原本是月朔舉行，但在北宋被視作隆重的禮儀活動而實際很少舉行。改革之後，文德殿朝會被定爲月朔一次，文德殿不在舉行常朝，在唐代原本聯繫在一起的正衙與常朝兩

〔註18〕 渡邊信一郎：《天空の玉座——中華帝國の朝政と儀禮》，東京：柏書房，1996年。

〔註19〕 象徵主義的方法指藉由某種儀式符號的意義去論證政治制度與秩序的方法。

〔註20〕 《宋史》卷九十八，2424 頁。

個概念正式分開。這一變化過程集中體現了朝儀與政治空間的互動關係，本
章論述的重心就圍繞這一變化的發生脈絡來展開，具體分析分文德殿常朝、
入閣儀、文德殿月朔視朝儀三個部分來展開。

第一節　北宋文德殿常朝

常朝從字面意思理解是指皇帝日常臨朝聽政，清人秦蕙田對常朝有一段
精確的定義：「周制天子三朝，惟路門外之朝曰治朝，王日視朝於此，即後世
所謂常朝也。古者三公坐而論道，王視朝則冢宰贊聽治，太僕正位，百官各
從表著之位，上下之分至嚴，君臣之情至親。凡邦國之利病，政事之得失，
民生之疾苦，無有壅於上聞者。」〔註21〕北宋文德殿的常朝卻與這一界定不
符，因爲北宋諸帝的日常聽政之所一般在內朝的垂拱殿等處舉行。〔註22〕宋
敏求曾如此描述北宋前期的朝會制度：「本朝視朝之制：文德殿曰外朝，凡不
釐務官日赴，是謂常朝。垂拱殿曰內朝，宰臣以下並武班日赴，是謂常起居。
每五日文武朝官並赴內朝，謂之百官大起居。是謂三等。」〔註23〕文德殿的
常朝，皇帝並不參加，只有一些沒有實際職事的官員參加，這樣的朝會已經
不應再被稱爲「常朝」。這種情況的出現是如何造成的呢？看起來幾乎沒有實
際功能的文德殿常朝在北宋政治生活中究竟有何意義呢？

一、北宋文德殿常朝之沿革

這個問題首先要梳理唐以來的常朝制度。唐代朝會可按規模分作三等，
最高的是元旦、冬至大朝會，其次是每月朔望朝會，然後是常朝，相應的參
加官員的範圍也不同，如朔望朝參是九品以上的官員參加，文官五品以上才

〔註21〕（清）秦蕙田：《五禮通考》卷一三三。

〔註22〕此處所指的北宋內外朝是以開封宮城的布局爲標準的，連接東華門和西華門
的橫街將開封宮城分爲兩部分，外朝以大慶殿、文德殿爲中心，是舉行國家
大典的場所，其他還包括中書省、門下省等一些重要機關。內朝則以皇帝的
寢殿福寧殿爲中心，輔以垂拱殿、紫宸殿、崇政殿等一系列皇帝接見朝臣的
場所。關於開封宮城內外朝的解說，參見平田茂樹：《日本宋代政治史研究述
評》，收入包偉民主編《宋代制度史百年（1900～2000）》，商務印書館 2004
年版，第40～63頁。

〔註23〕（宋）宋敏求：《春明退朝錄》卷中，誠剛點校，中華書局 1980 年版，第 27
頁。

可參加每日常朝，習慣上把參加常朝的官員稱爲常參官。〔註24〕在唐前期，常朝不但舉行的次數最頻繁，而且只有一定級別的官員才可參加，因而在中央決策機制中佔有重要的地位。但從唐中期開始，隨著政治形勢的發展（藩鎭之亂、宦官掌政），延英殿召對逐漸形成制度後，常朝逐漸失去了作用，舉行的次數也越來越少。〔註25〕

　　到了五代，常朝舉行的次數更是有限了。《新五代史・李琪傳》就描述了這種情形：「唐末喪亂，朝廷之禮壞，天子未嘗視朝，而入閤之制亦廢。常參之官日至正衙者，傳聞不坐即退。獨大臣奏事，日一見便殿，而侍從內諸司，日再朝而已。」〔註26〕從這段史料我們可瞭解此時常參官到正衙已經很難見到皇帝了，沒了皇帝參加，所謂日常聽政的常朝也就失去其在決策機制中的地位，實際上此時決策機制中起作用的是所謂「內殿起居」制度，即大臣便殿奏事。〔註27〕內殿起居與常朝的不同不僅是參加官員範圍的縮小，更重要的是常朝是在外朝，內殿起居則位於內朝。實際上從唐代的延英奏對開始，中央決策中心就開始從外朝向內朝的轉移進程。需要指出的是，這一「內朝化」過程與宮殿制度變化也密切相關，內朝、外朝劃分的依據是宮殿分佈，唐宋宮殿格局顯然有所不同，那麼這種內外朝的劃分只有放在同一個文化傳統中才能進行比較。〔註28〕唐代外、中、內的三朝劃分和北宋內、外兩朝的劃分，實際上也是長安、洛陽宮殿與開封宮城的布局區別。〔註29〕

　　北宋的情況與五代一脈相承，此處內殿起居與前引宋敏求所言「常起居」實際上是一致的。這樣北宋的常朝就變成一種形式上的延續，而失去了其原

〔註24〕《新唐書》卷四八《百官三》（點校本，中華書局1975年版，第1236頁）：「文武官職事九品以上及二王後，朝朔望。文官五品以上及兩省供奉官、監察御史、員外郎、太常博士，日參，號常參官。」

〔註25〕參看袁剛《延英奏對制度初探》，《北京大學學報》1989年第5期，80～88頁。

〔註26〕《新五代史》卷五四，中華書局，1974年，617頁。

〔註27〕內殿起居制度的形成參看杜文玉：《五代十國制度研究》，第六章「起居制度」，人民出版社，2006年，280～306頁。宋炯認爲內殿起居在五代的確立使得常朝徹底形式化，有無職事成爲內殿起居與文德殿常朝的分界線。（《唐宋時期的朝會與朝位》29～33頁，南京大學博士論文，2002年）

〔註28〕本文所說的內朝、中朝、外朝，是按照《周禮》來劃分，屬於具有特定功能的抽象空間。張邦煒將宋代內朝界定爲皇親系統，考察角度與本文不同。（《宋代皇親與政治》，四川人民出版社，1993年）

〔註29〕關於唐代宮殿建築布局與內外朝的劃分，參看程大昌《雍錄》所附圖一六《太極宮入閤圖》、圖一五《東內入閤圖》（黃永年點校，中華書局2002年版）。

本在政治決策機制中的地位。這種地位的喪失，使得常朝在實際的政治運作機制中處於尷尬的地位，司馬光《續詩話》描述這一現象：「文德殿，百官常朝之所也。宰相奏事畢，乃來押班，常至日旰，守堂卒好以厚樸湯飲朝士。朝士有久無差遣厭苦常朝者，戲爲詩曰：『立殘階下梧桐影，喫盡街頭厚樸湯。』亦朝中之實事也。」〔註30〕

《宋史・禮志》這樣描述正衙常參：「兩省、臺官、文武百官每日赴文德殿立班，宰臣一員押班。常朝官有詔旨免常朝，及勾當更番宿者不赴。遇假並三日以上，即橫行參假，宰相、參知政事及免常朝者悉集。群官見、謝、辭者，皆赴正衙。」〔註31〕

從儀制規定看，文德殿常朝的參加者原則上在京的文武百官都應該包括在內。〔註32〕但是，「有詔旨免常朝及勾當更番宿者不赴」這一條規定就可以排除很多有職事的官員，一旦有人因爲某種原因免赴常朝後，其他人就開始援引此例，從而造成了常朝的人越來越少。〔註33〕

景德二年（1005年）九月「戊午，光祿寺丞錢易上言：『竊覩文德殿常朝，兩班不及三四十人。前秋以朝官奉使者，多權借館閣官，常朝蓋以凡掌職務，止赴五日起居，頗違舊章，望令並赴常參。』詔應三館秘閣、尚書省二十四司、諸司寺監朝臣除內殿起居外，並赴文德殿常參。其審刑院、大理寺臺直官、開封府判官司錄兩縣令、司天監翰林天文官監倉場権務等仍舊免常參。」〔註34〕依錢易所言文德殿常朝只有三四十人，已經開始出現凡有職事就不赴常朝的現象，這一次雖然朝廷下詔整肅常朝，要求三館秘閣、尚書省二十四司、諸司寺監朝臣都要參加常朝，但效果並不明顯。一方面，北宋前期的「官」與「差遣」分離，而北宋前期儀制還在整理過程，與官制並不完全契合。另一方面，因爲皇帝常朝時不禦文德殿，有資格參加內殿視朝的官員不重視文

〔註30〕 文津閣四庫全書本，第494冊，419頁。

〔註31〕 《宋史》卷一一六《禮十九》。

〔註32〕 可參看（元）馬端臨：《文獻通考》卷一百八「文德殿常朝立班圖」，中華書局1986年版，第981頁。

〔註33〕 （清）徐松輯：《宋會要輯稿》儀制四之四（影印本，中華書局1957年版，第1900頁。）：「天禧元年（1018年）八月十六日，秘書監、知禮儀院楊億請依判南曹國子監例，權免常參，從之。天禧四年（1021）四月二十八日，兵部尚書、判都省馮拯請依知禮儀院例，特免常朝，從之。」

〔註34〕 《續資治通鑒長編》卷六一，景德二年九月戊午條，點校本，中華書局2004年版，第1365頁。

德殿常朝，無資格參加內殿視朝官員每天在朝堂上立班常到中午卻見不到皇帝。橫行參假要求「免常朝者悉集」，在京朝官應該全部參加，但是內殿五日一次的百官大起居的存在，也影響了橫行參假的出席率。〔註35〕

見、謝、辭官本來應該先在正衙朝參後，才赴內殿見皇帝，但是遇到緊急事務，很難按照儀制要求進行。「太祖乾德二年八月五日，關南總管張仁謙入朝。時連值假，正衙無班，未得入對。帝怪問其故，有司以未經正衙爲對。詔自今文武官自外至者並先赴內殿對，後赴正衙。或出使急速者仍免衙引。」〔註36〕對於見、謝、辭官來說，如果沒有正衙朝參就見不到皇帝，那麼參加正衙常朝的積極性當然可以保證，一旦允許先見皇帝，此後的正衙朝參就可能尋找各種理由推託。如慶曆二年，權御史中丞賈昌朝上書批評當時幾位節度使，在後殿面君之後，藉口患病不參加正衙朝會。〔註37〕

這種情況到了元豐四年（1081年）十一月，侍御史知雜事滿中行上言：「兩省臺官、文武百官日赴文德殿，東西相向對立，宰臣一員押班，聞傳不坐則再拜而退，謂之常朝。遇休假並三日以上，應內殿起居官畢集，謂之橫行。自宰臣親王以下應見謝辭者，皆先赴文德殿，謂之過正衙。然在京釐務之官，例以別敕免參，宰臣押班近年已罷，而武班諸衛本朝又不常置，故今之赴常朝者，獨御史臺官與審官待次階官而已。今垂拱內殿宰臣以下既已日參，而文德常朝仍復不廢，舛謬倒置，莫此爲甚，至於橫行參假、與夫見謝辭官先過正衙，雖沿唐之故事。然必俟天子御殿之日，行之可也。有司失於申請，未能釐正，欲望特降指揮，先次罷去。」〔註38〕滿中行的箚子很快得到了批准。詳定官制所的意見爲文德殿常朝被罷作了做好的注腳：「今天子日聽政於垂拱，以接政官及內朝之臣，而更於別殿宣敕不坐，實爲因習之誤，兼有職官、升朝官五日一赴起居，而未有職事者反日參，疏數之節尤爲未當，又辭、見、謝，自己入見天子，則前殿正衙對拜，自爲虛文，其連遇朝假，則百官自赴大起居，不當復有橫行參假。中行乞罷常朝及正衙橫行爲是。」

詳定官制所的意見明確指出文德殿常朝「實爲因習之誤」，但「自爲虛文」的文德殿常朝爲何存在了這麼長的時間，如果說唐末五代由於政局的動盪無暇

〔註35〕《續資治通鑑長編》卷五〇，咸平四年十二月。
〔註36〕《宋會要輯稿》儀制四之三。
〔註37〕《宋會要輯稿》儀制九之一四，慶曆二年五月十二日。
〔註38〕《續資治通鑑長編》卷三二〇，元豐四年十一月己酉條。

理會此類制度，那麼到神宗朝，宋朝已經立國百年，爲何卻一直未能釐正這一「因習之誤」？實際上，前引宋宋敏求的敘述之後還有一段文字爲我們揭示了這一原因：「蓋天子坐朝，莫先於正衙，於臣禮無一日不朝者。故正衙雖不坐，常參官猶立班，俟放朝乃還。」關鍵原因是在宋人眼中，文德殿被視作「正衙」，正衙常朝即便失去了其在行政運作機制中的位置，卻依然具有其禮制意義。

那麼正衙究竟有什麼特殊意義呢？《新唐書·儀衛志》言：「唐制，天子居曰『衙』，行曰『駕』，皆有衛有嚴。」〔註39〕從字面意思上看，正衙實際是皇帝所居的正殿。歷史上，皇帝在發生日食、水寒災害等事件時，經常採取避正殿的方式以表示反思自己的過失，通常還要配合素服、減膳等一系列「罪己」的行動。宋代這類事例也很多，如蔡挺曾有詩曰：「昨夜熏風入舜韶，君王方避正衙朝。陽暉已得前星助，陰沴潛隨夜雨銷。」熙寧六年四月一日，有司本來上奏這天有日食，神宗皇帝因此避正殿，誰知預測有誤，日食沒有發生，但這天后妃卻爲神宗誕下一名皇子，蔡挺此詩名《皇子生獻詩》以慶賀此事。〔註40〕採用避正殿的方式「修德」，說明正殿對於皇權有很強的象徵意義，在正衙行禮朝參代表著臣子對君權的尊重，即便皇帝已經不出現，出於加強君主權威的需要，文德殿常朝還是在北宋前期維持了很長時間。

太宗即位後，「開寶九年十一月五日，詔曰：『外朝之設，舊章不忘。近年事出權宜，多從沿革，凡除拜出入，不由正衙。有司既失於舉行，經制遂成於寢廢。自今中外官除拜及假使出入，並須於正衙辭謝，違者有司議其罰。』」〔註41〕其後，還規定不赴正衙辭謝者罰俸一月。〔註42〕太宗這一舉動當然與其新即位，急需樹立權威有很大的關係，嚴肅正衙常朝的紀律也成爲其強化君權的舉措之一。太平興國五年，太宗又下《誠約朝會虔恭詔》，嚴肅朝會紀律，其中有「蓋明天子之尊」、「式彰王者之貴」之語，充分表達了朝儀對於加強君權的意義。〔註43〕

二、王陶彈劾宰臣不赴文德殿押班事件

需要指出的是作爲正衙的文德殿並不只是舉行常朝一項功能，北宋前期

〔註39〕《新唐書》卷二三上。
〔註40〕（清）厲鶚：《宋詩紀事》卷二○，上海古籍出版社 2008 年版，488～489 頁。
〔註41〕《宋會要輯稿》儀制四之三。
〔註42〕《宋會要輯稿》儀制四之三、四。
〔註43〕《宋大詔令集》卷一四四。

入閣儀在此舉行（入閣儀在北宋前期的地位相當於唐代的朔望視朝儀，熙寧三年被廢止後代之以文德殿月朔視朝儀），冊封冊立皇太后、皇太妃、皇后的典禮也在此舉行。在文德殿舉行的諸多禮儀活動中，常朝儀式不夠隆重，只是因爲舉行次數頻繁才會受到關注。但正因爲舉行次數的頻繁，會在某些情況下，與實際的政治運作發生衝突。只有在京的不釐務官員參加，實際上已經是一種妥協，維護朝廷禮制的同時儘量不要干擾到實際政治運作。這種儀制規定與實際執行上的矛盾，在神宗即位初引發了一場朝堂上的角力，誘因就是關於宰臣赴文德殿押班的問題。

　　宰臣赴文德殿押班在宋初其實是宰臣身份的象徵之一。乾德二年，首次設立參知政事職位，作爲宰相的副手參知政事「不押班，不知印，不升政事堂，殿廷別設磚位，敕尾著銜降宰相，月奉雜給半之」。〔註44〕此時押班是只有宰相才能享有的待遇，後來隨著參知政事的地位上陞才獲得這一權利。但在實際運行過程中，宰臣每天先赴內朝參加垂拱殿常朝，然後才能赴文德殿，但是如果在垂拱殿議事時間過長，就來不及赴文德殿，久而久之，宰臣就很少會到文德殿押班。雖然朝廷也曾下詔申嚴制度，如大中祥符二年四月甲寅詔「自今令宰臣依故事赴文德殿常朝立班」，但是傚果甚微。〔註45〕

　　事情的發端是御史中丞王陶彈劾宰相韓琦、曾公亮不赴文德殿押班，時間在治平四年閏三月。在此之前，御史臺先上了一道奏狀：「檢會皇祐編敕，應正衙常朝及橫行並須宰臣立班。常朝日，中書門下輪宰相一員押班，尋常多據引贊官稱宰臣更不過來。竊慮上項編敕儀制別有沖改，更不行用。伏乞明降指揮。」〔註46〕此舉顯然是王陶在彈劾前重申制度規定，也表明宰臣不赴文德殿押班此前可能已是默認的慣例，王陶必須首先確認原有規定的效力，才能使自己的彈劾有理有據，畢竟要彈劾的包括三朝元老的韓琦。

　　關於王陶彈劾的原因，《宋史》的說法是此前王陶要求罷免簽署樞密院事郭逵，未能得逞，於是轉而攻擊提拔郭逵的韓琦。〔註47〕不過，文中載有王陶攻擊郭逵的話：「韓琦置逵二府，至用太祖故事，出師劫制人主，琦必有奸言惑亂聖德。願罷逵爲渭州。」《宋史全文》卷一〇所記則是王陶指責郭逵爲「文彥博

〔註44〕《宋史》卷一六一《職官一》。
〔註45〕《續資治通鑑長編》卷七一。
〔註46〕《宋會要輯稿》儀制四之五。
〔註47〕《宋史》卷三二九《王陶傳》。

之走吏、范仲淹之弄兒」，雖未直指韓琦，但攻擊目標不可能與韓琦無關。〔註48〕從這段話看，王陶的目標還是韓琦，開始攻擊郭逵只是迂迴一下而已，畢竟宋代武人佔據高位爲士論所不許，狄青在仁宗朝的遭遇就是前車之鑒，王陶開始也許是想選取一個較容易得到輿論支持的切入點。而且，狄青被罷時，王陶時任監察御史裏行，也曾上言「請自今軍伍之人不得任樞密使相」。〔註49〕《宋史》的說法顯然未能直指要害，點出王陶賣力攻擊韓琦的眞正原因，對此，《東都事略》的說法具有更強的指向性：「初，陶事韓琦甚謹，故琦深器之，驟加拔用，至是，神宗頗不悅大臣之專，陶乃彈奏宰相不押常參班，至謂琦爲跋扈。」〔註50〕很明顯，是神宗即位之初對前朝任命的宰臣心存疑忌，尤其是韓琦這樣的「定策之臣」，王陶身爲神宗潛邸之臣（王陶曾爲神宗穎王府翊善），自然體察上心，不遺餘力攻擊韓琦，即便是韓琦曾經提拔過他。

王陶的彈劾原文不見於史籍，其內容多處史料均有涉及，以《宋史全文》所載最爲詳細：「陶遂劾奏韓琦及曾公亮不臣，至引霍光、梁冀專恣等事爲喻，斥韓琦驕主之色過於霍光，且言欲保全琦族，故劾奏之，其畧曰：『琦等久居重任，新輔嗣君，忽千官瞻視之庭，蔑如房闥；難再拜表儀之禮，重若丘山。沮格臺文，傲忽風憲，宜加明憲，用肅具僚。』〔註51〕王陶的彈劾眞是駭人聽聞，以韓琦比霍光、梁冀，眞可謂誅心之言。

在王陶如此嚴重的指控下，韓琦、曾公亮上表待罪。〔註52〕在韓、曾兩人隨後的辯解中，先是強調「不及輪往押班，已是積有歲年，即非自臣等始」；然後引經據典，指出唐代宰臣延英奏對後並不再赴正衙押班，文德殿押班依據並不充分；最後指出後殿奏事往往逾時，根本來不及赴文德殿的實際困難，「欲乞下太常禮院檢閱典故詳定，議立常制，貴得永遠遵行。」〔註53〕

面對這樣的情況，神宗皇帝先是下詔安撫韓、曾二人。既而下詔令翰林學士司馬光與王陶兩易其職。此時神宗的態度值得推敲，他沒有支持王陶，

〔註48〕 李之亮校點，黑龍江人民出版社 2004 年版，563 頁。

〔註49〕 《東都事略》卷八五《王陶傳》，《宋代傳記資料叢刊》第 10 冊，北京圖書館出版社 2006 年版，281 頁。

〔註50〕 《東都事略》卷八五《王陶傳》，283 頁。

〔註51〕 《宋史全文》卷一〇，536 頁。

〔註52〕 （宋）韓琦：《丁未因中丞彈不赴文德殿常朝待罪第一表》、《丁未因中丞彈不赴文德殿常朝待罪第二表》，曾棗莊、劉琳主編：《全宋文》卷八三五，上海辭書出版社 2006 年版，第 39 冊第 70 頁。

〔註53〕 《宋會要輯稿》儀制四之五、六。

雖然王陶是體察他的心意才彈劾韓琦的，這也許是韓琦等人在朝野的地位難以撼動，王陶的彈劾也許只是神宗的試探之舉；神宗將王陶調職翰林學士，並不能算處罰，說明他在一定程度上認同王陶對韓、曾的看法。神宗這種雙方都不處罰的做法並未平息這一事件。韓、曾二人閉門待罪，在中書主事的參知政事吳奎等人通過了司馬光御史中丞的任命，對於王陶翰林學士的任命卻拒不同意，堅決要求把王陶趕出朝廷。吳奎上奏說：「閏月以來，寒暄不節，暴風屢作，今茲時雨愆亢，螟螣孳生，過不在他，止一王陶而已。今乃挾持舊恩，排抑端良。如韓琦、曾公亮不押班事，蓋以久來相承，非是始於二臣，今若又行，內批指揮陶翰林學士，乃是由其過惡更獲美遷，天下待陛下為何如主哉。王陶不黜，陛下無以責內外大臣典布四體，臣輒違制旨，亦乞必行典刑。」〔註54〕吳奎的態度引發了更大的紛爭。王陶接著上書彈劾吳奎附宰相、欺天子，侍御史吳申也上書「乞留陶依舊供職，並劾奎有無君之心。」

　　眼看著事情越演越烈，神宗最終下詔王陶出知陳州，吳申等人罰銅，吳奎則因拒不領旨而出知青州，看起來各打五十大板。接下來，曾公亮入對，請求讓吳奎復位，神宗最終同意吳奎復任參知政事。王陶在此次的事件中成為失敗的一方，他對韓琦等人攻擊之語，朝野普遍以為言過其實，加上韓琦先前對他提拔有加，他在眾人眼中成了忘恩負義、趨炎附勢的小人，神宗後來雖有意再啟用他，但被大臣所阻，王陶此後再也沒能進入權力核心。

　　神宗最終處罰王陶的原因，史籍中普遍解釋為韓琦的一句話「臣非跋扈者，陛下遣一小黃門至則可縛臣以去矣。」〔註55〕神宗當時是否被此句話打動不得而知，但韓琦此後不斷上表請辭，最終在當年九月辭去相位。這也許是君臣二人之間的妥協。

　　這次事件中，最值得注意的是站在中立位置的朝臣的態度，以司馬光最為典型。司馬光在被任命為權御史中丞時就提出：「言職人所憚，臣不敢辭。但王陶言宰相不押班，竟不赴，而陶遽罷言職。不押班，細故也，陶言之過。然愛禮存羊，固不可廢。自頃宰相權重，今陶復以言宰相罷，則中丞不可復為，臣請俟宰相押班，然後受詔。」〔註56〕司馬光這裡有幾層意思：首先，

〔註54〕《宋史全文》卷一〇，537頁。
〔註55〕《宋史全文》卷一〇，538頁。
〔註56〕蘇軾：《司馬溫公行狀》，《全宋文》卷一九九二，第91冊421頁。

王陶抓住不押班這樣的小問題攻擊宰相，言過其實；其次，引孔子愛禮存羊的典故，表示朝廷的禮制應該遵守，宰相不押班是錯的；再次，王陶去職是他自己的問題，但會造成不好的示範，以後繼任者會畏懼宰相權勢，即便是宰相錯了也不敢說，因此要求皇帝先讓宰相恢覆文德殿押班，證明宰相違反朝廷制度是錯的。神宗同意了司馬光的意見。

接下來司馬光又上《乞罷詳定押班箚子》、《宰臣押班第二箚子》討論此事，前一篇文中有「今王陶既補外官，宰相已赴押班，臣謂朝廷可以無事矣，而宰臣復有此奏」之語，顯然是上於王陶出外之後，司馬光的上這一箚子的目的還是爲了重申先前的觀點，爲了防止「萬一禮官有希旨迎合者，以爲宰相不合押班，臺司欲默而不言，則朝廷之儀遂成隳廢」。〔註57〕

後一篇開始有「臣伏睹五月七日敕文，準四日手詔」，這一手詔現存於《宋會要輯稿》中：「今後宰臣赴文德殿押班，自春分後或遇辰牌，秋分後辰正牌上，垂拱殿視事未退，止令傳報宰臣更不過來，令御史臺一面放班。餘日並依祥符敕令指揮，永爲定制。其前降下太常禮院詳定，更不施行。」〔註58〕神宗的這一命令顯然有兩方面的考慮，一方面宰臣赴文德殿押班的制度不能變，如果廢除，示弱於執政大臣，不利於以後的政令的推行；另一方面，自己剛剛即位，也要尊重宰執的意見，尤其宰臣赴文德殿押班尤其實際的困難。因此，神宗規定了一個時間界限，如果垂拱殿視事超過了這個時間，那麼宰臣就可以不赴文德殿押班。同時，以手詔的形式下發，也是想避免在此時再次引起紛爭。司馬光的這篇箚子並不是要反對神宗設定時間界限的做法，而是認爲這一時間太早，因爲「竊見前來垂拱殿視事，比至中書、樞密院及其餘臣僚奏事畢，春分以後少有不過辰初，秋分以後少有不過辰正。自陛下臨御以來，惟近因服藥，曾於辰牌以前駕起入內，自餘皆在辰牌以後。」既然每次垂拱殿奏事都會超過這個時限，那麼文德殿押班的制度相當於不廢而廢了。司馬光要求的是「必欲限以時刻者，即乞春分遇辰正牌上，秋分遇巳牌上」，把宰臣不赴文德殿押班的時限推後，以便宰臣可以保持一定押班次數。〔註59〕

對司馬光而言，「文德殿爲天子正衙，宰臣爲百僚師率，百僚既在彼常朝，則宰臣理當押班。」司馬光並不想介入這次的政爭，他要維護的是傳統的有

〔註57〕《全宋文》卷一一九三，第 55 冊 85 頁。

〔註58〕《宋會要輯稿》儀制四之五、六。

〔註59〕《全宋文》卷一一九三，第 55 冊 87～88 頁。

效性，他特別強調「斯乃前世舊規，自祖宗以來，未之或改。今陛下即政之始，事非大有利害者，恐未須更張。」司馬光的這種態度，與後來反對王安石變法的觀點一脈相承。

這一次由文德殿常朝所引發的政爭，核心依然是由神宗即位之初的政治形勢決定的。與此相比，十幾年後文德殿常朝的廢除顯得十分平靜，一方面是政治形勢的變化，另一方面是朝廷上下已由改革的觀念所主導，文德殿常朝這樣的相對不起眼的變化已經掀不起波瀾。

北宋文德殿常朝自始至終就與行政運作機制不十分合拍，其存在主要由於其禮制意義。禮對中國傳統社會有其十分重要而獨特的意義。學界一般將中國傳統社會視作「禮治」社會，這一界定常被拿來與西方「法治」作比較，這也是當前中國法制史研究取嚮之一。費孝通認爲「禮與法不相同的地方是維持規範的力量，法律是靠國家的權力來推行的」，「維持禮這種規範的是傳統」，「禮治的可能必須以傳統可以有效的應付生活問題爲前提」。〔註60〕費孝通更進一步解說禮不是靠外在的權力來推行的，而是從教化中養成了個人的敬畏之感，換句話說人服從禮是主動的。不過，這顯然是一種理想狀態，在歷史的長河中教化的背後常常也是國家權力。不過禮文化的特性決定了傳統在實際生活中的重要性，維護傳統在中國歷史上的許多時刻都十分重要，尤其對作爲儒者的大臣們來說，傳統更是他們手中的武器。

司馬光對文德殿常朝的態度展現了他對禮的認識，這與費孝通的解說在一定程度上是合拍的。他尊重傳統，因爲他想依靠傳統的力量來推行其政治理念；他盡可能維護禮儀制度的正常運作，儘管只是修修補補，只要沒有嚴重的不適應，整個制度系統就可以繼續運行。盡可能的維護傳統，盡可能在傳統的範圍內解決問題，這樣傳統的有效性才能得以維護，社會也因此而處於相對穩定的狀態中。

司馬光這種相對保守的觀念，在北宋尤其有其代表性，文德殿常朝在北宋前期的長期存在就證實了這一點。文德殿常朝被廢除，也與司馬光的觀念不再在朝廷上占主導地位有關。但是，在南宋及至中國傳統社會的後半期，司馬光的觀點獲得了更廣泛的支持。〔註61〕

〔註60〕費孝通：《禮治秩序》，載《鄉土中國》，人民出版社 2008 年版，58～65 頁。
〔註61〕關於士階層對於司馬光觀點的接受，參看包弼德《政府、社會和國家——關於司馬光和王安石的政治觀點》，載田浩主編《宋代思想史論》，北京：社會

第二節　北宋入閣儀

朝會是古代君臣相見的主要場所，其類型大致可以劃分爲兩種：一是純粹禮儀性的，如元旦、冬至的大朝會，習慣上稱爲朝賀；一類是與政治決策過程密切相關的，所謂的「常朝」。在唐宋朝會制度演變過程中，入閣儀是一個獨特的例子。閣的本義是宮中小門，《說文》：「閣，門旁戶也。」《爾雅·釋宮》：「宮中之門謂之闈，其小者謂之閨，小閨謂之閣。」程大昌則認爲唐代的「閣」就是指內殿，入閣就是官員入內殿奏事。〔註62〕關於入閣儀的起源，《文獻通考》有如下記載：「入閣，唐制，起於天寶，明皇以無爲守成，詔宴朝喚仗，百官從容至閣門入。蓋唐前含元殿非正、至大朝會不御，次宣政殿謂之正衙，每坐朝必立仗於正衙，或御紫宸殿，即喚正衙仗自宣政殿兩門入，是謂東西上閣門，故謂之入閣，其後遂爲常朝之儀。」〔註63〕由此可見入閣儀的起源，與唐代朝儀制度的演變密切相關，皇帝內殿視朝本來只是臨時狀況，當這種情況變得頻繁時，爲了維護皇帝的威儀，將正衙仗喚入後殿，入閣儀就此產生。入閣儀標誌著常朝由從前殿向後殿的轉移。〔註64〕北宋的情況顯然有所不同，入閣儀已經不再與常朝相關，而可以歸入禮儀性較強的朝賀制度範疇。這一轉變過程需要進行細緻的考察。

一、入閣儀在唐末五代的演變

唐中期以後，常朝之儀漸廢，入閣儀因爲其具有立仗這一明顯的禮儀象徵，開始由常朝儀制演變成較爲隆重的月朔視朝儀。唐末，唐昭宗遷都洛陽，御貞觀殿行入閣禮，按照宮殿形制，貞觀殿其實是正殿，而非後殿，入閣儀開始向正殿視朝儀轉變，時間是月朔。〔註65〕

科學文獻出版社2003年，111～183頁。

〔註62〕（宋）程大昌撰，黃永年點校：《雍錄》卷三「古入閣說」，北京：中華書局，2002年，64～65頁。

〔註63〕馬端臨：《文獻通考》卷一百七《王禮考二·朝儀》，北京：中華書局，1986年，971頁。

〔註64〕趙冬梅認爲至遲到肅宗乾元元年（758）「入閣」已成爲常朝的代名詞，見《試論通進視角中的唐宋閣門司》，《歷史研究》2008年第3期，128～131頁。

〔註65〕《冊府元龜》卷六十一載唐哀帝天祐三年（906年）六月敕（周勳初等校訂本，鳳凰出版社2006年版，第649頁）：「文武百僚每月一度入閣於貞觀殿。貞觀大殿，朝廷正衙，遇正至之辰，受群臣朝賀。比來視朔，未正規儀，今後於

進入五代後，舉行入閣的次數並不多，但卻逐漸成爲隆重的朝儀。〔註66〕後梁開平元年（907年）十月規定：「每月初入閣，望日延英聽政，永爲常式。」〔註67〕到了後唐明宗時，李琪上書請每月朔、望日皆行入閣儀。〔註68〕李琪的本意是反對當時五日一次的內殿起居制度，認爲過於頻繁，想以每月兩次的入閣代替。歐陽修對此有一段評論：「然唐故事，天子日御殿見群臣，曰常參；朔望薦食諸陵寢，有思慕之心，不能臨前殿，則御便殿見群臣，曰入閣。宣政，前殿也，謂之衙，衙有仗。紫宸，便殿也，謂之閣。其不御前殿而御紫宸也，乃自正衙喚仗，由閣門而入，百官俟朝於衙者，因隨以入見，故謂之入閣。然衙，朝也，其禮尊；閣，宴見也，其事殺。自乾符已後，因亂禮闕，天子不能日見群臣而見朔望，故正衙常日廢仗，而朔望入閣有仗，其後習見，遂以入閣爲重。至出御前殿，猶謂之入閣，其後亦廢，至是而復。然有司不能講正其事。凡群臣五日一入見中興殿，便殿也，此入閣之遺制，而謂之起居，朔望一出御文明殿，前殿也，反謂之入閣，琪皆不能正也。」〔註69〕這段話簡要闡述了入閣儀的演變，指出了李琪對唐代儀制的誤解。對於李琪的意見，明宗並未完全接受，只是同意每月朔望行入閣儀，但卻沒有廢除內殿起居，主要是不想減少會見群臣的次數。值得注意的是，此時李琪依然想以入閣代替內殿起居，說明入閣在時人心目中還屬於常朝儀制的範疇。

後唐清泰二年（935年）七月，御史中丞盧損奏曰：「臣以爲中旬排仗，有勞聖躬，請只以月首入閣，五日起居依舊。」〔註70〕這樣又恢復到月朔入閣。這一制度規定爲以後的政權所繼承。〔註71〕

崇勳殿入閣。付所司。」這條敕令指出入閣不應在正殿舉行，顯然此前正殿月朔入閣已施行一段時間。

〔註66〕參見杜文玉《五代十國制度研究》第六章「起居制度」，人民出版社2006年版，280～306頁。

〔註67〕（宋）王溥：《五代會要》卷五《朔望朝參》，上海古籍出版社點校本，1978年版，86～87頁。

〔註68〕《冊府元龜》卷一百八，1176頁。

〔註69〕《新五代史》卷五十四《李琪傳》，中華書局點校本，1974年版，618頁。歐陽修的這段話影響頗大，被廣爲引用，成爲對入閣較權威的闡述。

〔註70〕《舊五代史》卷四十七《唐末帝紀中》，中華書局點校本，1976年版，649頁。此書未說明盧損的意見是否被採納，另據《冊府元龜》卷四六七的記載，唐末帝批准了這一奏疏。

〔註71〕《冊府元龜》卷五六四晉高祖天福初詔（6473頁）：「國朝文物制度、起居、入閣，宜依唐明宗朝事例施行。」

《五代會要》卷五（第87～88頁）記載有入閣儀的內容：

> 司天進時刻牌，閣門進班齊牌。皇帝自內著袍衫，穿韡，乘輦，
> 至常朝殿門駐輦，受樞密使以下起居訖。引駕至正朝殿。皇帝坐定，
> 捲簾，殿上添香，喝「控鶴官拜」，次雞叫官，次閣門勘契，次閣門
> 承旨喚仗，次閣門使引金吾將軍南班拜訖，分引至位對揖。次細仗
> 相次入，次執文武班簿至位對揖。次宰臣南班拜訖，分引至位對揖。
> 次金吾將軍奏「平安」，次文武百官入，通事舍人揖殿，鞹韡入沙墀，
> 兩拜立定。次引宰臣及兩省官、金吾將軍合班立定。閣門使喝「拜」，
> 搢笏舞蹈，三拜，奏「聖躬萬福」。又引宰臣班首一人至近前跪奏，
> 又兩拜，舞蹈，三拜，引至位對揖。通事舍人引宰臣至東西踏道下
> 立。次文武百官出，次兩省官南班揖殿出，次翰林學士南班揖殿出，
> 次執文武班簿南班揖殿出，次金吾將軍南班揖殿出，次細仗出，次
> 引宰臣香案前奏事訖。宣徽使喝「好去」，南班揖殿出。次閣門使引
> 待制官到位兩拜，引近前奏事訖，卻歸位磬折。宣徽使宣「所奏知」，
> 又兩拜，舞蹈，三拜，舍人喝「好去」，南班揖殿出。次刑法官奏事
> 準上，次監察御史南班揖殿出，次起居郎南班揖殿出，次閣門承旨
> 放仗，次閣門使奏「衙門無事」，次喝「控鶴官門外祗候」，次下簾。
> 皇帝上輦歸內。

考察這一儀式規定有幾點值得關注，首先是入閣儀舉行的地點在正殿，
已經不是唐代的後殿（或偏殿）。其次，入閣儀前半部分群臣行禮的過程類似
唐代的朝賀儀制，但卻不舉樂，其原因可能是唐代常朝並不舉樂，五代繼承
了這一點。〔註72〕再次，五代入閣儀皇帝只著袍衫，這在唐代並非皇帝朝會
禮服。第四，入閣儀的後半部分包括宰臣、待制官、刑法官奏事的程序，可
以看出其依然具有實際處理政務的可能，而不單純是禮儀程序。簡言之，五
代的入閣儀雖然已經發生了許多變化，但還是可以歸入常朝制度中。

二、北宋入閣儀的釐定

入閣儀在宋初得到了繼承，宋太祖建隆元年（960年）八月朔，「帝常服

〔註72〕唐代朝賀儀制中地位較低的「朔日受朝」儀中也包含舉樂的部分。參見《大
唐開元禮》卷一百九，影印本，北京：民族出版社，2000年，510頁。

御崇元殿。文武百官入閣，置待制、候對官，仗退，賜食廊下。」〔註73〕雖然宋太祖遵守了月朔入閣的傳統，但是並不是每月都舉行入閣儀。據《宋會要輯稿》儀制一之二一記載，宋太祖共舉行了六次入閣儀，除了建隆元年八月，還有建隆三年（962 年）八月、十一月、建隆四年（963）四月、八月、乾德四年（966 年）四月。值得注意的是，前五次，入閣的地點都是崇元殿，乾德四年四月這一次則是在文明殿，即文德殿，兩殿都屬於前殿。〔註74〕

　　史料的記述方式往往反應了當時人對所描述事物的把握，考察這幾次入閣的記載，可以清楚地看到入閣儀的幾個要點。馬端臨在解釋建隆元年八月的入閣儀時說：「自五代以來，既廢正衙立仗，而入閣亦希闊不講，至是復行之。然御前殿，非唐舊制矣。崇元殿即大慶殿，前殿也。待制、候對者，亦唐制也。每正衙置待制官兩員，正衙退後，又令六品以下官於延英候對，皆所以備顧問。其後每入閣，即有待制次對官。後唐天成中廢，至是復行之。廊下食起唐貞觀，其後常參官每日朝退賜食，謂之廊餐。唐末浸廢，但於入閣、起居日賜食，今循其制。」〔註75〕

　　這裡提到了入閣儀的三個重點，首先是立仗問題。建隆四年四月這一次強調了所立仗爲金吾仗。宋代殿庭立仗分爲黃麾大仗、黃麾半仗、黃麾角仗、黃麾細仗四等，文德殿視朝一般是黃麾半仗。〔註76〕但宋初的殿庭立仗顯然還未完備，金吾仗應當指衛尉司下屬左、右金吾仗司所轄的儀仗，宋初兩司共轄一百二十六人。〔註77〕

　　二是設待制官、候對官，前五次都提到這一點，除第一次外，其餘四次都記下了待制、候對官的名字。待制官初設於唐貞觀元年，目的是「延耆老問以政術，京官五品已上更宿中書兩省，太宗每延與語，詢訪外事，務知百姓疾苦、政教之得失焉」。〔註78〕候對官與待制官功能類似，很少單獨使用。

〔註73〕　《宋會要輯稿》儀制一之二一。

〔註74〕　（宋）王應麟：《玉海》卷七十「建隆崇元入閣」條，影印本，揚州：廣陵書
　　　　　社，2003 年，1329 頁。

〔註75〕　《文獻通考》卷一百七，971 頁。

〔註76〕　《宋史》卷一四三《儀衛一》（點校本，中華書局 1985 年版，第 3365～3366
　　　　　頁）：「其殿庭之儀，則有黃麾大仗、黃麾半仗、黃麾角仗、黃麾細仗。凡正
　　　　　旦、冬至及五月一日大朝會，大慶、冊、受賀、受朝，則設大仗；月朔視朝，
　　　　　則設半仗；外國使來，則設角仗；發冊授寶，則設細仗。」

〔註77〕　《宋會要輯稿》職官二二之一三。

〔註78〕　（宋）王溥：《唐會要》卷二六「待制官」，中華書局 1955 年版，507 頁。

唐末五代，政局動蕩，皇帝與大臣交流渠道並不暢通，入閣作為皇帝接見臣下的方式之一，也開始有待制、候對官奏事。〔註 79〕此時的入閣在政治決策機制中依然有相當的地位。宋太祖承五代舊制，在入閣時設置待制官、候對官各一人，但是由於入閣並不經常舉行，其在政治決策機制中的地位已經嚴重削弱，禮儀功能成為其主要功能，待制候對官的設置開始形式化。值得注意的是宋初的入閣已經沒有宰臣奏事的環節，而宰臣奏事才是政務處理過程中最重要的一環，這也是入閣常朝功能嚴重削弱的重要體現。

三是廊下食，第一次入閣有特別提到。廊下食本來是唐代常朝結束後，皇帝賜百官飲食，但是後來政局動蕩，常朝寢廢。「後唐天成元年詔：『百官朔望入閣，賜廊下食。』自亂離已前，常參官每日朝退賜食於廊下，謂之廊餐。乾符之後，百司經費不足，無每日之賜，至是遇入閣即賜之。」〔註 80〕宋初顯然是延續了這一制度，但前引五代入閣儀並無廊下食的內容，說明廊下食與入閣的關聯可能在宋初才穩定下來。

除此之外，宋太祖入閣的服裝也值得關注。第一次入閣明確提到的是常服，建隆四年四月則是通天冠、絳紗袍。宋朝「天子之服，一曰大裘冕，二曰袞冕，三曰通天冠、絳紗袍，四曰履袍，五曰衫袍，六曰窄袍，天子祀享、朝會、親耕及視事、燕居之服也；七曰御閱服，天子之戎服也，中興之後則有之。」〔註81〕通天冠、絳紗袍顯然等級較高，「大祭祀致齋、正旦冬至五月朔大朝會、大冊命、親耕籍田皆服之。」應該說，入閣著通天冠、絳紗袍，這與後來制度規定不符，但是卻在一定程度上體現了宋初對入閣儀的重視。

太宗即位初，入閣儀很少舉行，太平興國二年八月朔本擬行之，下詔後卻因雨而止。〔註 82〕淳化二年（993 年）十一月一日，詔：「以來月朔日御文德殿入閣，宜令史館修撰楊徽之、張洎與有司取舊圖校定儀注以聞。」〔註 83〕這是宋初對文德殿入閣第一次整理，此後入閣儀基本穩定下來。

與五代入閣儀相比，淳化入閣儀顯然更詳細。〔註 84〕與太祖時相比，首

〔註 79〕 《五代會要》卷五周顯德四年（957 年）五月詔（72～73 頁）：「今後每遇入閣，其待制官、候對官及文武臣僚非時所上章疏，並須直書其事，其事不得隱情……其待制、候對官今後於文班內輪次充，不在祇取刑法官。」
〔註 80〕 《舊五代史》卷三六《明宗紀第二》，499 頁。
〔註 81〕 《宋史》卷一五一《輿服三》，3571 頁。
〔註 82〕 《宋會要輯稿》儀制一之二一。
〔註 83〕 《宋會要輯稿》儀制一之二一、二二。
〔註 84〕 淳化入閣儀之前，《開寶通禮》中應有入閣儀，但是不詳其制。《續資治通鑒

先，立仗是殿中省細仗，淳化三年（992 年）五月朔的入閣又增加黃麾仗二百五十人。〔註 85〕其次，增加了刑法官奏事。實際上五代入閣儀奏事的就是待制官與刑法官，淳化入閣儀只是回到了這一點。值得注意的是，宰臣奏事在程序上得以體現，「中書公事，臣等已具奏聞。」再次，廊下食在儀式中的位置得到了確認。至於皇帝的服裝「鞾袍」應該類似前述比通天冠、絳紗袍低一等的「履袍」。另外，淳化入閣儀關於彈奏失儀者的規定，使得制度更加完善。

值得注意的是，參與修訂淳化入閣儀的張洎單獨上了一個奏疏，指出入閣儀在唐代是內殿儀制，與文德殿的正衙地位不符，「其實今朝廷且以文德正衙權宜爲上閣，甚非憲度」，「今輿論乃以入閣儀注爲朝廷非常之禮，甚無謂也」。〔註 86〕張洎提出比照唐代朝儀制度，改在長春殿（即垂拱殿）舉行入閣儀。張洎的意見沒有被採納，但是卻爲後來朝儀制度的改革埋下伏筆。

眞宗朝入閣儀並不受重視，《宋史》提到：「眞宗凡三行之，景德以後，其禮不行。」〔註 87〕但《宋會要輯稿》中只載咸平二年八月朔與大中祥符三年閏二月朔兩次。〔註 88〕看來，忙於封禪、天書的眞宗皇帝雖然對禮儀活動興趣盎然，但卻無暇顧及朝儀制度。

此外，太宗、眞宗朝入閣儀的修訂都提到入閣圖的問題，入閣圖應是入閣時的朝會班位圖，宋廷中藏有五代舊圖，淳化二年修訂入閣儀時入閣圖應起到了重要的參考作用，但是楊徽之等人修訂入閣儀時是否一併修訂了入閣圖值得商討，因爲大中祥符七年魏昭亮上言要求修訂入閣圖的理由就是圖中職官名是唐代。〔註 89〕入閣圖的作用顯然不可低估，雖然入閣儀此時很少舉行，但是由於入閣圖形象具體，其朝會位次自然成爲朝會排班的重要依據。

長編》卷一二五，寶元二年十二月戊辰，宋庠奏：「至開寶中諸儒增附雜禮，始載月朔入閣之儀，又以文德殿爲上閣，差舛尤甚。」（點校本，中華書局 2004 年版，2496 頁。）

〔註 85〕《宋會要輯稿》儀制一之二二（第 1851 頁）載淳化二年十二月入閣，「殿中省細仗左右各加一百人」。可見此前入閣已經啓用殿中省細仗，但不詳具體何時。又《宋史》卷一四三《儀衛一》（3370 頁）：「文德殿入閣之制，唯殿中省細仗，與兩省供奉官班於庭。太宗淳化三年，增黃麾仗二百五十人。」

〔註 86〕《續資治通鑑長編》卷三二，淳化二年十二月丙寅，725～727 頁。

〔註 87〕《宋史》卷一一七《禮二十》，2767 頁。

〔註 88〕《宋會要輯稿》儀制一之二三，1852 頁。

〔註 89〕《玉海》卷五六「淳化入閣圖、祥符入閣圖」，1065～1066 頁。

　　儘管宋初的入閣儀還是繼承了五代以來的很多特點，但由於舉行次數太少，實際上已經脫離了常朝的範疇，只是作為朝賀制度的一種存在，立仗制度的完備，對朝會班位的重視都日益體現出入閣成為朝賀制度後禮儀功能凸顯的一面。

三、入閣儀的重修與廢止

　　從真宗後期到仁宗初年，皇帝上朝時間不多，入閣儀一直未曾舉行。景祐元年二月，知制誥李淑上言建議恢復入閣，並說「茲禮之廢，向踰三紀，願因盛時修起之」。﹝註90﹞李淑的建言很快得到了回應，受命重新修訂入閣儀。﹝註91﹞與淳化二年儀注相比，這次修訂主要是詳略有差，變化並不明顯。如明確了設殿中省仗、左右金吾仗，左右金吾大將軍押細仗；宣徽使贊「好去」，明顯是承自五代；廊下食區分了就食地點，宰臣、使相等受到優待。

　　仁宗時期入閣儀的修訂過程中，出現了試圖在入閣時讀時令的努力。《大唐開元禮》中載有皇帝於明堂讀春、夏、秋、冬令的儀式，極為詳盡，而且朔日受朝儀有「其朔日讀時令則不行此禮」的規定。宋代明堂直至徽宗朝才建立，之前偶行明堂禮一般在大慶殿舉行。﹝註92﹞真宗時就曾試圖在入閣時讀時令，但是最終未能實行。﹝註93﹞李淑在奏請實行入閣時，也提議恢復讀時令：「開元定禮，有明堂及太極殿五時讀令之儀，冠服佩玉，悉為方色。月為之令，行令不順，則五沴應之。近歲以來，氣序繆戾，水旱弗節，意者有司刑政之間或爽，順時之理，天應以異，固當變而修政。願陛下申命有司，講修舊禮，以氣至之日，集文武官讀時令於天安殿，至尊升坐，近臣伏聽，上下交儆，以恢和令之美。」﹝註94﹞仁宗於是命賈昌朝等根據唐代制度修訂讀時令制度。﹝註95﹞景祐四年（1037年）三月戊戌，「翰林學士丁度等上所撰《國朝時令》一卷。詔以五月朔入閣，因讀時令。」﹝註96﹞但仁宗對讀時

﹝註90﹞《續資治通鑒長編》卷一一四，景祐元年二月乙未。

﹝註91﹞《宋會要輯稿》儀制一之二四～二六。

﹝註92﹞參看張一兵：《明堂制度研究》，北京：中華書局2005年，455～458頁。

﹝註93﹞《宋會要輯稿》儀制一之二三（1852頁）：「大中祥符二年六月十六日，帝嘗問宰臣讀時令之禮何時可行，王旦等曰：『舊禮以四時首月讀之。』詔自今每入閣日，即行此禮，其後亦不果行。」

﹝註94﹞《續資治通鑒長編》卷一一四，景祐元年二月乙未，2667頁。

﹝註95﹞《宋會要輯稿》儀制一之二六，1853頁。

﹝註96﹞《續資治通鑒長編》卷一二○。

制度仍有疑慮，因此詢問禮官，禮官言：

> 今參詳五月朔朝會合唐舊制，其日雖是大祠假，比冬至，圜丘
> 禮成，受賀，緣在質明以復，於禮無嫌。只緣是日夏至，據《易》
> 象、《月令》及先儒蔡邕有閉關靜事不賀之說。然鄭康成又據《樂緯》、
> 《春秋》說夏至有前殿從八能作樂，後漢常行其儀，著在史志，亦
> 存前準。今來五月初一日入合讀時令，既屬嘉禮，在朔興作，本無
> 所礙，其夏至則於經義有妨。若因時變禮，約用漢法，即更係朝旨。

〔註97〕

禮官認爲夏至讀時令與經義不合，仁宗於是又下詔改在七月朔入閣，並
讀時令，但是最終也沒有實行。

仁宗朝是北宋較爲安定的時期，仁宗本人既期望通過興禮作樂塑造太平
景象，又對制度改革十分謹慎。因此，仁宗朝講求制度的典故多，而實行少，
爲後來的變革做了不少鋪墊。寶元二年（1039 年）十二月，仁宗向參知政事
宋庠詢問唐代入閣儀，宋庠隨後上書詳述入閣儀的沿革始末，其文如下：

> 夫入閣乃唐隻日於紫宸殿受常參之儀也。唐有大內，又有大明
> 宮，在大內之東北，世謂之東內。自高宗以後，天子多在大明宮，
> 宮之正南門曰丹鳳門，門內第一殿曰含元殿，大朝會則御之。對北
> 第二殿曰宣政殿，謂之正衙，朔望大冊拜則御之。又對北第三殿曰
> 紫宸殿，謂之上閣，亦曰內衙，隻日常朝則御之。凡天子坐朝，必
> 須立仗於正衙殿，或乘輿止御紫宸，即喚仗自宣政殿兩門入，是謂
> 東西上閣門也。以本朝宮殿視之，宣德門唐丹鳳門也，大慶殿唐含
> 元殿也，文德殿唐宣政殿也，紫宸殿唐紫宸殿也。今或欲求入閣本
> 意施於儀典，即須先立仗於文德之庭，如天子止御紫宸殿即喚仗自
> 東西閣門入，如此則差與舊儀合。但今之諸殿比於唐制，南北不相
> 對，值爲殊耳。故後來論議，因此未明。又按，唐自中葉以還，雙
> 日及非時大臣奏事，別開延英殿，若今假日御崇政延和是也。乃知
> 唐制每遇坐朝日即爲入閣，而叔世離亂，五朝草創，大昕之制更從
> 易簡。正衙立仗因而遂廢，其後或有行者，常人之所罕見，乃復謂
> 之盛禮，甚不然也。今相傳入閣圖者，是官司記常朝之制，如閣門
> 有儀制敕雜坐圖之類，何足爲希闊之事哉。況唐開元舊禮本無此制，

〔註97〕《宋會要輯稿》儀制一之二六、二七。

> 至開寶中諸儒增附新禮，始載月朔入閣之儀，又以文德殿爲上閣，
> 差舛尤甚。蓋當時編撰之士討求未至。太宗朝儒臣張洎亦有論奏，
> 頗爲精洽。或朝廷他日修復正衙立仗，欲下兩制，使豫加商榷，以
> 正舊儀。〔註98〕

仁宗將宋庠的意見下兩制官討論，翰林學士丁度等認爲：「今詳元起請入閣者，是唐朝隻日於紫宸殿受常朝之儀。若今來隔日行之，頗爲煩。況今殿宇與舊制不同，宜仍舊。」〔註99〕顯然此時對於入閣儀的源起，朝堂上已經取得共識，但是對於是否修改現行制度卻意見分歧。最終，仁宗採納了丁度等人的意見。

北宋的政治風氣在神宗朝爲之一變，銳意革新的神宗皇帝對制度變革的態度不像前朝那樣謹慎、消極。熙寧三年神宗下詔重修閣門儀制，負責其事的宋敏求等認爲入閣儀「時人論議頗或異同」，請求下兩制官及太常禮院討論。翰林學士承旨王珪等認爲：「今閣門所載入閣儀者，止是唐常朝之儀，非爲盛禮，不可遵行。」〔註100〕這樣簡潔的理由與宋庠當初的意見並無差別，政治形勢的不同使得廢止入閣儀的請求很快得到批准。

入閣儀的廢止，造成了文德殿視朝儀的缺失，需要製定新的儀制來填補空白。熙寧三年六月，負責修訂閣門儀制的宋敏求再次上言：「本朝以來，惟入閣乃御文德殿視朝。今既不用入閣儀，即文德殿遂闕視朝之禮。欲乞下兩制及太常禮院，約唐制御宣政殿裁定朔望御文德殿儀，以備正衙視朝之制。」〔註101〕宋敏求隨明確提出要以唐御宣政殿儀制爲藍本來製定新的文德殿視朝儀，但熙寧四年春正月，「翰林學士韓維等上文德殿朔望視朝儀，以入閣舊圖所載增損裁定之。」〔註102〕這裡明確指出，新的文德殿視朝儀是以入閣舊圖爲藍本所製定，本質上與原本的入閣儀相差並不多。

入閣儀在唐代是常朝的一種，經歷五代，到宋初實際上承擔月朔朝會的職能，實際上已經成爲朝賀制度的一部分。入閣儀在北宋的每一次修訂，也主要集中於體現其禮儀功能的部分。神宗朝入閣儀被廢止，重修月朔視朝儀，其制度整理的路徑基本與官制改革的思路一致，「正名」而已，新修訂的儀式

〔註98〕《續資治通鑒長編》卷一百二十五，寶元二年十二月戊辰。
〔註99〕《宋會要輯稿》儀制一之二八。
〔註100〕《宋會要輯稿》儀制一之二八、二九。
〔註101〕《宋會要輯稿》儀制一之三○。
〔註102〕《續資治通鑒長編》卷二百一十九。

與原本入閣儀並無本質區別。特別需要指出，新的月朔視朝儀與《大唐開元禮》所載並不相同，所謂回歸唐制並沒有脫離制度本身變化的脈絡硬套唐制。另一方面，從實際執行的角度而言，月朔朝會在北宋並不受到重視。

　　入閣儀經歷了唐末五代的草創，宋初的整理，到太宗淳化時正式定型，仁宗時再次修訂，神宗朝廢止。五代時入閣儀被視作盛禮，動蕩的局勢使恢復盛唐的朝儀制度已經不可能，入閣儀成爲對盛唐完備禮儀制度的一種懷念。入閣儀載入《開寶通禮》是對五代儀制的一次總結。太宗時對入閣儀的整理爲北宋的入閣儀定下了基調，張洎的上奏對入閣儀的總結無疑是正確的，但宋初強調制度的平緩調適以保持政治穩定，太宗不願意對制度作過於劇烈的變革，張洎的意見不被採納也就不奇怪了。眞宗皇帝熱衷於封禪、天書等儀制的建設，對朝儀制度卻漠不關心，甚少舉行入閣儀，朝儀制度在朝廷建設禮樂制度的過程中備受冷落。仁宗朝奉行「祖宗故事」，改制的建議大多腹死胎中，入閣儀也是如此，議論多而實踐少。神宗朝的改革風氣大盛，回到唐制的呼聲更促使入閣儀這一「差舛尤甚」的制度很快被廢止。

　　考察入閣儀儀式的變遷，從唐末五代開始，增加的主要是更加完備的儀仗制度以及群臣行禮制度，其主要環節並沒有本質的變化，體現了唐宋制度繼承關係。但落實到實際執行層面情況卻完全不同。入閣儀在北宋舉行的次數實際並不多，一方面，北宋的政治決策機制已經與唐代不同，皇帝主要在內朝視事，正衙視朝已經形式化；另一方面，北宋政治風氣比較務實，對禮儀制度建設重視不及唐代，對禮樂制度討論多而實踐少。正是由於這一實際功能的變化，入閣儀的定位發生了根本變化，由常朝的組成部分轉變爲月朔朝會。

　　以重要性而言，入閣儀地位並不不高，但其每一次的變化都與當時的政治形勢密切相關，從中可以窺見唐宋制度變革的一個側影。

第三節　北宋文德殿月朔視朝儀

　　廢止入閣儀，造成了文德殿視朝儀的缺失，需要製定新的儀制來塡補空白。熙寧三年六月，負責修訂閣門儀制的宋敏求再次上言：「本朝以來，惟入閣乃御文德殿視朝。今既不用入閣儀，即文德殿遂闕視朝之禮。欲乞下兩制

及太常禮院，約唐制御宣政殿裁定朔望御文德殿儀，以備正衙視朝之制。」〔註103〕宋敏求明確提出要以唐御宣政殿儀制爲藍本來製定新的文德殿視朝儀，出發點顯然是將文德殿比附唐宣政殿。此外，新的視朝儀擬在每月朔望舉行，而非原本的月朔。考察《大唐開元禮》，其中並沒有明確的宣政殿視朝之儀，此後唐代禮書不存，無法確知宋敏求是否可以見到其所言的宣政殿視朝儀。

熙寧四年春正月，「翰林學士韓維等上文德殿朔望視朝儀，以入閣舊圖所載增損裁定之。」〔註104〕這裡明確指出，新的文德殿視朝儀是以入閣舊圖爲藍本所製定，雖然宋敏求的意見十分正當，但是以入閣舊圖爲基礎裁定顯然方便的多。《宋史‧禮二十》載有新儀制的內容：

> 朔日不值假，前五日，閤門移諸司排辦；前一日，有司供帳文德殿。其日，金吾將軍常服押本衛仗，判殿中省官押細仗，先入殿庭，東西對列；文武官東西序立；諸軍將校分入，北向立；朝堂引贊官引彈奏御史二員入殿門踏道，當下殿北向立；次催文武班分入，並東西相向立；諸軍將校即於殿庭北向立班。皇帝服鞾袍御垂拱殿，鳴鞭，内侍、閤門、管軍依朔望常例起居；次引樞密、宣徽、三司使副、樞密直學士、内客省使以下至醫官、待詔及修起居注官二員並大起居。諸司使以下，退排立。帝輦至文德殿後，閤門奏班齊，帝出，殿上索扇，升榻，鳴鞭；扇開，捲簾，儀鸞使焚香，喝文武官就位，四拜起居；雞人唱時；舍人於彈奏御史班前西向喝大起居。御史由文武班後至對立位，次引左右金吾將軍合班於宣制石南大起居，班首出班躬奏「軍國內外平安」，歸位再拜，各歸東西押仗位。通喝舍人於宣製石南北向對立。舍人退於西階，次揖宰臣、親王以下，躬奏「文武百僚、宰臣某姓名以下起居」，分引宰臣以下橫行，諸軍將校仍舊立。閤門使喝大起居，舍人引宰臣至儀石北，俛伏跪致詞祝月訖，其詞云：「文武百僚、宰臣全銜臣某姓名等言：孟春之吉，伏惟皇帝陛下膺受時祉，與天無窮，臣等無任歡呼抃蹈之至。」歸位五拜。閤門使揖中書由東階升殿，樞密使帶平章事以上由西階升殿侍立；給事中一員歸左省位立；轉對官立於給事中之南；如罷轉對官，每遇御史臺前期牒請；文官二員並依轉對官例，先於閤門

〔註103〕《宋會要輯稿》儀制一之三十。
〔註104〕《續資治通鑑長編》卷二百一十九。

投進奏狀。吏部侍郎及刑法官立於轉對官南；兵部侍郎於右省班南，與吏部侍郎東西相向立，擂笏，各出班籍置笏上；吏部、兵部侍郎以知審官東、西院官充，刑法官以知審刑、大理寺官充。親王、使相以下分班出；引轉對官於宣制石南，宣徽使殿上承旨宣答如儀；次吏部、兵部侍郎及刑法官對揖出；次彈奏御史無彈奏對揖出；如有彈奏，並如儀。引給事中至宣制石南揖，躬奏「殿中無事」；喝祗候，揖，西出；次引修起居注官，次引排立供奉官以下各合班於宣制石南躬；喝祗候，揖，分班出；喝天武官等門外祗候，出。索扇，垂簾，皇帝降坐，鳴鞭；舍人當殿承旨放仗，四色官黼黻急趨至宣製石南，稱奉敕放仗。金吾將軍並判殿中省官對拜訖，隨仗出，親王、使相、節度使至刺史、學士、臺省官、諸軍將校等並序班朝堂，謝賜茶酒。帝復御垂拱殿，中書、樞密及請對官奏事；不引見、謝、辭班。後殿坐，臨時取旨。其日遇有德音、制書、御筆，仍候退御垂拱殿坐，制箱出外。應正衙見、謝、辭文武臣僚，並依御史臺儀制喚班，依序分入於文武班後，以北爲首，分東西相向，重行異位，依見、辭、謝班序位。餘押班臣僚於班稍前押班，候刑法官對揖出，分引近前揖躬。舍人當殿宣班，引轉對班見、謝、辭，並如紫宸儀。樞密使不帶平章事、參知政事至同簽書樞密院事、宣徽使並立於宣製石稍北，宰臣、親王、樞密使帶平章事、使相繫押班者，立於儀石南，餘官並立於宣制石南，如合通喚，閤門使引並如儀。贊喝訖，係中書、樞密並揖升殿辭謝，揖，西出，其合問聖體者，並如儀；餘官分班出。彈奏御史候見、謝、辭班絕，對揖出。其朝見，如謝都城門外御筵，及召赴闕謝茶藥撫問之類，不可合班者，各依別班中謝對。賜酒食等並門賜。其係正衙見門謝辭，亦門外唱放。

應正衙見、謝、辭臣僚，前一日於閤門投詣正衙榜子，閤門上奏目；又投正衙狀於御史臺、四方館。應朔日或得旨罷文德殿視朝，止御紫宸殿起居，其已上奏目。正衙見、謝、辭班並放免，依官品隨赴紫宸殿引，或值改，依常朝文德殿，自有百官班日，並如舊儀。

應外國蕃客見、辭，候喚班先引赴殿庭東，依本國職次重行異位立，候見、辭、謝班絕，西向躬。舍人當殿通班轉於宣制石南，北向立，贊喝如儀，西出。其酒食分物並門賜，如有進奉，候彈奏御史出，

進奉入。唯御馬及擔床自殿西偏門入，東偏門出。其進奉出入，文武官起居，舍人通某國進奉，宣徽使喝進奉出，節次如紫宸儀。候進奉出，給事中奏「殿中無事」，出。其後殿再坐，合引出者，從別儀。

其日，賜茶酒，宰臣、樞密於閣子，親王於本廳，使相、宣徽使、兩省官、待制、三司副使、文武百官、皇親使相以下至率府副率，及四廂都指揮使以下至副都頭，並於朝堂。如朝堂位次不足，即於朝堂門外設次。管軍節度使至四廂都指揮使、節度使、兩使留後至刺史，並於客省廳。

《宋史・儀衛一》載文德殿視朝儀的儀仗情況如下：

朔前一日，有司供張於文德殿庭。東面，左金吾引駕官一人，四色官二人，各帶儀刀。被金甲天武官一人，判殿中省一人，排列官一人。扇二，方傘一。金吾仗碧襴十二，各執儀刀。兵部儀仗排列職掌一人，押隊員僚二人。黃麾幡一，告止幡、傳教幡、信幡各八，龍頭竿、戟各五十。西面，右金吾引駕官以下，皆如東面。天武官東西總百人。門外立仗：其東，青龍旗一，五嶽旗五，五龍旗十；其西，白虎旗一，五星旗五，五鳳旗十。御馬，東西皆五匹，每匹人員二人，御龍官四人。設御幄於殿後合。其日，左右金吾將軍常服押本衛仗，殿中省官押細仗，東西對列，俟皇帝受朝、降坐、放仗，乃退。〔註105〕

縱觀從入閣儀到月朔視朝儀的轉變，儀式並未發生根本性的變化，雖然入閣儀的廢止是建立在對唐制的重新闡釋基礎上的，但其儀制更接近於入閣儀而不是唐朔日受朝儀。神宗時的官制改革回到唐制的呼聲很高，甚至以《唐六典》為藍本來重訂官制，但是宰相與樞密使「二府」對掌大政等與唐制明顯不同的制度卻沒有改變。文德殿視朝儀的這一次改變顯然也是如此，最大的變化只是「正名」而已，入閣儀的「差舛尤甚」實際只體現在名字上，因為這個名字代表了五代在追憶唐代禮制時的淺薄和固陋。

從上列儀注可以看出，雖然是在之前入閣儀基礎上裁定的，但其程序更加繁瑣，所用儀仗更為龐大。如此繁瑣的儀制設計，主要是出於禮儀方面的需求，顯然會給實行造成難度。熙寧六年九月，引進使、眉州防禦使李端愨言：「朔望御

〔註105〕《宋史》卷一百四十三。《文獻通考》卷一百八載有「朔日視朝儀注圖」。

文德殿，祁寒盛暑，數煩清蹕。紫宸之朝，歲中罕御。欲乞朔日御文德，望日御紫宸，所貴正衙內殿之朝儀並舉。」〔註106〕李端愨的意見被接受，文德殿視朝又恢復到僅在月朔舉行。即便如此，文德殿視朝也無法做到每月舉行，考察《續資治通鑑長編》，熙寧四年（1071年）到元豐七年（1077年），文德殿視朝共舉行八次，大多是每年五月朔舉行，只有一次在八月舉行。當然，這樣的頻率已經大大超過了北宋前期的入閤儀。五月朔原本是舉行大朝會的日子，但是在熙寧二年五月朔受朝被罷，這也許是五月朔最常舉行文德殿視朝的原因。〔註107〕

　　儀式的繁瑣並不意味著文德殿視朝儀完全的形式化，相反，待制官轉對制度隨著文德殿視朝舉行次數的增加受到一定程度重視。熙寧四年的儀制中以轉對官取代了待制官，因爲待制作爲職名，習慣上指閤待制，不再是臨時稱呼，但是龍圖閤待制在景德元年（1004年）已設置，〔註108〕李淑景祐時修訂入閤儀卻沿用待制官的說法，未加釐正。檢索史料，就會發現熙寧之後臣僚的文德殿轉對劄子。〔註109〕百官轉對制度並不限於文德殿，而且即便是遇文德殿放朝，臣僚奏狀也允許封進。〔註110〕元祐七年五月庚子，吏部尚書王存言：「臣五月一日文德殿視朝，次當轉對。臣既述管見，復觀事體有可論者，不敢默默。夫侍從官職在朝夕論思，以補上聰。人臣備位，亡所建明。今乃應著令於朔朝轉對，以備儀制。臣不勝愧汗，無地逃責。然竊以爲視朝轉對之意，本爲在庭庶官平日不得伸其所見，故於朝會使之盡言，以廣聰明，恐非所以責侍從官也。欲乞今後文德殿視朝，免侍從官轉對，專責以朝夕論思之效，於體爲得。」〔註111〕這充分說明之前的文德殿視朝，待制官不是單純的擺設。但王存意見被採納，待制官又回到先前的狀態。

　　需要指出的是，元豐官制改革後出現朔參官的說法〔註112〕，這一「朔參」

〔註106〕《續資治通鑑長編》卷二四七。

〔註107〕《宋史》卷一一六《禮十九》。北宋大朝會的情況參看金子由紀：《北宋の大朝會儀禮》，《上智史學》第47號，49～84頁，2002年11月。

〔註108〕《宋會要輯稿》職官七之十三。

〔註109〕如王安中《初寮集》卷三《請行籍田禮劄子》，范祖禹《范太史集》卷二二《轉對條上四事狀》（元祐六年十二月一日）。

〔註110〕許景衡《橫塘集》卷一一《乞復轉對劄子》：「近制每遇文德殿視朝，許侍從官二員轉對，雖放朝亦許封進。」這篇劄子時間難以確定，按許景衡元祐九年進士，歷官四朝，《宋史》卷三六三有傳。

〔註111〕《續資治通鑑長編》卷四七三。

〔註112〕《宋史》卷一一六：「元豐八年二月，詔三省、御史臺、寺監長貳、開封府推判官六參，職事官赤縣丞以上、寄祿升朝官在京釐務者望參，不釐務者朔參。」

是指紫宸殿朔參。四參官、六參官、朔參官、望參官說法的出現，代表著品級越高的官員見到皇帝次數也越多，同時官員參見皇帝的地點也作了相應的區分，四參官在垂拱殿見皇帝，六參官就只能在紫宸殿見皇帝，而文德殿已經被排除了這一體系。也就是說，在行政決策體制中已經沒有文德殿視朝的位置，因而文德殿視朝取消轉對也就順利成章了。事實上，文德殿視朝在北宋一直游離於行政決策機制的邊緣，此時不過是明確了這一點。在宋人的觀念中，文德殿是正衙，對應的是《周禮》中的「治朝」，在《周禮》中居於行政決策中心的「治朝」在此時完全失去了其行政功能，文德殿視朝完全禮儀化了，行政決策完全轉移到內朝，文德殿與大慶殿的區別已經相當於垂拱殿與紫宸殿的區別，外、中、內的三朝劃分框架此時實際上已經成為內、外兩朝的劃分。應當說這一轉變的關鍵點並不出現在北宋，神宗的制度改革只是最終確認這一點而已。

到了徽宗朝，文德殿月朔視朝儀得到進一步修訂，載入《政和五禮新儀》。《政和五禮新儀》在宋代禮制史上是一個獨特的存在，一方面它整理完善北宋禮儀制度，一些制度在此時成熟定型；另一方面，徽宗皇帝熱衷於改作新制，有一些不同前代的創新，但是由於北宋滅亡，這些創新並未得以實踐。

北宋的朝儀制度在熙豐時期就已定型，在《政和五禮新儀》中進一步完善。對於文德殿月朔視朝儀，由於儀式的目的已經明確為單一的禮儀化功能，因此變得十分繁瑣。其具體儀式如下：

陳設

　　前期，殿中監帥其屬，尚舍張設垂拱、文德殿，設御座於文德殿當中，南向，設後閣於殿後，施簾於前楹，設香案於螭陛間。儀鸞司設文武百官、客使等次於朝堂之內外。其日，尚輦陳腰輿、小輿於東西朵殿，傘扇於殿下，列馬於殿庭東西上閤門外。金吾列張旗幟。尚書兵部帥其屬，列黃麾半仗於殿門之內外。

起居

　　質明，闢文德殿門，文武百官各服其服，客使等入就次。先諸軍將校，入殿庭立。次四方館引諸蕃國首領，閤門引高麗、交州使副。次御史臺知班先引殿中侍御史就位。起居注在殿庭之南。次引起居郎、舍人夾香案對立。起居郎西向，舍人東向。次閤門引伎術及武功

大夫以下，次知班引百官至開封尹，次兩省官，次節度使至刺史、上
將軍至率府副率，次御史臺官，次學士待制，次太尉，次一品二品文
官。俟垂拱殿起居將畢，引贊官、閤門舍人引三公以下至執政官入，
三公、三少、左輔、右弼在橫街之南稍東，太宰、少宰在其南，尚書
左右丞又在其南，俱北向西上。門下侍郎在右弼之北稍東，西向，左
散騎常侍在其東。次給事中、右諫議大夫，次左司諫、外符寶郎，左
正言又在其東，每等重行異位。觀文殿大學士、學士、資政殿大學士、
翰林學士承旨、翰林學士、資政端明殿學士在左散騎常侍之南，觀文
殿學士、資政殿大學士稍前，觀文殿大學士又稍前。並西向北上。親
王在橫街之南稍西，使相在其南，俱北向東上。中書侍郎在親王之稍
西北東向。右散騎常侍在其西。次中書舍人、右司諫，右正言又在其
西。龍圖閣學士以下在右散騎常侍之南，直學士在其西，侍制又在其
西，每等重行異位，並東向北上。左金吾衛、左衛、左諸衛上將軍在
橫街南黃道之東，諸大將軍在其東，率府副率又在其東，俱西向北上，
右金吾衛、右衛、右諸衛上將軍在橫街南黃道之西，諸將軍在其西，
率府副率又在其西，俱東向北上。特進在左右丞之南稍東，六曹尚書
至光祿大夫在其南，次六曹侍郎、開封尹至大司成，開封尹以下在六
曹侍郎之東少絕，別爲一班。次太常卿至中大夫，次殿中丞、少監，
次中散大夫，次七寺少卿至奉直大夫，次左右司員外郎至朝奉大夫，
次六曹員外郎、朝奉郎，次太常丞至承議郎，次開封知縣至奉議郎，
次大史局至通直郎又在其南。御史大夫在光祿大夫之東，中丞在其
南，次侍御史、監察御史又在其南。太子三師在御史大夫之東，與特
進班齊。三少在其南，次賓客、詹事，次左右庶子以下又在其南。每
等重行異位，並北面西上。太尉在特進之西，與特進班齊當班心。節
度使在其南，次節度觀察留後、觀察使，次防禦使，次團練使，次刺
史，次武功大夫以下至武翼大夫，次武功郎以下至武翼郎，次敦武郎，
次修武郎，又在其南，每等重行異位，並北向東上。通侍大夫至右武
大夫在防禦使之西少絕，中亮郎以下至右武郎在其南。和安大夫以下
至翰林良醫，在武翼大夫之西少絕，和安郎以下至翰林醫正在其南，
並北向東上。初至位先東西相向立。翰林醫官、醫學在東班百官之後，
翰林待詔、藝學在西班百官之後。軍員分位於黃道之東、西，俱北向。

在東者以西爲上，在西者以東爲上。高麗、交州使副分東西在百官之
内。初至位先東西相向立。諸蕃國在正副指揮使之後、員僚之前。夏
國不赴，如止一國即在西。垂拱殿，皇帝將出宮，讀奏目官在殿階之
南，六尚局應奉、典御、奉御在其東少絕，宣贊引班對立，並引三公、
宰相、親王。舍人在讀奏目官之南，簿書官在其西少絕，覺察失儀提
點使臣在其南，並北向。舍人以西爲上，簿書官以下以東爲上。宣贊
舍人立班前，西向。東上合門附内侍進班齊牌，皇帝出宮，守踏道行
門禁衛諸班親從迎駕，自贊常起居。皇帝服靴袍，坐，鳴鞭，讀奏目，
宣贊引班對立，並引三公、宰相、親王、舍人、簿書官、六尚局應奉
典御奉御大起居。讀奏目官陛降自東階。次知内侍省事以下四拜起
居。如殿上傳旨常起居，即讀奏目官以下至行門並常起居。帶御器械
官易窄衣，帶器械。知内侍省事以下升東朵殿侍立。次管軍臣僚。大
起居訖退，易窄衣，執杖子，以俟引駕至文德殿後。次行門指揮使，
四拜起居。次引樞密以下大班入，就位。知樞密院事、同知、簽書樞
密院事在儀石之南，北向東上。知入内内侍省事、同知入内内侍省事
在知樞密院事之東南。知客省引進司四方館東西上閤門事，次閤門通
事舍人，次閤門祗候，次看班祗候，又在其南。六尚局勾管官在同知
入内内侍省事之東，典御在其南，奉御又在其南。外監臨、武功大夫
在簽書客省事之西，武功郎在其南，次敦武郎，次從義、忠訓、成忠
郎，又在其南，每等重行異位。内符寶郎在武功大夫之東，並北向西
上。樞密都承旨在簽書樞密事院之西南，承旨在其南，次副都承旨、
副諸房副承旨又在其南。内監臨、武德大夫以下至武翼大夫，在武功
大夫之西。武德郎以下至武翼郎在其南。次修武郎，次秉義、忠翊、
保義郎，又在其南，每等重行異位，並北向東上。立定，舍人揖躬，
通班贊大起居，訖，皇帝乘輦，樞密、樞密都承旨至諸房副承旨，知
客省事至簽書，東上閤門官分左右前導，餘並先退。文德殿兩朵殿侍
立，舍人赴侍立位。輦降東階，垂拱殿門外禁衛諸班親從迎駕，自贊
常起居。至文德殿後閤，皇帝降輦入後閤。樞密以下前導官並帶御器
械官，分東西，就殿上侍立位。宣贊、東上閤門官以下並就殿下位立。
宣贊、東上閤門官在大班之北稍東，西向贊拜，於侍立舍人前立，宣
贊舍人在宣贊、閤門官之北對立，舍人在其西，並橫街之南北自對立，

餘舍人在橫街之北稍東，西向北上。引班舍人在東西班首之北，相向立贊。殿中侍御史、舍人在其班北向西上。舍人傳警，四色官二人趨就殿下稱警。東上閤門附內侍進班齊牌，皇帝出自後閤，殿上鳴鞭，禁衛諸班親從及輿輦下應奉人、鐘鼓樓節級以下迎駕，自贊常起居。輿輦下人起居訖，升朵殿立。內侍承旨索扇，扇合，皇帝即御座，簾卷，內侍又贊扇開，殿下鳴鞭，爐煙升。舍人就位，贊殿內外執儀人四拜起居。次鐘鼓樓上雞唱。次舍人揖殿中侍御史大起居，訖，揖分東西，由文武班後趨就對立位。對立位在兩省分南與北班齊。次舍人引左右金吾將軍由東西黃道赴起居位，大起居，引班首出班，右金吾身躬。躬奏云：「軍國內外平安。」歸位，又贊再拜。贊各祗候直身，立，揖分東西，由黃道趨就押仗位對立。押仗位在傘扇南稍前，東西相向。宣贊舍人退，近南當庭中北向立對立。舍人退，於西階下東向立，引班舍人各揖三公親王以下躬，宣贊舍人通文武百僚宰臣姓名。三公親王等爲班首，通其官姓名，親王不通姓。以下起居，引班舍人引班首以下橫行，北向，兩省官、學士、待制、上將軍以下依舊東西相向立。舍人揖躬。東上閤門官贊「大起居」，引班首出班，至儀石北，俯伏，跪奏云：「文武百僚宰臣某官臣姓名等，孟春之吉，仲冬月同，夏、秋、冬各隨月言。伏惟皇帝陛下，膺受時祉，與天無窮，臣等無任歡呼抃蹈之至。」俯伏，興，引歸位揖躬。東上閤門官贊「再拜」，揖笏，舞蹈，再拜，贊各祗候直身，立，揖宰相執政官升殿。並升自東階，中書郎升自西階。宣贊、東上閤門官隨升東階，各歸侍立位，餘官卷班，分東西由黃道出。轉對門（「門」當作「官」）、吏部左右選、刑部侍郎、大理卿、押仗殿中監各就位。押仗殿中監在傘扇前，近北，西向。轉對官在左諫議大夫之南，吏部左選、刑部侍郎、大理卿又在其南，爲一列。吏部左選侍郎在右諫議大夫之南，與左選侍郎對立。立定，左右選侍郎揖笏，出班藉，出笏，置藉笏上。次兩省官，奏殿內無事，給事中未退。次侍從官，次金吾衛上將軍，以下分東西由黃道出。舍人引轉對官於奏事位立，揖躬，贊「拜」。門下侍郎進，當御座前躬，承旨退，臨折檻稍東，西向立。轉對官再拜，引班首出班，躬奏云：「臣等次當轉對，所有管見已詣東上閤門上進，干犯宸嚴，無任戰懼屛營之至。」門下侍郎稱：「所奏知。」退，還

侍郎位，引轉對官舞位，揖躬，贊「再拜」，隨拜三稱萬歲。贊各祗候直身，立，卷班，由西道出。如已投文字，後內員以故不赴，即一員奏事，如班首之儀，若俱有故，即不出班。次吏部左右選、刑部侍郎、大理卿，次殿中侍御史並對揖，分東西由黃道出。如班內有失儀，官右班則左彈之，左班則右彈之。若左右俱有，俟左彈訖，重定，次右彈之。如執政官以上有，即左右合班，班首出班奏彈。若左右班及執政官以上同時俱有，即皆合班奏彈。如失彈及自失儀者，左右班互彈之，即被彈者不得復彈元糾之人。其奏彈準奏云：「班內有官失儀，見別具奏陳。」餘並如轉對官奏事及門下侍郎宣答之儀。次舍人引給事中於奏事位立，揖躬，奏云：「殿內無事。」贊祗候由西黃道出。次引起居郎、舍人於奏事位立，皆揖躬，贊祗候分東西由黃道出。內侍承旨索扇，扇合，簾降，皇帝降座，殿上鳴鞭，內侍又贊「扇開」，殿下鳴鞭，至殿後升輦，侍衛如來儀。舍人當殿承旨，傳四色官趨赴宣制石南，稱奉敕放仗。押殿中監、金吾將軍皆再拜，訖，退，各就次，引文武百僚於殿門外階下謝茶酒。奏事及侍立官免謝。皇帝垂拱殿坐，三省、樞密院及百僚奏事如儀。稱三省者，謂宰相、門下、中書侍郎、尚書左右丞。稱樞密者，謂知、同知、簽書樞密院事。自九月一日至二月終，過殿不引上殿班。〔註113〕

　　觀察這一新的儀制，突出的一點就是將皇帝處理政事的過程形式化。其實，之前的文德殿視朝儀也有類似的情況，唐代的正衙常朝原是皇帝實際處理朝政的場所，入閣儀在五代宋初蔚為盛禮，其儀式就是對原本皇帝坐殿聽政過程的類比，這種類比在《政和五禮新儀》中達到了極致。如儀文所示，轉對官雖然要求上言，但只要在事前將奏狀經東上閤門投進即可，實際在舉行儀式時，只需說一句：「臣等次當轉對，所有管見已詣東上閤門上進，干犯宸嚴，無任戰懼屏營之至。」

　　此外，《政和五禮新儀》序例中規定的皇帝冕服包括袞冕和通天冠、絳紗袍兩種，前者是祭服，適用於冬至祭天；後者是朝服，適用於大祭祀致齋、詣景靈宮、太廟行宮禮畢還宮、元正冬至大朝會、臨軒冊命皇后皇太子諸王大臣、親耕籍田。〔註114〕在文德殿月朔視朝儀中，皇帝依然是服靴袍，可能

〔註113〕《政和五禮新儀》卷一三九。
〔註114〕《政和五禮新儀》卷一二。

因為要類比皇帝日常聽政，所以服飾與內朝聽政相同，反倒是臣下改靴為履後不再強調其衣著。

《政和五禮新儀》對儀仗制度十分重視，其規模到達了宋代的最高峰，適用於文德殿視朝的黃麾半仗充分展示了這一點，具體制度如下：

> 黃麾半仗，共二千二百六十五人。

> 殿內仗首，左右廂各一部，每部一百二十四人。在金吾仗南，東西相向。絳引幡十，執各一人。分部之南北，為五重。當御廂左右部同，左部在帥兵官東，右部在帥兵官西，各為十重。服武弁、緋繡、寶相花寬衫、革帶、大口袴。當御廂左右部服同，弁以紗為之，其餘弁幘同絹衫。二月一日至九月終，以纈袍抹額，錦帽，臂鞲螣蛇，並准此。左右領軍幘紫繡，白澤袍，銀帶，大口袴，錦螣蛇，佩橫刀弓矢。次廂左右各三部，當御廂、次後廂左右一部，及部甲隊左右各六隊，大將軍、折衝、果毅服佩同。掌䜌一人，次大將軍後，次廂左右第一部，並當御扇左右廂部，次廂果毅，次廂左右第二部、三部，次折衝，次後廂左右部，次將軍。服帽、緋繡抹額、寶相花寬衫、革帶，行縢鞋襪。帥兵官十人，分部之南北，為五重，北在絳引幡之南，南在絳引幡之北，次廂左右第一、第二、第三部，在部之南北，當御廂、次後廂左部在黃麾東，右部在黃麾西。服平巾、幘緋繡、寶相花寬衫、銀帶、大口袴。執儀刀部十行，每行持各十人，每色兩行，為五重。次廂左右第一、第二、第三部同。當御廂、次後廂左右部，每色一行，為十重。左部以東為首，右部以西為首，並次帥兵官。第一行，龍頭竿黃雞四角麾：凡麾皆持以龍頭竿。第二，儀鍠五色幡；第三，青孔雀五角麾；第四，烏戟；第五，緋鳳六角麾；第六，細弓矢；第七，白鵝四角麾；第八，朱縢絡盾刀；第九，皂鵝六角麾；第十，稍。揭鼓二，掌揭鼓二人，分立緋麾、烏戟後當中間。次廂左右第一、第二、第三部同，當御廂、次後廂並一在儀鍠、青麾間，一在弓矢、白麾間，與後行齊。服帽、繡抹額、寶相花寬衫、革帶，行縢鞋襪。服隨麾色，內白麾，儀鍠幡並以銀褐，烏戟以皂，弓矢以黃，稍以青，刀盾揭䜌並以緋。次廂左右各三部，每部一百一十五人。次左右廂仗首之南，東西相向。第一部，左右屯衛大將軍各一員，第二部，左右武衛大將軍；

第三部，左右衛將軍。果毅各一員，第二、第三部折衝。次大將軍後，第三部次將軍後。服飛麟袍。第四部瑞鷹，第五部瑞馬。掌鼓以下至掌揭鼓人服飾、人數並同仗首。當御廂、次後廂準此。黃麾幡二，執各一人，分立當御左右廂前中間，北向，服武弁、黃繡寶相花寬衫、革帶、大口袴。當御廂左右各一部，每部一百二十四人。在殿門里中道，分東西，並北向。次後廂左右部同大慶殿，列於樂架之南。左右衛果毅各一員，左在部西，右在部東，次後左右廂將軍準此。服瑞馬袍。次後廂左右各一部，每部一百一十四人。次當御廂南，左右驍衛將軍各一員，赤豹袍。左右廂各步軍六隊，第一隊每隊三十三人，第二至第六隊每隊二十七人。分東西，在仗隊後。第一隊，左右衛、果毅各一員，第二隊左右驍衛，第四隊左右屯衛，第六隊左右領軍衛：並折衝；第三隊左右武衛，第五隊左右領軍衛：並果毅。服瑞馬袍；第二隊赤豹，第三隊瑞鷹，第四隊飛麟，第五、第六隊白澤。貔旗二，第二隊金鸚鵡，第三隊瑞麥，第四隊犛牛，第五隊甘露，第六隊鵾雞。執各一人，服帽、黃繡抹額、寶相花寬衫、第三隊銀褐，第四隊皂，第五隊青，第六隊緋。革帶，佩橫刀，黃鍪甲；第三隊銀褐，第四隊黑，第五隊青，第六隊赤。四月一日至七月終，皮囤項以纈絹代，減披膊、副腿，加隨色領衫襯。刀盾，內第二、第四、第九隊弓矢。三十人爲五重。第二隊至第六隊各服錦臂韝、行縢鞵襪。殿門外大慶殿於大慶門外。左右廂後部各六隊，每隊三十八人，在都下親從後，東西相向，第一隊左右衛、折衝各一員，第三隊左右武衛，第五隊左右領軍衛：並折衝；第二隊左右驍衛，第四隊、六隊左右衛：並果毅。服錦帽、緋繡戎服、瑞馬大袍、第二隊赤豹，第三隊瑞鷹，第五隊白澤，第四、第六隊飛麟。銀帶、窄袴，佩橫刀弓矢；角觴旗二，第二隊太平，第三隊馴犀，第四隊騶牙，第五隊白狼，第六隊蒼馬。執旗各一人，服佩同步隊；第一、第六隊黃，第二隊銀褐，第三隊青，第四隊皂，第五隊緋。執弩五人爲一列，弓矢十八爲二重，矟二十人爲四重，並服錦帽青繡、寶相花袍、矟以緋。革帶、大口袴。眞武隊五十七人，在端禮門內中道，北向。大慶殿於殿門外。金吾折衝都尉一員，在隊前，服平巾、幘紫繡、辟邪袍、銀帶、大口袴、錦縢蛇，佩橫刀弓矢。

仙童、真武、騰蛇、神龜旗各一，執旗各一人，服皂繡抹額，寶相
花寬衫，革帶，佩橫刀。執穳稍二人，分左右。弩五人為一列，弓
矢二十人為四重，稍二十五人為五重，服平巾、幘緋繡、寶相花寬
衫、革帶、大口袴。排列仗隊職掌六人，分立仗隊之間，殿內四人，
殿外二人，服直腳襆頭、紫羅寬衫。

殿中省尚輦陳扇二十於簾外，執扇殿侍二十人，服直腳襆頭、
紫羅寬衫、銀帶。陳腰輿、小輿於東西朵殿，腰輿在東，小輿在西，
人員、都將各一員，輦官共四十人，人員並帽子，都將各官並直腳
襆頭、紫羅夾三襠紅錦襖、銀帶。二月一日至九月終，錦帽，纈羅
衫。陳傘、扇於殿下，方傘二，分左右，團龍扇四，分左右夾方傘，
並執扇各一人。將校或節級。方雉扇六十，分左右，作三重，在傘、
扇之後。輦官長行各一人，執人服並同大朝會執傘扇等人。金吾左
右將軍各一員，在傘、扇之南，稍前，服本色服。四色官四人，二
人立於將軍之南，與傘、扇一列；宣敕放仗二人，在引駕官南，並
直腳襆頭、綠公服、金銅帶、烏皮靴。執儀刀引駕官二人，在親從
官後，服直腳襆頭、紫公服。長行二十四人，在四色官之南，並弓
腳襆頭、碧襴衫，餘同四色官。排列官二人，在長行之南，並帽子、
紫繡、大袖袴。次金甲天武官二人，在長行南，並金銅兜鍪衣甲，
執鉞。以上並分東西廂向立。設旗於殿門之外，青龍旗一在左，五
嶽神旗各一次之，五方色龍旗各一次之，五方色龍旗各一又次之；
白虎旗一在右，五星神旗各一次之，五方色鳳旗各一次之，五方色
鳳旗各一又次之，執人並帽子、繡抹額、寬衫，隨方色。

這樣眾多的人員即可反映出這一儀式規模之宏大，參加人員的服飾規定
之詳細，讓人歎為觀止。這樣耗費巨大的禮儀活動，與徽宗朝追求「豐亨豫
大」的政治風氣密切相關。但是回溯整個北宋，這顯然是一個特例，這樣的
規模可以和唐代相比，在宋代則鳳毛麟角。

需要說明的是，雖然儀仗規整，但是與《大唐開元禮》「朔日受朝」相比，
北宋的文德殿朔日視朝儀卻繼承五代以來入閣儀的傳統，不設宮縣，有儀仗而
沒有樂隊。這一特點與《政和五禮新儀》中的紫宸殿望參儀、垂拱殿四參儀等
內朝儀制相似，而與元旦、冬至舉行的大朝會儀不同。《大唐開元禮》載朔日受
朝的地點是太極殿，屬於「中朝」，與北宋的文德殿相對，有無舉樂成為唐宋正

衙朔日受朝儀的明顯區別。將這一分別放到唐末五代政治過程中考察，可見儀式對於政治運作過程的記憶。如果將是否舉樂作爲朝參儀與朝賀儀的儀式分野的話〔註115〕，那麼唐宋正衙月朔朝儀制度的最大變化就可以歸結爲朝儀分類的變化，或者說雖然地點、時間相似但舉行的卻是不同類型的儀式。

《政和五禮新儀》實際施行時間很短，宣和元年六月，朝廷就下《開封府申請〈五禮新儀節要〉並前後指揮更不施行》詔。〔註116〕這份詔書只提及《政和五禮新儀》中關於庶民的內容不再施行，而朝儀制度是否得以施行並不清楚，且北宋亡國在即，這樣的規定可能只停留在紙面上。

小　結

北宋的正衙殿是位於外朝的文德殿，其視朝儀包括常朝儀和月朔視朝儀。北宋皇帝主要在內朝處理政事、接見群臣，並不參加在文德殿舉行的每日常朝，因此，文德殿常朝徹底形式化，但是直至神宗時才正式取消。宋初承五代舊制，月朔在文德殿舉行入閣儀，太宗、仁宗時都曾重修其儀制，神宗時入閣儀被廢止，取而代之的是月朔視朝儀，徽宗時再次修訂，並載入《政和五禮新儀》。從入閣儀到月朔視朝儀的轉變，與當時回到唐制的呼聲相符合，但儀式並未發生根本性的變化，並沒有脫離原本的制度演變脈絡，很大程度上只是「正名」而已。

本章考察的對象是北宋的正衙朝儀，充斥在史料中的是宋人對唐代制度的描述，諸多奏議都是以敘述唐代制度爲發端。宋人以研討「故事」的名義分析唐宋制度的不同，其中隱含著對唐代制度正統地位的認同。北宋對文德殿朝儀的一次次修訂整理，其理論依據都來自對唐代制度的分析理解。回歸唐制的訴求在熙豐時期達到高潮，王珪在主張廢止入閣儀時，理由就是「今閣門所載入

〔註115〕考察《政和五禮新儀》的朝儀系統，僅從儀式上來看，似乎可以得出這樣的結論。
〔註116〕《宋大詔令集》卷一百四十八，「開封府申請《五禮新儀節要》並前後指揮更不施行」（宣和元年六月二十五日）：「頃命官修禮，施之天下，冠婚喪祭，莫不有制。俗儒膠古，便於立文，不知達俗。閭閻比戶，貧窶細民，無廳寢房牖之制，無階庭陞降之所。禮生教習，責其畢備，少有違犯，遂底於法。至於巫卜媒妁，不敢有行，冠昏喪祭，久不能決。立禮欲以齊民，今爲害民之本。開封府申請《五禮新儀節要》並前後指揮、及差禮直官禮生並教行人公文指揮，可更不施行。」

閣儀者，止是唐常朝之儀，非爲盛禮，不可遵行。」〔註117〕入閣儀因爲在唐代不是盛禮就應廢止，雖然在五代、北宋入閣儀一直具有相當高的地位。

基於宋人的這種傾向，我們討論北宋朝儀時必須不斷回到唐代。《大唐開元禮》的存在使得我們對唐前期的禮制有了一個明確的標杆，北宋末年的《政和五禮新儀》則成爲另一個標杆。以《大唐開元禮》爲開端，《政和五禮新儀》爲終點，本文預設的唐宋朝儀的變化就是兩者之間的變化。兩書相較，唐代重視大朝會制度，常朝與內殿視事的儀制則十分簡略；到了宋代，內朝視事的儀制逐漸完備。在內藤湖南「唐宋變革說」的視野中來看這一變化，體現的是由貴族政治（通過皇帝與貴族的協定開展的政治）向君主獨裁政治（在官僚制基礎上，皇帝對所有事項進行政治裁決的系統。）的轉變，原因是宋代皇帝坐殿視事主要在內朝進行，政務中心已經轉移到內朝。〔註118〕但是，需要指出的是，這一所謂的「內朝化」過程與宮殿制度密切相關，內朝、外朝劃分的依據是宮殿分佈，唐宋宮殿格局顯然有所不同，那麼這種內外朝的劃分只有放在同一個文化傳統中才能進行比較。〔註119〕表面上看唐代宮殿是外、中、內的三朝劃分，北宋則是內、外兩朝，但是由於共用來自《周禮》的宮室制度的文化傳統，文德殿就被界定爲中朝，因此被稱作「正衙」，仔細考察文德殿的建築有鐘鼓樓等附屬設施，這顯然也是按照正衙的標準來設計的。

另一方面，這兩本禮書所記載的制度代表性有其明顯的局限性，因爲制度始終是運動變化的。《大唐開元禮》與《政和五禮新儀》所代表的制度僅限於唐初和北宋末兩個較短的時期，簡言之，《大唐開元禮》不能代表唐朝，《政和五禮新儀》也不能代表北宋。因此，按照時間順序考察制度的變化就成爲必須，本文結構正是遵循了這一思路。通過制度變化的過程，我們可以清楚地看到政治活動的影響。唐中後期到五代的政治局勢動盪，造成了朝儀制度的紊亂，其間偶爾可以看到某些重建朝儀制度的努力。北宋初，政治局勢穩

〔註117〕《宋會要輯稿》儀制一之二八、二九。

〔註118〕平田茂樹從三個政治空間來把握宋代政治，宮室制度是物理性空間，內外朝是特定功能的抽象空間，還有就是皇帝與官僚之間的關係。唐代貴族政治轉向宋代君主獨裁政治，從政治空間的角度來看，就是皇帝、官僚在政治空間上發生的比重變化。參看平田茂樹《應該如何分析宋代的政治空間呢？──重新考慮御筆・手詔制度》（未刊稿）。

〔註119〕本文所說的內朝、中朝、外朝，是按照《周禮》來劃分，屬於具有特定功能的抽象空間。張邦煒將宋代內朝界定爲皇親系統，考察角度與本文不同。（《宋代皇親與政治》，四川人民出版社，1993年）

定下來，行政體制逐步走向穩定，朝儀制度的重建則稍顯滯後，文德殿常朝就是這樣一個典型的例子。朝儀制度原本應該是配合行政體制來設計的，文德殿常朝與行政體制有諸多牴牾，但卻存在了相當長的時間，制度的繼承性得到一個特殊的體現。這一特殊現象是建立在北宋務實、謹慎的政治作風上，典型如司馬光的態度，其在《乞罷詳定宰臣押班箚子》中說：「況今災異屢降，飢饉洊臻，官多而用寡，兵衆而不精，冗費日滋，公私困竭，戎狄桀傲，邊鄙無備，百姓流亡，盜賊將起，朝廷夙夜所憂，宜以此數者為先，而以餘事為後。」〔註 120〕在司馬光的眼中，文德殿常朝的問題不過是小事，是不急之務。在北宋入閣儀上也可以清楚體現這一點，月朔入閣的制度規定從來沒有得到很好地貫徹，往往數年才舉行一次。熙豐變法帶來的不只是行政制度的變革，還有政治風氣的轉向，入閣儀在仁宗朝與神宗朝的不同待遇就體現了這一點。最終，《政和五禮新儀》龐大的朝儀制度的完備與徽宗朝「豐亨豫大」的政治追求不無關係。實際上，也只有考察實際的政治運作過程，才可以解釋儀制本身的一些變化，如入閣儀不舉樂的問題。

朝儀制度原本是強化君權的產物，叔孫通制朝儀是為了明君臣之分，因此朝儀制度成為考察君權的一個視角，《政和五禮新儀》繁複的朝儀制度似乎可以標示宋代君權的加強。考察唐宋正衙視朝儀的演變就會發現，其變化與政治決策機制密切相關，入閣儀就是由於皇帝處理政事地點變化而產生的。政治決策機制的變化當然與君權的消長密不可分，但是否就可以從《政和五禮新儀》的朝儀制度推出宋代君權的加強？問題顯然不是如此簡單的，且不論《政和五禮新儀》是否可以代表宋代儀制，僅就文德殿月朔視朝而言，其舉行次數的變化也很難與北宋諸朝君權變化軌迹完全契合，真宗、徽宗兩朝修禮風氣甚盛，但朝儀制度待遇卻相差甚遠。因此，本文的研究可以在諸如「唐宋變革論」這樣視野下展開，但卻很難對相關宏大的命題作出明確的回應，這樣的回應必須結合多方面的研究之後才能得出。〔註 121〕正如每次儀制的變動，背後的政治動因可能千差萬別，但體現臣僚奏議中首先是基於對經

〔註 120〕《溫國文正司馬公文集》卷三十六。
〔註 121〕正如宋代的君權問題，研究者的結論與其探討脈絡密切相關。如關於太祖廢「坐論之禮」的討論，放在君權與相權的博弈過程中，可以視作專制君權加強的標誌；從政務運作方式變化的角度考察，則是皇帝對日常行政事務的關注造成「固弗暇於坐論矣」。參看鄧小南《祖宗之法──北宋前期政治述略》第 211～226 頁相關論述。

典的不同闡釋。

　　本章選取北宋文德殿朝儀爲研究對象，對於解讀宋代朝儀制度遠遠不夠的，至少還應該對宋代朝儀制度的各個組成部分做一個橫向的比較研究，有了這兩方面的研究，我們才可以對整個朝儀制度做一些較爲明確的判斷。選取文德殿朝儀作爲研究朝儀宋代制度的切入點，是更多基於禮制角度方面的考慮，北宋朝儀制度某種程度上可以看作北宋行政體制的側影，從文德殿出發，系統研究垂拱殿、紫宸殿等視朝儀，才可以深入討論禮儀與政治的關係。文德殿作爲宋代的正衙殿，其間舉行的儀制還有不少，只有完整的研究之後，正衙在宋代的地位才可以有比較準確的判斷。簡言之，本文對文德殿朝儀的研究，僅僅是一個開端。

第三章　宋代合班儀簡論

　　合班儀按照字面意思應該是指朝會時官員位次排序的相關儀制，《宋史·禮志》將之歸類在「朝儀班序」之下。〔註1〕合班中，次序通常用某官壓某官來表述，因此合班也被稱之爲「雜壓」。宮崎市定將「雜壓」解釋爲：「合班亦稱雜壓，主要指宮中度次。中國因爲有文武官之別，同一官品中包含許多文武官，朝廷有大儀式，需要合班亦即同一集會時，如果不預先詳定其雜壓，便有產生混亂之虞。宋初因爲又增加了殿閣與館職，更有詳細規定的必要。」〔註2〕龔延明則解釋爲：「雜壓又稱班位，係條令規定的立班儀制。所謂『雜』，即不論文官、武官、內侍官、宗室官，亦不分職事官、寄祿官、職名、伎術官，均依位之高下混同編排先後次序；所謂『壓』，某官位在某官之上稱『壓』，如『宰相壓親王、親王壓使相』等等。定雜壓儀制，其意義在於，確定各色官品秩之高下、排定朝班列位之次序。雜壓不固定，常有變動。且每朝所定雜壓之制，臨時聽旨仍有更動。雜壓儀制由閤門司擬奏審定。凡未列入雜壓之官名、職名等，即不能入班位序列。」〔註3〕由兩人的解釋可以看出，合班本質上是一種朝會班位次序，但由於其是各種官職的大排隊，因而具有區分不同類別官職的地位高下的作用。正因爲合班儀的這種特點，雜壓在宋代實際上常常被抽象爲一種官員等級序列，在宋代政治生活中起到一種類似官品的作用，例如《朝野類要》對「雜壓」的解釋是：「以官、職混序進遷之例，

〔註1〕《宋史》卷一百一十八《禮二十一》。

〔註2〕宮崎市定：《宋代官制序説——宋史職官志的讀法》，于志嘉譯，《大陸雜誌》第七十八卷第一、二期。

〔註3〕龔延明：《宋代官制辭典》，北京：中華書局，1997年，618頁。

以定品秩高下，序其列位。」〔註4〕再如太宗淳化四年六月甲戌，「尚書省重定內外官參集儀制及比視品秩以聞。」〔註5〕在這裡「參集儀制」起到了「比視品秩」的作用。在這種情況下，合班儀的研究將朝會與官制緊密聯繫在一起，本章的論述也將圍繞兩者的互動展開。

第一節　宋代合班儀沿革

　　合班儀規定的是朝會時的班位，因爲空間位置的唯一性，使得班位在特定場合一定會有高低之分；配合宋代官制複雜性，官員通常具有多個頭銜，按照那一個頭銜進行排序是一個問題，頭銜相同的官員位置如何排列也是問題。在這種情況下，朝會班位的變化是十分頻繁的，造成的結果是不但宋代合班儀內容時常變動，而且朝會時臨時取旨的情況也時有出現。如此頻繁的變動，使得如何把握合班儀變化的軌跡成爲一個問題，在這種情況下，本節的論述以現存幾份較爲完整的宋代合班儀記載爲基礎來展開，試圖通過儀文的比較來勾勒其制度沿革。

　　宋代合班儀現存最早的紀錄爲建隆三年合班儀，內容如下：

> 太師，太傅，太保，太尉，司徒，司空，東宮三太，嗣王，郡王，僕射，三少，三京牧，大都督，大都護，御史大夫，六尚書，常侍，門下、中書侍郎，太子賓客，太常、宗正卿，御史中丞，左、右諫議大夫，給事中，中書舍人，左、右丞，諸行侍郎，秘書監，光祿、衛尉、太僕、大理、鴻臚、司農、太府卿，國子祭酒，殿中、少府、將作監，前任、見任節度使，開封、河南、太原尹，詹事，諸王傅，司天監，五府尹，國公，郡公，中都督，上都護，下都督，庶子，五大都督府長史，中都護，副都護，太常、宗正少卿，秘書少監，光祿等七少卿，司業，三少監，三少尹，少詹事，諭德、家令、率更令、僕，諸王府長史、司馬，司天少監，起居郎、舍人，侍御史，殿中侍御史，左右補闕、拾遺，監察御史，郎中，員外郎，太常博士，五府少尹，五大都督府司馬，通事舍人，國子、五經博士，都水使者，四赤縣令，太常、宗正、秘書丞，著作郎，殿中丞，

〔註4〕趙升：《朝野類要》卷二。
〔註5〕《續資治通鑑長編》卷三十四。

六尚奉御，大理正，中允，贊善，中舍，洗馬，諸王友，諮議參軍，

司天五官正。凡雜坐之次，以此爲準。〔註6〕

　　比較唐代制度就可以發現，這份儀文所紀錄的大致屬於唐代五品以上的職事官，而唐制「文官五品以上，及監察御史、員外郎、太常博士，每日朝參」〔註7〕。換言之，這是唐制常朝參加範圍。對照《文獻通考》所載北宋《文德殿常朝立班圖》〔註8〕，大致可以確定這份合班儀是以文德殿常朝爲基礎制訂的。這份儀制頒佈時立即作了調整，「尚書中臺，萬事之本，而班位率比兩省官；節度使出總方面，其檢校官多至師傅、三公者，而位居九寺卿監之下，甚無謂也。其給事中、諫議、舍人，宜降於六曹侍郎之下；補闕次郎中、拾遺，監察次員外郎，節度使陞於中書侍郎之下。」〔註9〕這一調整核心是提高尚書省官員和節度使位次，其背後的意味則需要放在唐宋朝會制度中來理解。事實上，中書、門下兩省官之所以列在尚書省官之前，並非其品級高，而是由於唐代朝會的布局所決定的，兩省官又稱「供奉官」，其位置在殿陛之上，分東西而立，門下省在東，中書省在西，而以尚書省官爲首的百官則北向拜於殿庭之中。〔註10〕這一排列的原因是兩省官在唐代依然具有皇帝侍從的身份，所以稱「供奉官」，而尚書省官則已經屬於外朝官。因此所謂「尚書中臺，萬事之本」，是就尚書省在外朝的地位而言的，唐貞元二年班序敕就規定殿庭中文武官按官品分班，「每班請以尚書省官爲首」〔註11〕。由此可見，建隆三年的合班儀制訂時沒有考慮朝會時布局，而是試圖建立一種官員的等級序列，也就是說其目的主要是區分官員地位高下，而非實際朝會排位，因此合班儀以一種單向序列的形式出現，而非更加複雜的立班圖。〔註12〕節度

〔註6〕《宋史》卷一百六十八「合班之制」，3998頁。《宋史》一百一十八「朝儀班序」（2781～2782頁）、《宋會要輯稿》儀制三之一均載此制，文字稍有差別，「前任、見任節度使」均作「前任節度使」；「副都護」作「下都護」。

〔註7〕《唐會要》卷二十五，貞元二年班序敕引《儀制令》。

〔註8〕《文獻通考》卷一百八，畢仲衍《中書備對》圖。

〔註9〕《宋史》卷一百一十八，2782頁。

〔註10〕《新唐書》卷二十三。《兩京城坊考》卷一提到含元殿「龍尾道自平地七轉，上至朝堂，分爲三層」，「邊有青石扶欄，上層之欄欄頭刻螭文，謂之螭頭，左右二史所立也。諫議大夫立於此，則謂之諫議坡。兩省供奉官立於此，亦謂之蛾眉班。」

〔註11〕《唐會要》卷二十五。

〔註12〕這並非說合班儀不再用於朝會排班，只是合班儀成爲一種朝會排班的原則性指導，而脫離了具體的朝會布局。

使在這一序列中出現也非唐代制度，作爲使職，節度使是沒有品級的，但實際地位無疑高於當時已經只是空架子的九寺卿監。「前任節度使」的出現，說明合班儀試圖建立的等級序列並非單一標準的，而是綜合考量下的地位區分。

現存的北宋合班儀除建隆三年之外，《宋史》卷一百六十八還載有「建隆以後合班之制」和「元豐以後合班之制」，但據鄧廣銘與龔延明考證，「建隆以後合班之制」應爲慶曆以後之制度，「元豐以後合班之制」應爲宣和末至靖康初合班之制。〔註13〕這樣，《宋會要》儀制三之一六所載仁宗景祐五年「合班雜座儀」更具典型意義，其內容如下：

> 中書令、侍中、同中書門下平章事，親王、使相，尚書令、太師、太尉、太傅、太保、司徒、司空，樞密使、知樞密院事、參知政事、樞密副使、同知樞密院事、宣徽南北院使、簽書樞密院事，太子太師、太傅、太保，左、右僕射，太子少師、少傅、少保，州府牧，御史大夫，六尚書，左右金吾衛、左右衛上將軍，門下、中書侍郎，節度使，文明殿學士，資政殿大學士，三司使，翰林學士承旨，翰林學士，資政殿學士，翰林侍讀、侍講學士，龍圖閣學士，樞密直學士，龍圖直學士，左、右散騎常侍，六統軍，諸衛上將軍，太子賓客，太常、宗正卿，御史中丞，左、右丞，諸行侍郎，節度觀察留後，給事中，左、右諫議大夫，中書舍人，知制誥，龍圖、天章閣待制，觀察使，秘書監，光祿、衛尉、太僕、大理、鴻臚、司農、太府卿，內客省使，國子祭酒，殿中、少府、將作監，景福殿使，客省使，開封、河南、應天尹，太子詹事，諸王傅，司天監，左右金吾衛以下諸軍衛大將軍，太子左、右庶子，引進使，防禦使，團練使，三司鹽鐵、度支、戶部副使，太常、宗正少卿，秘書少監，光祿等七寺少卿，宣慶使，四方館使，國子司業，殿中、少府、將作少監，開封、河南、應天少尹，太子少詹事，太子左、右諭德，太子家令，太子率更令，太子僕，諸州刺史，諸王府長史、司馬，司天少監，樞密都承旨，宣政使，西上閤門使，昭宣使，樞密承旨，樞密副都承旨，諸軍衛將軍，起居郎，起居舍人，知雜御史，諸行郎中，皇城以下諸司使，樞密院副承旨，樞密院諸房副承旨，殿中侍御史，左右司諫，諸行員外郎，客省、引進、閤門副使，左、右

〔註13〕參見鄧廣銘：《宋史職官志考正》、龔延明：《宋史職官志補正》卷八。

正言，監察御史，太常博士，皇城以下諸司副使，次府少尹，大都督府司馬，通事舍人，國子博士，國子春秋、禮記、毛詩、尚書、周易博士，都水使者，開封、祥符、河南、洛陽、宋城縣令，太常、宗正、秘書丞，著作郎，殿中丞，內殿承旨，殿中省尚食、尚藥、尚衣、尚舍、尚乘、尚輦奉御，大理正，太子中允、左右贊善大夫，內殿崇班，閤門祗候，太子中舍、洗馬，樞密兵房、吏房、戶房、禮房副承旨，太子諸率府率，東、西頭供奉官，太子諸率府副率，諸衛中郎將、郎將，左、右侍禁，諸王友，諸王府諮議參軍，司天春官、夏官、中官、秋官、冬官正，節度行軍司馬、副使，秘書郎，左、右班殿直，著作佐郎，大理寺丞，諸寺、監丞，大理評事，太學、廣文博士，太常寺太祝，奉禮郎，秘書省校書郎、正字，御史臺、諸寺、監主簿，國子助教，廣文、太學、四門、書學、算學博士，律學助教，司天靈臺郎，保章、挈壺正，三班奉職、借職，防禦、團練副使，留守京府節度觀察判官，節度掌書記，觀察支使，防禦、團練判官，留守京府節度觀察推官，軍事判官，防禦、團練、軍事推官，軍、監判官，諸軍別駕、長史、司馬，司錄，錄事參軍，司理參軍，諸曹諸司參軍，諸縣令，赤縣丞，諸縣主簿、尉，諸軍文學參軍、助教。〔註14〕

　　相比建隆三年合班儀，景祐五年的合班儀收錄官職範圍大大增加，從品級上說，不再限於五品以上官員，連從九品的散官如文學參軍也收錄其中；從類別上說，收錄文官職名與各類武職，並且文武混編排序，官、職、差遣並列。自此，合班儀這種官、職、差遣等多種等級序列混編排序的特點成為其最鮮明的特徵，在官制中起到了其他等級序列所無法取代到作用。而某一類官職納入合班，也同時標誌著這一類官職作為一種新的等級序列在官制中地位的確立。

　　景祐五年合班儀與建隆三年相比，有幾類官職的出現值得關注。首先是宰執官，嚴格來講，唐至北宋，並沒有所謂「宰相」的官職，宰相在官銜上標誌是「平章事」等加銜，也就是說宰相實際是一種差遣，標示其品秩的通常是一系列地位崇高的「官」，在建隆三年儀文中體現這一點的有兩類官職，即三師、三公等公師官與屬於職事官序列的侍中、中書令等三省長官；景祐

儀文中則將差遣納入進來，甚至將「使相」這一復合官稱也加以收錄。這一方面是北宋前期官制缺乏系統整理，另一方面也是爲了現實中宰執群體的地位區分，都是宰相地位也要分高下。

其次是武官納入合班儀，這是宋代文武官混編排序的標誌。納入合班的武官也分幾個類別，一是環衛官，以左右金吾衛上將軍爲首的環衛官在宋初實際已經沒有職事，只是作爲武官的榮譽職位，景祐儀文出現的六統軍、太子諸率府率等東宮官武官情況類似。二是節度使爲首的地方使職，建隆儀文中節度使出現是特例，考量的是節度使的實際地位；景祐儀文中節度使、節度觀察留後、觀察使、防禦使、團練使、刺史構成的宋代武階「正任官」序列已經出現。三是以內客省使爲首的武階中的「橫行官」序列。四是以皇城使爲首的諸司使副構成的武臣遷轉序列。五是從內殿崇班到三班借職的大、小使臣序列。這樣北宋武階的主要序列基本已經納入合班儀中。〔註15〕此外，閣門祗候這樣的既屬於職事官，又帶有清要色彩的武職也納入合班中。

第三是一些常見的差遣進入合班中，比如三司使與樞密院系統各級官職。建隆儀文的核心是以唐代職事官系統，這一系統在宋初實際已經演變爲寄祿官序列；景祐儀文一方面完善了這一系統，代表低級文官遷轉序列的選人七階也納入合班，考慮到納入合班的武職主要是階官系統而沒有三衙等軍職，也就是說景祐合班的主體依然是階官序列。在這種情況下，差遣進入合班當是基於凸顯其地位的重要。

第四，殿閣學士爲代表的職名序列也納入合班。職名在宋代是一種獨特的存在，宋代「官以寓祿秩、敘位著，職以待文學之選，而別爲差遣以治內外之事」〔註16〕，官員排序應當由寄祿官來決定，職名不代表實際職事，功能主要在於提高文臣的資序、威望；職名進入合班也就意味著要「敘位著」，換句話說職名有發展成爲一種部分文官獨享的官階序列的趨勢，之後神宗朝職名制度進一步完善，職名「蓋有同於階官而初無職掌」〔註17〕，也驗證了這一趨勢。

最後，代表內侍官階的景福殿使、宣慶使、宣政使、昭宣使等「班官」序列也出現在合班儀中，這樣不僅文武官處於同一雜壓序列中，連宦官也加

〔註15〕這一進程是從武職的「比品」開始的，宋初的百官相見儀也起到了重要作用，可參考本文第一章第一節相關論述。
〔註16〕《宋史》卷一百六十一。
〔註17〕《文獻通考》卷五十四。

入進來。

　　《宋史》「建隆以後合班之制」與景祐五年合班儀類似，只是增加了慶曆新出現的天章閣學士等官職。「元豐以後合班之制」與景祐五年合班儀相比，則反應了北宋後期官制改革的內容，具體儀文如下：

　　　　諸太師，太傅，太保，侍中，中書令，尚書令，少師，少傅，少保，尚書左、右僕射，王，樞密使，開府儀同三司，知樞密院事，門下、中書侍郎，尚書左、右丞，同知樞密院事，簽書樞密院事，太子太師、太傅、太保，特進，觀文殿大學士，太尉，太子少師、少傅、少保，冀、兗、青、徐、揚、荊、豫、梁、雍州牧，御史大夫，觀文殿學士，資政、保和殿大學士，吏部、戶部、禮部、兵部、刑部、工部尚書，金紫、銀青光祿大夫，左、右金吾衛上將軍，節度使，翰林學士承旨，翰林學士，資政、保和、端明殿學士，龍圖、天章、寶文、顯謨、徽猷閣學士，左、右散騎常侍，御史中丞，開封君尹，尚書列曹侍郎，樞密直學士，龍圖、天章、寶文、顯謨、徽猷閣直學士，宣奉、、正奉、正議、通奉大夫，殿中監，大司成，左右驍衛、武衛、屯衛、領軍衛、監門衛、千牛衛上將軍，太子賓客、詹事，給事中，中書舍人，通議大夫，承宣使，左、右諫議大夫，保和殿待制，龍圖、天章、寶文、顯謨、徽猷閣待制，太中大夫，太常卿，大司樂，宗正卿，秘書監，殿中少監，觀察使，中大夫，光祿、衛尉、太僕、大理、鴻臚、司農、太府卿，中奉、中散、通侍大夫，樞密都承旨，國子祭酒，太常少卿，典樂，宗正少卿，秘書少監，正侍、宣正、履正、協忠、中侍、中亮大夫，太子左、右庶子，中衛、翊衛、親衛大夫，防禦、團練使，諸州刺史，左、右金吾以下諸衛大將軍，駙馬都尉，集英殿修撰，七寺少卿，朝議、奉直大夫，尚書左、右司郎中，右文殿修撰，國子、辟雍司業，少府、將作、軍器監，都水使者，入內內侍省都都知，內侍省都都內知，拱衛大夫，太子少詹事、左右諭德，入內內侍省副都知，內侍省副都知，左武、右武大夫，入內內侍省押班，內侍省押班，管幹殿中省尚舍、尚藥、尚醞、尚輦、尚衣、尚食局，樞密副都承旨，起居郎，起居舍人，侍御史，尚書左、右司員外郎，秘閣修撰，開封少尹，尚書吏部、司封、司勳、考功、戶部、度支、金部、倉部、禮部、祠部、主客、膳部、兵部、職方、庫部、駕部、

刑部、都官、比部、司門、工部、屯田、虞部、水部郎中，開封府司錄事，直龍圖閣，朝請、朝散、朝奉大夫，直天章閣，殿中侍御史，左、右司諫，左、右正言，符寶郎，殿中省尚食、尚藥、尚醞、尚輦、尚衣、尚舍典御，內符寶郎，樞密副承旨，武功、武德、和安、成和、成安、成全、武顯、武節、平和、武略、保安、武經、武義大夫，翰林良醫，武翼大夫，尚書諸司員外郎，直寶文閣，開封府司六曹事，樞密院諸房副承旨，朝請、朝散、朝奉郎，直顯謨閣，少府、將作、軍器少監，諸衛將軍，太子侍讀、侍講，正侍、宣正、履正、協忠、中侍、中亮、中衛、翊衛、親衛、拱衛、左武、右武郎，監察御史，殿中丞，直徽猷閣，承議郎，武功至武義郎，翰林醫正，武翼郎，太子中舍，太子舍人，親王府翊善、贊讀、直講，太常丞，大晟樂令，太醫令，宗正、大宗正，秘書丞，直秘閣，奉議郎，大理正，著作郎，太史局令，直翰林醫官局，殿中省六尚奉御，太醫丞，閤門宣贊舍人，兩赤縣令，太子左右衛、司御、清道、監門、內率府率，七寺丞，秘書郎，太常博士，陵臺令，著作佐郎，殿中省主簿，國子監丞，辟雍丞，宗子、國子博士，大理司直、評事，敦武、通直郎，修武郎，內常侍，太史局正，少府、將作、軍器、都水監丞，開封府參軍事，太醫局正，秘書省校書郎、天字，親王府記室，太史局五官正，御史臺檢法官、主簿，九寺、大晟府主簿，閤門祗候，樞密院逐房副承旨，供奉官，從義郎，左侍禁，秉義郎，太子諸率府副率，幹當左、右廂公事，右侍禁，左班殿直，忠訓、忠翊、宣教郎，太學、辟雍、武學、律學開封府博士，太常寺奉禮郎，大晟府協律郎，太常寺太祝、郊社、籍田令，光祿寺太官令，五監、辟雍主簿，宣義郎，成忠、保義、承事、承奉、承務郎，宗子、國子、太學、辟雍正，武學諭，律學正，太醫局丞，京府、諸州司錄事，承直郎，京畿縣令，兩赤縣丞，三京赤縣令，右班殿直，黃門內品，承節、承信郎，京府、諸州司六曹事，儒林、文林、從事郎，三京畿縣令，京畿縣丞，三京赤縣、畿縣丞，兩赤縣主簿、尉，諸州上、中、下縣令丞，從政郎，京府、諸州掾官，修職郎，京畿縣主簿、尉，諸州上、中、下縣主簿、尉，城砦主簿，馬監主簿，迪功郎，諸州司士、文學、助教。〔註18〕

〔註18〕《宋史》卷一百六十八，3991～3996頁，鑒於篇幅問題，原附小注皆省。

　　元豐新官制最大變化是重建三省的職事官系統，文臣品秩由新的寄祿官序列確定，換言之，三省的職事官相當於原來的差遣，以開府儀同三司為首的寄祿官相當於原來的「官」。而新的合班儀將職事官與寄祿官兩個序列混合排序，創造了一個比寄祿官序列更為複雜的等級序列。而且由於新官制在三省之外保留了樞密院，樞密院官也依然保留在合班中。加上原有的職名序列，新的合班儀囊括了原有的「官」、「職」、「差遣」三種序列。原本的武階序列，經過政和改制，以新的名稱保留在合班中。政和改制後的新的內侍官階與伎術官中的醫職官階也加入合班中。雖然宋人宣稱「應伎術官不得與士大夫齒」〔註19〕，但新合班儀卻跨越了這一界線。

　　關於現存南宋合班儀，《宋史》卷一百六十八所載「紹興以後合班之制」與《古今合璧事類備要後集》卷六十一所載「淳熙重定官職雜壓」一致，而與《慶元條法事類》所載合班儀有異。兩者重要差別有二，一是慶元合班儀有煥章閣學士、華文閣學士，按煥章閣學士設於淳熙十五年（1188年），華文閣學士設於慶元二年（1196年），據此「紹興以後合班之制」似乎應當在淳熙十五年之前，但兩份儀文都有左右丞相，而左右丞相之設在孝宗乾道八年（1172年）。二是慶元合班儀有「六院官」，即「檢、鼓、糧料、審計、官告、進奏」六院的主管官員，按六院官入雜壓在淳熙初，淳熙四年削去，紹熙二年復入，在九寺簿之下，與慶元合班儀相合。〔註20〕慶元合班儀內容如下：

　　　　諸太師、太傅、太保，左丞相、右丞相，少師、少傅、少保，王，樞密使，開府儀同三司，知樞密院事，參知政事，同知樞密院事，簽書樞密院事，太子太師、太傅、太保，特進，觀文殿大學士，太尉，太子少師、少傅、少保，冀、兗、青、徐、揚、荊、豫、梁、雍州牧，御史大夫，觀文殿學士，資政、保和殿大學士，吏部、戶部、禮部、兵部、刑部、工部尚書，金紫、銀青光祿大夫，光祿大夫，左、右金吾衛上將軍，左、右衛上將軍，殿前都指揮使，節度使，翰林學士承旨，翰林學士，資政、保和、端明殿學士，龍圖、天章、寶文、顯謨、徽猷、敷文、煥章、華文閣學士，左、右散騎常侍，權六曹尚書，御史中丞，開封尹，尚書列曹侍郎，樞密直學

〔註19〕《燕翼詒謀錄》卷二。
〔註20〕李心傳：《建炎以來朝野雜記》甲集卷十「六院官」（209頁），乙集卷十三「六院官入雜壓」（726頁），北京：中華書局，2000年。

士，龍圖、天章、寶文、顯謨、徽猷、敷文、煥章、華文閣直學士，宣奉、政奉、政議、通奉大夫，左右驍衛、武衛、屯衛、領軍衛、監門衛、千牛衛上將軍，太子賓客、詹事，給事中，承宣使，中書舍人，通議大夫，殿前副都指揮使，左、右諫議大夫，保和殿待制，龍圖、天章、寶文、顯謨、微猷、敷文、煥章、華文閣待制，權六曹侍郎，太中大夫，觀察使，太常卿，宗正卿，秘書監，馬軍都指揮使，步軍都指揮使，馬軍副都指揮使，步軍副都指揮使，中大夫，光祿、衛尉、太僕、大理、鴻臚、司農、太府卿，中奉、中散大夫，內客省使，通侍大夫，樞密都承旨，國子祭酒，太常少卿，宗正少卿，秘書少監，延福宮使，正侍、宣正、履正、協忠大夫，景福殿使，中侍、中亮大夫，太子左、右庶子，中衛、翊衛親衛大夫，知閣門事，殿前都虞候，馬軍都虞候，步軍都虞候，防禦使，捧日、天武四廂都指揮使，龍、神衛四廂都指揮使，團練使，諸州刺史，左、右金吾以下諸衛大將軍，駙馬都尉，集英殿修撰，七寺少卿，朝議、奉直大夫，中書門下省檢正諸房公事，尚書左、右司郎中，右文殿修撰，國子司業，少府、將作、軍器監，都水使者，入內內侍省、內侍省都知，宣政使，拱衛大夫，太子少詹事、左右諭德，入內內侍省、內侍省副都知，昭宣使，左武大夫，同知閣門事，右武大夫，入內內侍省、內侍省押班，樞密承旨，樞密副都承旨，起居郎，起居舍人，侍御史，帶御器械，尚書左、右司員外郎，樞密院檢詳諸房文字，秘閣修撰，開封少尹，太子侍讀、侍講，尚書吏部、司封、司勳、考功、戶部、度支、金部、倉部、禮部、祠部、主客、膳部、兵部、職方、駕部、庫部、刑部、都官、比部、司門、工部、屯田、虞部、水部郎中，開封府判官、推官，直龍圖閣，朝請、朝散、朝奉大夫，直天章閣，殿中侍御史，左、右司諫，左、右正言，符寶郎，內符寶郎，樞密副承旨，武功、武德、和安、春官、成和、夏官、成安、中官、成全、秋官、武顯、武節、平和、冬官、武略、保安、武經、武義、武翼大夫，尚書諸司員外郎，直寶文閣，開封府司錄參軍事，樞密院諸房副承旨，朝請、朝散、朝奉郎，直顯謨閣，少府、將作、軍器少監，諸衛將軍，正侍、宣正、履正、協忠、中侍、中亮、中衛、翊衛、親衛、拱衛、左武、右武

郎，監察御史，直徽猷、敷文、煥章、華文閣，承議郎，中郎將，
翰林良醫，武功、武德、和安、成和、成安、成全、武顯、武節、
平和、武略、保安、武經、武義、武翼郎，太子中舍人，太子舍人，
親王府翊善、贊讀、直講，太常丞，判太醫局，宗正、大宗正，秘
書丞，直秘閣，左、右郎將，奉議郎，大理正，著作郎，閤門舍人，
閤門宣贊舍人，翰林醫官，翰林醫效，翰林醫痊，兩赤縣令，太子
左右衛、司御、清道、監門、內率府率，七寺丞，秘書郎，太常博
士，樞密院計議、編修官，敕令所刪定官，陵臺令，著作佐郎，國
子監丞，諸王宮大小學教授，國子博士，大理司直、評事，訓武、
通直、修武郎，內常侍，少府、將作、軍器、都水監丞，開封府功
曹倉曹戶曹兵曹法曹參軍事、左右軍巡使、判官，主管太醫局，秘
書省校書郎、正字，親王府記室，太史局五官正，御史臺檢法官、
主簿，九寺主簿，監登聞檢院，監登聞鼓院，監都進奏院，主管官
告院，幹辦諸司審計司，幹辦諸軍審計司，幹辦諸司糧料院，幹辦
諸軍糧料院，閤門祗候，樞密院逐房副承旨，從義、秉義郎，太子
諸率府副率，幹辦左、右廂公事，忠訓、忠翊、宣教郎，太學、武
學、律學博士，太常寺奉禮郎、太祝、太社令、籍田令，光祿寺太
官令，五監主簿，宣義、成忠、保義、承事、承奉、承務郎，國子、
太學正，武學諭，國子、太學錄，律學正，太醫局丞，京府判官，
京府司錄參軍，承直郎，京畿縣令，兩赤縣丞，三京赤縣令，承節、
承信郎，節度、觀察判官，節度掌書記，觀察支使，防禦、團練判
官，京府、節度、觀察推官，軍事判官，防禦、團練、軍事推官，
軍、監判官，節鎮錄事參軍，京府諸曹參軍事，軍巡判官，儒林、
文林、從事郎，三京畿縣令，畿縣丞，三京赤縣丞，上、中、下州
錄事參軍事，三京畿縣丞，兩赤縣主簿、尉，諸州上中下縣令、丞，
從政郎，諸府司理、諸曹參軍事，節鎮、上中下州司理、司戶、司
法參軍，修職郎，京畿縣主簿、尉，三京赤縣、畿縣主簿、尉，諸
州上中下縣主簿、尉，城寨主簿，馬監主簿，迪功郎，諸州司士、
文學、助教——為官職雜壓之序。〔註21〕

比較慶元合班與「元豐以後合班之制」，重要的變化有二。其一是三衙高

〔註21〕《慶元條法事類》卷四「官品雜壓」引《職制令》。

級武官的列入，三衙軍職列入合班，與武階相比較，無疑是對其地位的一種
肯定。〔註 22〕其原因或許與南宋初軍事形勢有關，三衙在紹興時重建正是在
此背景下進行的。〔註 23〕其二是職事官序列的新變化，左右丞相取代三省長
官反映了孝宗朝宰執制度的新變化；出現了「權六曹尚書」與「權六曹侍郎」
的官職，按權尚書始設於元祐三年（1088 年），紹興八年復置不廢，權侍郎始
設於元祐二年，建炎四年復置不廢。〔註 24〕這些變化意味著職事官序列其實
已經突破了三省的框架，事實就是新的差遣不斷被納入合班，六院官其實也
是如此。

需要指出的是，根據《慶元條法事類》卷四所載《官品令》，合班儀所列
官職除六院官外都有官品，也就是說六院官屬於還未入品的新差遣。實際上
其他官職有官品的時間有早有遲，比如「知樞密院事」、「同知樞密院事」在
《元祐官品令》中已經有官品〔註 25〕。職名序列中出現較晚的貼職在政和六
年品位也已明確。〔註 26〕簡言之，新官職出現後，區分地位高下以明確職務
在官場中的等級是任職者的自然要求，在擁有官品之前，雜壓是一種區分手
段。總體而言官品是比雜壓更爲鮮明的等級劃分，也就是說通常官品牽扯的
利益分配更大，但官品也無法完全取代雜壓。〔註 27〕

《慶元條法事類》卷四所引《儀制令》「官職雜壓之序」之後，還載有一
系列實施細則，內容如下：

1、諸資政殿學士曾任執政官者，班序雜壓並在六曹尚書之上。

2、諸節度使兩鎮者，在一鎮之上；帶檢校官者，在不帶檢校官之上；
俱帶者，以所帶檢校官高下爲立班雜壓之序。

3、諸奉使官，侍從及兩省正言，尚書郎官，樞密副都承旨，監察御

〔註 22〕《宋史》卷一百六十六，政和四年詔：「殿前都指揮使在節度使之上，殿前副
都指揮使在正任承宣使之上，殿前都虞候在正任防禦使之上。」（3928 頁）可
見徽宗時已經開始三衙軍職入雜壓，但「元豐以後合班之制」並未體現這一
內容。

〔註 23〕李心傳：《建炎以來朝野雜記》甲集卷十八「三衙廢復」，401～402 頁。

〔註 24〕《古今合璧事類備要後集》卷二十六，「元祐初，置權尚書，俸賜依守侍郎，
班序在試尚書之下，正三品。」可見當時已經定雜壓，「元豐以後合班之制」
卻未收入。

〔註 25〕孫逢吉：《職官分紀》卷十二。

〔註 26〕《宋會要輯稿》職官一七之七八。

〔註 27〕宋代官品的功能參見龔延明：《論宋代官品制度及其意義》，《西南師範大學學
報》1990 年第 1 期。

史，寄祿中散大夫以上，寺、監長貳，開封少尹，正刺史，通侍大夫至右武郎，入內內侍省、內侍省都知副都知押班，並在發運、監司之上。發運、監司、路分總管、知州係太中大夫、觀察使以上者序官。朝奉大夫、武翼大夫，開封府推、判官，寺、監丞以上，太常博士，秘書省官，內侍御藥院，內東門司官與發運、監司，都大提點坑冶鑄錢官，提舉常平茶鹽官，州總管，路分鈐轄及知州序官。朝請郎至通直郎及在京職事官，武功至武翼郎，內侍殿閣供奉官兼通判、路分都監、州鈐轄以上序官。餘官兼與親民升朝官以上序官。即應序官而官同者，先奉使官，非應序官者，皆在奉使官之下。（察訪官序雖卑，皆在轉運使之上。）

4、諸發運副使在轉運使之上。（京畿轉運、提點刑獄在三路轉運、提點刑獄之上。）轉運使副在提點刑獄及知州中散大夫之上。提點刑獄、都大提點坑冶鑄錢官序官仍各在發運判官之上。發運判官在知州朝議大夫、轉運判官、提舉常平茶鹽官之上。知州帶一路安撫、鈐轄及理三路轉運使資序者，與發運、轉運使副、提點刑獄、都大提點坑冶鑄錢官、發運判官序官。轉運判官、提舉常平茶鹽官以資任為序，同者序官。（發運判官、提舉常平茶鹽官曾任本路轉運使副、提點刑獄者，依轉運使副、提點刑獄。）提舉市舶官在提舉常平茶鹽官之下，仍各在知州朝請大夫、武功大夫之上。

5、諸路分副都總管、總管、副總管在州總管及知州朝議大夫之上。正刺史以上與轉運使副、提點刑獄序官。（正刺史知州兼總管，與路分總管序官。）州總管（在路分鈐轄之上。）及正刺史以上任知州或充路分鈐轄，各在提點刑獄之下。武功大夫至武翼郎知州兼緣邊安撫，在本州駐紮路分鈐轄之上。緣邊安撫副使與路分鈐轄序官。路分鈐轄在州鈐轄之上，與右武大夫以上知州兼州鈐轄或主管軍馬公事、轉運判官、提舉常平茶鹽官序官。安撫副使、同主管安撫司公事、安撫都監，在朝請郎、武功大夫知州之上。將官在路分都監之下，與州鈐轄序官。（應序官而資序高者，聽從高。即副將知州者序將副。）州鈐轄、路分都監在都同巡檢、州都監之上。

6、諸安撫司準備將領（不釐務同。）不以官序，並序位在本路州都監之上。

7、諸知州、通判在本州官之上。通判與州鈐轄及路分都監、將官武功至武翼大夫序官。（副將知州者，通判在將副之下。）宣教郎以下任通判，在州鈐轄、路分都監、將官武翼郎之下；任簽判於本州，知縣（知縣資序人任縣丞同。）於本縣，在監當從義、宣教郎之上。從事郎任幕職官於本州、任知縣於本縣，在監當忠訓、承直郎之上。縣令在本縣監當成忠、從政郎之上。節度副使，行軍司馬，防禦、團練副使在幕職官之下。別駕、長史、司馬在判司之下。校尉、殿侍（下班祗應同。）在品官之下、攝諸州助教之上。（權管諸軍者，依將校。）翰林醫候在別駕之上，醫學在校尉之上，祗候在職醫之上，職醫、助教在攝諸州助教之下。

8、諸發運司主管文字、幹辦公事官係承直郎以上序位，在所部通判、都監之上，與路分鈐轄、都監、州鈐轄序官，若承直郎以下並教授承務郎以上，在州簽判之上（謂於所部州教授者）；教授承直郎以下，在本州幕職官之上。

9、諸序位，以職事雜壓從一高，同者，異姓為後（謂非國姓者）；次以貼職；貼職同，以服色；服色同，以資序；資序同，以封爵；封爵同，以勳；勳同，以轉官先後；轉官同，以出身；出身同，以齒。武翼大夫以上帶遙郡者，各在不帶遙郡本等官之上。其致仕官在見任官之上。

10、諸差遣以為序者，謂本路及職相臨統之人。（本路，謂如通判與路分都監、武功至武翼大夫序官；臨統，謂如都大提點坑冶鑄錢官在有坑冶鑄錢州知州朝議大夫之上之類。）授訖未上及以理去官，各同見任。令所不載者，止依雜壓之序。

11、諸選人任刪定官、大理司直評事，雜壓在太學博士之下（京官序位自依本法。）。

12、諸雜壓高下相妨者，先以差遣；差遣同，或高者序官。（謂如宣教郎以下充通判，訓武郎充都監，與別州都監修武郎相遇，即修武郎在通判、都監之下。又如宣教郎以下充通判，奉請郎充簽判，與別州通判通直郎相遇，即本州通判、簽判在別州通判之下之類。）

　　這幾條細則，充分體現了雜壓複雜的適用環境。條 1 強調了資歷的重要性，條 2 則強調了加官的意義，兩者都是同一官職下不同人的排序，體現了合班對人的因素的重視。條 3 是奉使官與地方官之間序位規則，出使這一特殊場合已經脫離了朝會情境，而且奉使官代表了朝廷，爲了凸顯這一身份需要在禮儀上予以優待。本條圍繞序官資格展開，也是說地方官員只有達到一定級別才可以和奉使官按照各自的雜壓來序位，達不到標準者，雙方序位不再依照雜壓，如此規定，一方面提高奉使官地位，另一方面又尊重了級別較高的地方官員，維護官場正常的等級秩序。條 4～8 主要涉及地方官員之間的排序問題，這些內容某種程度上應該屬於相見儀的範圍，但也是雜壓在執行中的特殊情況。〔註 28〕地方官員排序不只要考慮官員的級別，而且要考慮是否有統屬關係，這種統屬關係本身也比較複雜，例如條 10 所提到「本路」與「臨統」的區分，這些是雜壓在脫離了朝會場景所遇到的新情況。這幾條考慮的其實是因爲職事而可能相遇的官員之間的情況，而非地方官員的大排隊，在此雜壓適用受到了場合與人物關係的限制。條 11 屬於個別情況，反映的是品級較低的官員擔任較高職務時還是需要考慮自身的資歷，同樣強調雜壓在應用時對人的因素的關注。條 9、10、12 屬於雜壓應用的一般性規則。條 9 提供了雜壓在應用時所考慮因素的先後順序：國姓，貼職，服色，資序，封爵，勳，轉官先後，出身，年齡。這些因素中，國姓自然是對皇權的尊重，但其與年齡一樣，是每個人在出生時就確定的；出身標示的是入仕渠道；貼職是所謂「流品」的區別，也就是說是否具備陞遷的快速通道；服色、封爵、勳都是與職事官品級相關的等級序列，除了服色或有特旨提升者，其他都是隨品級而提升，算是個人資歷的一部分；資序與轉官先後都涉及任職年限，是無法用級別衡量的個人資歷。換句話說，雜壓應用時要考慮每個人各項條件，不管是先天還是後天，儘量爲

〔註28〕《慶元條法事類》卷四還載有兩份關於雜壓的「隨敕申明」，也是著眼於地方官員之間的序位問題，內容如下：「紹興二年四月二日敕：諸頭項分遣在諸州守戍官兵並餘統兵官等，元係朝廷遣使，依副將序位，止是軍中或帥司差委，與州都監序位，其餘使臣，與監當、部隊將序位。本所看詳上件指揮，係爲分遣統兵官屯戍，與所在州官序位事理，雖難以立爲永法，今權行存留照用。」「紹熙元年四月十八日，樞密院箚子：吏、刑部申，檢準乾道元年三月二十六日指揮，諸路係將、不係將禁軍，專委總管總轄（職視統制），路分鈐轄、州鈐轄管轄（職視統領），路分都監、副都監（職視正將）、諸路將副、州都監（職視副將）專一教閱事藝。奉聖旨，州鈐轄、將官如係別路無統攝，準令序官；如本路有統攝，自合遵依乾道元年三月二十六日已降指揮序職。」

每個人在官場等級序列中找到一個確定的位置。條9還特別強調致仕官地位在見任官之上，雜壓對人的資歷重視可見一斑。條 12 強調雜壓衝突時，要以差遣爲優先考量。由於雜壓本身就是多個等級序列的混合，衝突的情況時有發生，差遣優先意味著，宋代官場最重視的還是職務權力的大小，也就是所謂「故士人以登臺閣升禁從爲顯宦，而不以官之遲速爲榮滯；以差遣要劇爲貴途，而不以階勳爵邑有無爲輕重。」〔註29〕

通過對現存這幾份合班儀的比較，可以看出合班儀與宋代官制變化密切相關，官職地位陞降的細小變化都可以體現在合班儀中。以宏觀來看，宋代合班儀從常朝朝會班序出發，逐漸囊括了「官」、「職」、「差遣」各種等級序列，將文臣、武將、宦官等不同身份官員綜合在一起，創造了比官品更爲複雜的等級序列。

第二節　合班儀對宋代官場的意義

研究合班儀對宋代官場的意義，核心就是其定位問題，首先要考量的就是其適用的範圍，或者說功用。

合班儀的第一項功用就對朝會排班的指導，這是合班儀製定的出發點，也是其最基本的用途。如前所述，合班次序是一種單向序列，但實際上沒有一種朝會排班是合班的，基本上朝會都是分班排序的，那麼合班儀的功能就體現在同一班次內部的排序和部分班次的先後。〔註30〕合班儀除了指導朝會排序之外，也適用於其他儀式場合，比如宴會。〔註31〕皇帝出行的隨駕隊伍也遵循雜壓次序。〔註32〕上下馬地點也依照雜壓分等次。〔註33〕上殿奏事的先後也要考

〔註29〕馬端臨：《文獻通考》卷四七「官制總序」。

〔註30〕立班圖可以比較直觀瞭解朝會布局，可參看《文獻通考》卷一百八。比較立班圖與合班儀，可以看出同一班次內排列順序基本按照合班儀，朝會的種類不同，各班次的位置也不同，並非完全按照合班儀進行。

〔註31〕《宋史》卷一百一十三，咸平三年十二月，「詔凡內宴，宗正卿令升殿坐，班次依合班儀。翰林學士梁顥請以春秋大宴、小宴、賞花、行幸次爲四圖，頒下閤門遵守。」（2685 頁）此段文字即可看出合班儀適用於內宴，是排序的原則性指導，宴會具體安排則有圖可依。

〔註32〕《宋會要輯稿》刑法二之一三一，慶元五年十一月十八日，臣僚言：「乞今後隨駕儀衛，須管各依次序接續安行，不得參差錯雜群臣班列。仰班吏遵依儀式，務令整肅。或遇庭廡窄處，亦須隨宜措畫，略依雜壓，稍成班序。如敢違戾，並令御史臺彈劾，重寘典憲。」

慮雜壓。〔註34〕甚至輪對次序有時也依據雜壓進行。〔註35〕地方官員聚會相見也依照雜壓原則。〔註36〕在經筵這樣講學的場合，排序不是尊重學問，依然是官員雜壓起作用。〔註37〕有些官員私下相見也遵循雜壓。〔註38〕事實上在所有正式典禮場合雜壓都可能會發生作用，原因是這些場合都存在排序問題，不但朝會有班次，宴會有座次，而且儀式開始與結束的進場與退場都有順序。當然這些場合也不會完全依照雜壓進行，因為沒有一種場合是官員大合班。

　　宋代官場是圍繞等級制度構建的，等級的高低是獲取資源的關鍵因素，在許多制度規定不十分明確的地方，官員常依據雜壓高下來要求獲取某種資格，即如果甲雜壓高於乙，而乙又具備某種資格，甲會援引雜壓要求獲得這種資格。雜壓可以決定官員的朝服等待遇。〔註39〕依據雜壓可以獲得朝參的資格。〔註40〕朝謝的資格也可以通過比較雜壓高下來取得。〔註41〕官員也可

〔註33〕《宋會要輯稿》儀制五之一九，元豐六年九月十一日，詔：「品官詣尚書省並六曹上下馬依雜壓。詣尚書省太中大夫以上就第一貯廊，監察御史以上就過道門。詔六曹尚書侍郎即太中大夫以上就本廳，監察御史以上就客位，餘並過門外。」

〔註34〕胡舜陟：《胡少師總集》卷二《奏論殿班疏》，「臣聞上殿班先臺後諫，祖宗法也。今臺臣在諫臣下，乞今後臺諫同日上殿，以臺諫雜壓為先後。」

〔註35〕《宋會要輯稿》職官六○之一四，紹興三十二年六月二十七日，吏部狀：「昨降指揮，每於六三日，輪面對官一員。合自卿監以下至律學正，依雜壓轉輪當對。」

〔註36〕《四明尊堯集》卷四，「州縣會聚雜壓各有著令。」

〔註37〕彭龜年：《止堂集》卷四《論經筵講讀不當以官職雜壓為序奏》。

〔註38〕朱弁：《曲洧舊聞》卷九，劉器之事。

〔註39〕《宋會要輯稿》儀制三之六，咸平六年十一月，「翰林學士梁顥等言：『詳定閤門儀制，內三司副使舊制崇德殿起居每從行幸，坐知制誥後，餘朝會合班，朝服比品，素無定例。昨承天節齋設，依例坐知制誥後、郎中前。今請朝服比品同少卿監，班位在上，官至給諫卿監者自依本品。朝會、大宴隨判使赴長春殿起居，引駕侍立。』詔惟不令侍立，其朝會引駕至前殿日，與諸司使同退，餘依。」

〔註40〕《宋會要輯稿》儀制二之一七，元豐五年五月二日，「御史臺、閤門言：開封府諸臺官、左右軍巡、兩廂官、赤縣丞係比類附班，得預朝參，其秘書省校書郎、正字、太常寺協律、奉禮郎、太祝、郊社令、三學博士、五監主簿皆執事官，雜壓亦在赤縣丞之上，而獨不預，欲自今並令朝參。從之。」

〔註41〕《宋會要輯稿》儀制九之五，乾道七年五月二十七日，閤門言：「據新授臨安府推官陸之望下到榜子，乞朝謝。契勘開封府判官、推官雜壓係在六曹郎中之下、直龍圖閣之上，其六曹郎中並直龍圖閣並該告謝正謝。今來臨安府判官、推官依雜壓次序合該正謝，內告謝閤門條法即無該載。」詔依六曹郎中例告謝。

以根據雜壓要求提高封贈待遇。〔註 42〕考試資格也可依此獲得。〔註 43〕還有官員根據雜壓獲得添給等實際待遇。〔註 44〕這些都是雜壓作爲一種官場等級序列的功能。合班儀被抽象爲雜壓這樣一種等級序列，從而獲得官品等的區分功能，這是合班儀的第二項重要功能。

宋代合班儀在儀制上歸屬於《閤門儀制》，通常是由閤門司負責。閤門排班面對的是一個個具體的官員，而官員的資歷等各種情況都是排序的依據，因此合班的變動也是十分劇烈的。上陞到制度層面，雜壓的這種經常性變動，使其比官品等其他等級序列更迅速反映官場的變化，前述宋代合班儀的沿革也反映了這一點。宋代官制的一大特點是實際職務是由各種「差遣」來承擔的，即便經過元豐官制改革，建立了新的職事官系統，但各種新的差遣依然不斷出現，這種因事設官的做法是宋代官場的常態。但官員都是具有自利取向的，爲自身追求更高的地位是正常取向，在這種取向的推動下，官員會自覺爲自身差遣獲取固定的品級和待遇而努力。〔註 45〕宋代官員在接受任命後，都要先由閤門司確定其立班次序，才能赴內殿起居，這樣新出現的職名、差遣等一旦設置就會擁有立班次序，列入合班儀中。在新差遣獲取官品之前

〔註 42〕《宋會要輯稿》儀制一〇之一八，宣和二年六月十二日，臣像上言：「臣竊惟國家三歲一郊，赦文所載文武陛朝官並許封贈父母，此祖宗已來恩禮之常，不可得而紊亂也。臣切見邇來有見任監丞未陛朝者乞依例封贈，其失蓋自近年有京官任校書郎正字者得之，而監丞輒又引雜壓在校書郎之上可得之，甚無謂也。不獨如此，日近有小使臣不自揣度，偶因薄勞，或磨勘轉官者，遂乞回授封贈父母。既係小使臣，又非該遇郊恩，乃敢更相引例，攀援無止，不亦太濫乎！欲望特降審旨，今後封贈乞並依舊法。敢有擅更陳乞，紊亂典章者，寘之典刑。庶幾僥倖者息，而名分正矣。」

〔註 43〕《宋會要輯稿》選舉六之二二，嘉定七年四月七日，「詔閤門祇候職任與職事官事體相類，與放行牒試。既而，以鄉貢進士邢渤等言：『堂叔鏌見任閤門祇候，雜壓在太、武學博士、二令之上，與職事官一同。凡編入雜壓，係入職制之官。今太、武學博士、二令既以職事官牒本宗試，而閤門祇候未得比類牒試。渤等粗習舉業，豈不覬援冑子之例，仰副作成教養之意。乞比職事官放行牒試。』從其請也。」

〔註 44〕《續資治通鑒長編》卷二百九十，元豐元年六月丙辰，詔：「提舉官自今與轉運判官以資任相壓同者序官，其添給、當直、接送人船遞馬兵士，並依轉運判官例。」（7089 頁）

〔註 45〕閻步克以「品位──職位」視角來觀察中國古代官階制度，這一視角實際反映了官員的自利取向和服務取向，對分析官階制度的演變提供了一種可能框架。參看閻步克：《中國古代官階制度引論》，北京：北京大學出版社，2010年。

的過程裏，雜壓作爲一種相對靈活的區分地位的手段便可以發揮作用，即便沒有官品，一旦確定了雜壓，便可以據此要求各種待遇。這種情況的一個典型例子就是唐五代以來的使職，在唐代使職出現時是沒有品級的臨時性職務，但隨著其權力的擴大，也相應會要求更高的等級地位，考察景祐五年的合班儀可知，北宋依然在發揮作用的各種使職，已經通過雜壓確定了其在等級序列中的位置，經過北宋後期的官制改革，這些使職更換名稱，確定官品，但其雜壓卻變動不大，也就是說其在官制系統中的地位，至少在進入雜壓時就已經確定。簡言之，宋代雜壓具有爲新差遣確定等級的作用。

　　考察宋代官制，一大特色是品級序列繁多，除了寄祿官、職事官之外，還有爵、勳、功臣號等等，而且不同群體也有自身等級序列，文臣有職名，武臣有正任、遙郡、橫行等武階，宦官有班官和內侍官階，伎術官甚至按照職業不同有天文官階和醫職官階，連道士也確定了品級〔註46〕。不得不說，宋朝君臣對位階名號有著一種特殊的愛好。序列越繁雜，區分官員地位的難度越大，雜壓作爲一種包含了多種序列的等級序列，其優勢恰恰在於跨種類比較。文官甚至可以與宦官按照雜壓排序。〔註47〕雜壓包含多種官場等級序列，比如職事官與職名混合在一起，事實上這種處理也有不少好處，對於有職名的文臣來說，職事官可能並不一定總是上陞，但通常職名卻可以，這樣即便職事官降了，體現在雜壓上也不會下降。〔註48〕所以，可以比較不同種類官制的高下是雜壓又一項重要功能。

　　以上是宋代雜壓的幾項主要功能，而這些功能都源自雜壓是一種獨特等級序列。要考察雜壓對宋代官場的意義，還需要瞭解雜壓與其他等級序列的關係。

〔註46〕徽宗將道士分爲十級，官品從正五品到從九品，而且明確其「敍位在本品之下」，確定了雜壓次序，見《宋大詔令集》卷二百二十四《天下學校諸生添治內經等御筆手詔》（864～865頁）。

〔註47〕《家世舊聞》卷下，「楚公在廟堂時，有內臣郝隨者，本陳太妃閣中舊人，與將作監許幾同管勾京城所。幾欲以雜壓居隨上，而隨不肯，曰：『昔閻守勤序位在李士京上，即例也。』各申省。公建議曰：『諸葛亮所謂宮中府中俱爲一體，用雜壓是也，例豈可用耶。』」此例頗有代表性，一個宦官，一個文臣，差遣相同，以雜壓分高下。

〔註48〕徐度：《卻掃編》卷中，「元豐官制既職事官各有雜壓，則既上者不可以復下，故自六尚書翰林學士而除中丞，六曹侍郎而除給舍諫議，非不美而不免爲左遷，若使帶職而爲之，則無此嫌矣。」

　　首先是雜壓與官品的關係。通常來說，官品是王朝官員等級序列中最重要的一個，但在不同時期官品的地位也會有差異。唐中期以後，由於大量無品的使職差遣地位日益重要，原有職事官階官化，官品制度遭到了破壞，到宋初，官品不被時人所重。正如乾德二年竇儀所言：「班秩之內，輕重是分。或有自四品入三品爲黜官，丞郎入卿監是也；從四品入五品爲進秩，少卿入郎中是也；四品在三品之上，諸行侍郎於卿監是也；七品、八品在雜五品之上，殿中侍御史、補闕、拾遺、監察於三丞五博是也。若不以省臺輕重次第，居此官者，肯以品爲定乎？」〔註 49〕在這種情況下，合班儀作爲一種等級序列，起到了類似官品的區分作用。有研究者即認爲合班制度在北宋前期實際上起到了官品的作用。〔註 50〕另一方面，官品地位得到恢復的時期，雜壓與官品的關係如何呢？比較《慶元條法事類》卷四的《官品令》與《儀制令》，有幾點重要差異：一是正二品的知樞密院事、參知政事、同知樞密院事在從一品的特進、太子三師之前，表示有實權的職事官重要性在寄祿官、無實權的東宮官之上；二是從二品的觀文殿大學士在正二品的太尉之上，表示文武地位差異；三是正三品的宣奉、正奉大夫在從三品的諸閣直學士之後，表示寄祿官重要性也低於職名。也就是說雜壓次序基本還是參考官品的，但有時爲了凸顯某些官職地位，又不完全按照官品排列。

　　其次是雜壓與官員遷轉次序之間的關係。官職的遷轉順序是合班儀製定時要考慮的重要因素，在北宋前期官制逐漸調整時，依據官職遷轉順序而不是官品排序尤爲重要。如建隆三年規定：「給事中、諫議、舍人，宜降於六曹侍郎之下；補闕次郎中、拾遺，監察次員外郎。」〔註 51〕這一調整就是在總結五代遷轉順序基礎上作的，時人董樞「晉天福中爲左拾遺」，「周廣順初爲左補闕」，「恭帝即位，遷殿中侍御史」，「太祖乾德初，遷主客員外郎」。〔註

〔註49〕《宋會要輯稿》儀制七之一三。

〔註50〕 宋炳：《唐宋時期的朝會與朝位》（南京大學博士論文，2002 年）。該文認爲，宋代合班制度實際上是將唐末五代形成的沒有確定品級的差遣、職名，以及用作武臣遷轉次序的內諸司使、三班使臣等多種不同序列的官職與寄祿官序列進行比擬，從而確定這些官職在整個官僚體系中的基本位置。該文對合班在北宋前期作用的肯定是建立在北宋前期官品制度混亂的背景之上的，但這一作用不宜誇大，因爲此時存在著其他的官員等級序列，如本文第一章所提到的百官相見儀，也是一種類似官員等級序列。

〔註51〕《宋史》卷一百一十八。

〔註52〕《宋史》卷二百七十。

52〕但情況似乎並非如此簡單，詳細考察前引寶儀所言，建隆三年合班儀中，尚書左右丞、諸行侍郎在太常卿、宗正卿之下，太常少卿等高於郎中，諸行侍郎在光祿等七寺卿之上，殿中侍御史等在太常、宗正、秘書丞之上。也就是說寶儀所說四品在三品之上，七品、八品在五品之上，與合班儀相符合；但是被視爲黜官的丞郎入卿監，以及作爲進秩的少卿入郎中，合班儀都是以按照官品而非陞遷順序排列的。據龔延明考證，北宋前期文臣京朝官遷轉官階（有出身者）如下：「太師，太尉，太傅，太保，太子太師，太子太傅，太子太保，太子少師，太子少傅，太子少保，吏部尚書，兵部尚書，戶部尚書，刑部尚書，禮部尚書，工部尚書，尚書右丞，兵部侍郎，刑部侍郎，工部侍郎，太子賓客、給事中，右諫議大夫、秘書監、光祿卿，太常少監，職方郎中，都官郎中，屯田郎中，職方員外郎，都官員外郎，屯田員外郎，太常博士，秘書丞、太常丞、殿中丞，著作佐郎，大理寺丞，大理寺評事，諸寺監主簿、秘書監校書郎、正字。」〔註53〕將這一遷轉順序對比景祐合班儀，差異有二，一是尚書、侍郎、郎中、員外郎在合班中沒有區分各部差別，這一點不排除是儀文省略的緣故。〔註54〕二是關於太子賓客，其在合班儀中在六尚書之下，尚書右丞之上，但同階的給事中位置符合遷轉次序。按太子賓客至道元年設置，多以執政官充，眞宗爲皇太子時李至、李沆兼太子賓客。〔註55〕遷轉順序雖以北宋前期爲名，但實際是元豐改官制之前的制度，因此兩者可能有時代差異。綜合而言，合班儀還是與遷轉順序基本相符合的。再舉一個景德三年的例子，「二月二十六日，以刑部侍郎、參知政事馮拯進兵部如故，資政殿大學士、兵部侍郎王欽若進尚書左丞，刑部侍郎、簽書樞密院事陳堯叟進兵部，並知樞密院事。翰林學士、工部員外郎趙安仁進右諫議大夫、參知政事，樞密都承旨、四方館使韓崇訓、東上閣門使馬知節進檢校太傅、太保，並簽書樞密院事。詔序班以欽若、拯、堯叟、安仁、崇訓、知節爲次。」〔註56〕這個例子中王、馮、陳三人，王在前是以其本官爲尚書左丞高於馮、

〔註53〕此據龔延明《宋代官制辭典》附錄8《北宋前期文臣京朝官遷轉官階表》（681～682頁）摘錄，共三十五階。
〔註54〕《宋會要輯稿》儀制三之五，咸平五年九月一日，刑部侍郎、權知開封寇準言：「閣門傳旨，內殿常朝，令臣立位在陳恕之上。緣恕見任吏部侍郎，兼五日百官起居，合依官序立，望且仍舊。」這條史料寇準指出依官序，吏部侍郎在刑部侍郎之上，符合遷轉順序。
〔註55〕孫逢吉：《職官分紀》卷二十七。
〔註56〕《宋會要輯稿》儀制三之七。

陳的兵部侍郎，馮在陳前是因爲參知政事雜壓在知樞密院事之前。

再次是雜壓與職事官序列的關係。元豐改官制之前，合班儀中職事官早已經階官化，實際是一種寄祿官序列，情況類似前述遷轉順序。新官制之下，職事官已經具備實際執掌，按前述《慶元條法事類》規定「諸序位，以職事雜壓從一高」，也就是說排序時優先考慮職事官雜壓。但這並非絕對，比如北宋知制誥就按照入職先後來排序。〔註57〕

再來看雜壓與職名序列的關係。宋代「職」的序列擁有官品是北宋後期的事，殿閣學士約在神宗朝才有官品〔註58〕，館職則多數長期沒有官品〔註59〕，只依據雜壓來確定等級待遇，直至政和六年確立新貼職系統才確定官品。在宋代，職名被視作文學侍從之官，是才學、德行兼優的一種象徵，不是單純依賴資歷可以獲得的，因此在陞遷、待遇上有特殊地位，其等級待遇的體現主要依據班次來確定。宋代有一個特殊慣例更能體現職名的地位，即官員帶多個官職時，結銜中排列在前的官職通常是立班次序在上者，換言之，按照結銜在前的官職立班，一般是學士等職名。〔註60〕如《夢溪筆談》卷二載：「三司使班在翰林學士之上。舊制，權使即與正同，故三司使結銜皆在官職之上。慶曆中，葉道卿爲權三司使，執政有欲抑道卿者，降敕時移權三司使在職下結銜，遂立翰林學士之下，至今爲例。」也就是說三司使雜壓高於翰林學士，權三司使本來雜壓與三司使相同，也在翰林學士之上，但因爲葉道卿（即葉清臣）授權三司使時，敕書將權三司使列在其職名之後，決定其班次的是其職名而非權三司使，而此時葉的職名低於翰林學士，因此葉以權三司使的身份排在翰林學士之下，此後成爲定制，權三司使雜壓在翰林學士之下。這個例子展示了職名與合班的互動關係。官員朝辭時，同批差出者中，

〔註57〕 《宋會要輯稿》儀制三之五，至道二年十二月十九日，「以工部郎中、直集賢院胡旦知制誥，詔序位馮起之上。故事：知制誥以先入者居上，不繫官次。至是馮起任祠部郎中，故命旦居上，非常例也。」

〔註58〕 《宋會要輯稿》職官七之二，《神宗正史職官志》：「觀文殿大學士從二品，觀文殿學士、資政殿大學士、資政殿學士、端明殿學士、樞密直學士、龍圖天章寶文閣學士並正三品，龍圖、天章、寶文閣直學士從三品，龍圖、天章、寶文閣待制從四品。」

〔註59〕 少數如集賢殿修撰在《元祐官品令》爲正六品。（孫逢吉：《職官分紀》卷十五）

〔註60〕 《宋會要輯稿》儀制三之一〇，大中祥符九年十月二十九日，詔：「直龍圖閣序班於本官之上，仍預內殿起居，與修起居注官同行依官次立。」此例可證直龍圖閣作爲職名優先考慮。

帶職名的可以合一班朝見。〔註61〕

　　除了雜壓與以上幾個等級序列之間的關係之外，班位與個人資歷的關係也值得關注。比如天禧二年十二月，詳定御史臺條制所言：「文武班有自來止以除官先後爲次，今請曾任中書、樞密院者不以除官先後，並在同班之上；曾任平章事者復在上；俱曾任平章事，即以除授先後爲次。」〔註62〕在這裡可以看出，一方面任官先後是排序的依據，另一方面曾任高官的資歷可以成爲班首的依據。熙寧二年，文彥博授樞密使，陳升之爲宰相，考慮到文彥博資歷，宰相位在樞密使之下。〔註63〕個人資歷不但包含曾任官職，也包含科舉出身，狀元出身，也可以成爲立班在前的依據。〔註64〕文官換爲武官，序班還可以按照原本文官雜壓進行。〔註65〕即便同時獲得任命，先前曾任的資歷也可以作爲序班在前的參考。〔註66〕父子同列，即便子官高於父，位次也要低於父。〔註67〕資歷不同，任同一官職的雜壓也可以不同。〔註68〕

〔註61〕《宋會要輯稿》儀制三之九，大中祥符六年四月一日，閤門言：「儀製定辭見參知政事大班退，親王起居後入，翰林學士依辭見班次入。近準詔，文武臣僚係同差帶職名者，並令一班辭見。今丁謂、李宗諤差充迎奉聖像使副，朝辭班入次第取旨。」詔丁謂、李宗諤依儀製定班次。今後除中書、樞密院外，其餘臣僚並一班辭見。

〔註62〕《宋會要輯稿》儀制三之一〇。

〔註63〕《宋會要輯稿》儀制三之三五。

〔註64〕《宋會要輯稿》儀制三之一三，天聖五年二月二日，龍圖閣學士陳堯咨爲翰林學士、知開封府，詔位蔡齊之上。時學士有劉筠、宋綬、蔡齊、章得象，以堯咨先朝初榜狀元及第，特令位齊之上。

〔註65〕《宋會要輯稿》儀制三之一三，天聖五年八月二十六日，「詔宿州觀察使、知大名府陳堯咨每契丹使經過，其座次權在丞郎之上。堯咨自翰林學士、工部侍郎特換觀察使故也。」按照景祐合班儀，翰林學士高於丞郎，丞郎高於觀察使。

〔註66〕《宋會要輯稿》儀制三之一四，天聖七年九月十八日，翰林學士、中書舍人宋綬言：「蒙恩充學士，與右諫議大夫盛度並命。度在先朝已爲學士，望升位在上。」

〔註67〕《宋會要輯稿》儀制三之一六，景祐四年十月二十五日，翰林學士李淑言：「父尚書工部侍郎若谷見任樞密直學士，臣聯升近職，寔爲榮遇。制朝辨位，雖不敢踰，因嚴訓恭，思有以避。欲望特降指揮下閤門，遇有父子趨班，聽立父下，庶以著定之際，無爽親尊之規。」從之。

〔註68〕《宋會要輯稿》儀制三之四二，，紹聖元年三月二十三日，殿中侍御史來之邵言：「集賢院學士之職，自先朝以來，體制與諸直館頗同。項自李周以權侍郎罷除集賢院學士，出守外郡，方有指揮，曾任六曹侍郎者立班在太中大夫之上。其後奏薦班列，並同待制。望賜詳酌。」詔今後除集賢院學士曾任權侍郎以上者，立班雜壓在中散大夫之上，餘人立班雜壓在中散大夫之下。

綜上所述，雜壓在宋代官場是有其獨特地位的，既區別於其他等級序列，又與其他等級序列相互影響。對官員來說，雜壓作為一種等級標準是無所謂好壞的，但範圍縮小到士大夫群體，觀點就非如此了，原因在於士大夫對「流品」的重視。宋人關注的「流品」其實就是要謹慎擇官，以士大夫的道德標準來規範選官標準。雜壓這種大雜燴式的排序，混淆了流品，為宋代士大夫所詬病，所謂「士夫皂隸閹豎伎術混為一區」。〔註69〕宋代士大夫向來鄙薄宦官，甚至有人因為受到宦官推薦而以為恥者，更何況與宦官同列排序。〔註70〕馬端臨對徽宗時官制改革的評價：「是時員既濫冗，名且紊雜，故官有視秩，甚者走馬承受升擁使華，黃冠道流亦預朝品，元豐之制至此大壞。」〔註71〕雜壓範圍擴展到道士，被視作制度「大壞」的原因之一。

小　結

可以肯定，合班作為宋代一種官員等級序列存在，在宋代政治生活中有著獨特的意義。合班與分班相對，意味著是參加朝會的官員的一次大排隊，官員位次的差別就反應了其地位的高下，在官制相對混亂的時期，合班的次序在某種程度上起到類似官品的作用。但是在不同時期、不同場合其重要性也不同，比如元豐官制改革前後其地位顯然不同，元豐之前官制相對混亂，合班作為較為簡單明瞭的等級序列，常在官制討論中被徵引，經過改制，品級制度重新劃一，合班的引用率明顯降低。這種變化是因為大制度背景差異所造成的，合班本身只是作為被徵引的依據存在，並未完全取代其他官員等級序列。

正因為雜壓也代表了官員地位的差別，在非朝會的場合，官員的雜壓也常被當作安排位次的依據。雜壓在此被抽象成為一種位階序列，背景是宋代官制的複雜性，官、職、差遣等並行，官銜中包含了多種位階序列，在這種情況下，要區分其地位的高下，雜壓成為一種簡便可行的參考標準。序列越繁雜，區分官員地位的難度越大，雜壓作為一種包含了多種序列的等級序列，其優勢恰恰在於跨種類比較。宋代官員在接受任命後，都要先由閤門司確定

〔註69〕《愧郯錄》卷九，「官品不分別」。
〔註70〕徐度：《卻掃編》卷中，先公受廉訪使者推薦事。
〔註71〕馬端臨：《文獻通考》卷四十七「官制總序」，438 頁。

其立班次序，才能赴內殿起居，這樣新出現的職名、差遣等一旦設置就會擁有立班次序，列入合班儀中。這樣，宋代雜壓就具有了爲新差遣確定等級的作用。合班作爲多種官職序列的混合，其高下依據是人而非事，因此被認爲屬於品位分類。〔註72〕其原因是合班標示的是朝會時官員實際所處的位置，職權相當的官員此時排序的依據是個人的資歷。

　　雜壓的複雜性還在於其與其他等級序列之間的關係，既有所區別，又互相影響，而且隨著制度變革而變化。多種等級序列在宋代並行，是宋代品位分類制度發達的象徵。合班儀在宋代的出現，說明等級對於官場的重要性。不管文臣、武將，還是宦官，有了雜壓，就有了高下之別。

〔註72〕薛梅卿、趙曉耕主編《兩宋法制通論》，北京：法制出版社，2002 年，71～75頁。

第四章　君乎？臣乎？──宋代官場儀制中的皇太子形象

　　作為儲君，皇太子在中國傳統政治體系中的地位一直是特殊的。作為皇朝統治的政治接班人，皇太子是要在未來成為江山的傳承者，對於皇帝來說，皇太子的選擇直接關係到「家天下」的命運。另一方面，皇太子在還沒有登上大位之前，還需要謹守其臣子的本分。皇帝與皇子關係是所謂「恩惟父子，義則君臣」。〔註1〕皇帝答皇子詔曾用「卿」、「汝」、「王」、「公」，這種變動反應了皇子定位的模糊。〔註2〕對皇帝來說，過分活躍的太子是其統治的威脅。正是這種身份上微妙的處境，才使得關於皇太子儀制細節的研究具有其獨特意義。

第一節　身份的成立：宋代皇子的冊命禮與成人禮

　　皇子從誕生之始，就因其血緣身份具備了作為未來皇帝的候選資格，但現實往往是複雜的，皇帝子嗣衆多時，只有被冊立為太子者，其儲君的身份才可以被正式承認。從皇子到皇太子，儀式的重要功能是完成身份轉換，儀式的舉行也象徵著其生命歷程的不同階段。就宋代而言，對皇子相關的重要儀式，包括出閣、冊皇太子等，這些都代表其身份的變化，下面來分別討論。

〔註1〕傅堯俞《上英宗乞淮陽郡王出閣》，《宋朝諸臣奏議》卷三十一，308頁。
〔註2〕周必大：《玉堂雜記》。

一、出閣禮

閣的本義是宮中小門。〔註3〕所謂出閣，從字面意思上即是出宮之意，在此主要指皇子出宮居住。〔註4〕唐代皇子出閣，意味著開府置官。〔註5〕如唐玄宗在垂拱三年閏七月封楚王，天授三年十月出閣開府置屬官，還只有七歲。〔註6〕皇子受封爵位，原本是帶有封建的性質的，不出閣意味著不會實際控制封地。實際上，自唐玄宗以臨淄王發動政變擁立睿宗，宗室出閣就受到限制，此后皇子多不出閣，馬端臨認爲這是封建之制盡廢的表現。〔註7〕宋代對宗室參政的限制超越唐代，皇子出閣後，一般也不會獲得太多權力，出閣的意義有了一些變化。宋代皇子出閣的簡要情況可參見表5。

表 5 宋代皇子出閣表

姓　名	時　間	官　職	備　註
趙德昭	乾德二年六月	貴州防禦使	年十四，未冠
趙德芳	開寶八年六月	檢校太保、貴州防禦使	年十六
趙元佐	太平興國七年七月	檢校太傅、同中書門下平章事、衛王	年十八，居內東門別第
趙元僖	太平興國七年	檢校太保、同平章事、廣平郡王	年十七
趙恒	太平興國八年	檢校太傅、同中書門下平章事、韓王	年十六
趙元份	太平興國八年	同平章事、冀王	年十五
趙元傑	太平興國八年	檢校太保、同平章事、益王	年十二
趙元偓	端拱元年	檢校太保、左衛上將軍、徐國公	年十二

〔註3〕《説文》：「閣，門旁户也。」《爾雅・釋宮》：「宮中之門謂之闈，其小者謂之閨，小閨謂之閣。」

〔註4〕傅堯俞《上英宗乞淮陽郡王出閣》：「竊見淮陽郡王爵分茅社，位列鼎司，體何但於勝衣，年已踰於志學，雖即外傅，尚居中禁。臣謂非所以養其德望，而廣其嚴恭者也。伏願陛下稍抑私情，務存大體，俾之出居別館，稍親諸務，問安內寢，著爲定規。」（《宋朝諸臣奏議》卷三十一，308～309頁。）

〔註5〕《通典》卷三十一，「凡府官、國官，王未出閣，則皆不置」。

〔註6〕《舊唐書》卷八《玄宗紀》。

〔註7〕《文獻通考》卷二百七十六，2191頁。

趙元儼	咸平四年	曹國公	年十七
趙頊	嘉祐八年十二月乙亥	淮陽郡王	年十六
趙顥	治平三年	東陽郡王	初封右內率府副率
趙頵	熙寧四年	保信保靜軍節度使、嘉王	《范太史集》卷五十三《故魏王追封記》
趙佖	紹聖三年春	申王	
趙佶	紹聖三年春	端王	年十五
趙俣	元符元年三月	莘王	
趙似	元符元年三月	簡王	
趙偲	元符二年正月	睦王	
趙桓	政和五年二月七日	定王	年十六
趙楷	政和六年二月	嘉王	年十六
趙樞	重和元年	肅王	
趙杞	重和八年	景王	
趙模	宣和四年	祁王	
趙構	宣和四年	康王	年十六，加冠
趙眘	紹興十二年三月	普安郡王	年十六
趙璩	紹興十五年	恩平郡王	年十六
趙愭	乾道元年	少保、永興軍節度使、鄧王	年二十二
趙惇	乾道元年	鎮洮軍節度使、開府儀同三司、恭王	年十九
趙擴	淳熙十一年	英國公	年十七
趙禥	寶祐三年正月	忠王	年十六

　　乾德二年，皇子趙德昭出閣只封貴州防禦使，沒有按照前朝慣例封王，表面原因是德昭此時尚未及冠，太祖特殺其禮。〔註8〕其後趙德芳出閣也只封

〔註8〕 李心傳：《建炎以來朝野雜記》甲集卷十二，235頁，「皇子除官例」：祖宗故事，皇子初除防禦使。（太祖第二子及英宗初爲皇子，並防禦使。）太宗以後，或封王，或封國公。（漢恭憲王初封衛王，鎮恭懿王初封徐國公之類。）其間亦有封郡王、郡公者。（昭成太子初封廣平郡王，吳榮王初封安樂郡公之類。）神宗諸子，初除皆節度使，封國公，稍遷郡王，加平章事，（平章事，今開府

貴州防禦使，但其時德芳剛娶婦，顯然不是因為年幼而低封。〔註9〕陳傅良後來認為此舉符合儒家關於「天子之元子士也」的講法，有示天下「人有賢行著德乃得貴」之意。〔註10〕此後，太宗諸子出閣多封王，兩相比較高低懸殊，但仔細分析，太祖之子出閣時封官較低，很大原因是皇朝初建，建隆初太祖弟趙廷美也只封嘉州防禦使〔註11〕。太宗長子元佐出閣時，居內東門別第，後來徙居東宮，沒有被立為太子而居東宮也算特例。〔註12〕

　　仁宗在大中祥符八年十二月進封壽春郡王，九年正月壬申以張士遜、崔遵度為壽春郡王友，是為仁宗讀書而特別選擇的「耆德方正有學術者」。張士遜時為河北轉運使，不但性格「平雅和謹」，而且「歷外任著治聲」，瞭解民間疾苦，地方治理經驗豐富。崔遵度同修起居注超過十年，謹言慎行，「搢紳推其長者。」這樣的搭配顯然是精心挑選的結果，實際為皇子挑選師傅。兩人原擬授翊善、記室，但真宗認為：「翊善、記室，府屬也，王皆受拜。」所以改任王友，「令王每見答拜，示賓禮之意」。〔註13〕真宗的考慮顯然是從皇子教育的角度出發，而非為其開府建官。直到天禧二年二月，壽春郡王進封升王，才以壽春郡王友張士遜、崔遵度並為升王府諮議參軍，左正言、直史館晏殊為記室參軍，正式開府設官，目的是「早議崇建」，為立太子作準備。〔註14〕仁宗天禧二年被冊為太子時方九歲，即位時才十三歲，實際沒有出宮居住過，嚴格來說並沒有出閣。〔註15〕英宗以宗室入繼，嘉祐七年八月己卯被立為皇子，之前僅為右衛大將軍、岳州團練使，也不存在出閣的問題。〔註16〕

儀同三司。）至出閣封王，則始兼兩鎮，加司空，後皆因之。（司空，今之少保。）紹興末，莊文太子自蘄州防禦使躐拜少保，封鄧王。淳熙末，今上自安豐軍節度使，亦拜少保，封嘉王，蓋重長嫡也。視祖宗時，恩數為優云。司空，今之少保。

〔註9〕《宋會要輯稿》帝系二之一。
〔註10〕《文獻通考》卷二百七十七，2200頁。「天子之元子士也。」出自《士冠經》，《白虎通德論》解釋說：「王者太子亦稱士何？舉從下升，以為人無生得貴者，莫不由士起。」（卷一「爵」。）
〔註11〕《宋史》卷二百四十四。
〔註12〕《宋史》卷二百四十五。
〔註13〕《續資治通鑑長編》卷八十六，1969頁。
〔註14〕《續資治通鑑長編》卷九十一，2099頁。
〔註15〕《續資治通鑑長編》卷九十一，天禧二年四月丁卯，「召近臣及館閣、三司、京府、諫官、御史謁太宗聖容於宜聖殿，觀龍圖閣書及御製讚頌石本。時升王未出閣，始預坐，令從臣賦賞花詩。」（2106頁）
〔註16〕《續資治通鑑長編》卷一百九十七，4773頁。

　　神宗在嘉祐八年九月進封淮陽郡王，以皇子位伴讀王陶為淮陽郡王府翊善，皇子位說書孫思恭為侍講，太子中允、集賢校理兼史館檢討韓維為太常丞，充記室參軍。當時呂誨上言：「王今未出閣，當且設師友，不宜遂置僚屬。臣欲乞朝廷先正陶等名位，名位既正，則禮分自安。況王年以長，當早令出閣，開府建官。翊善、侍講，自為僚屬，於事體即無不順。」〔註17〕呂誨的意見是依照真宗朝的做法，出閣前設王友等官，出閣後設翊善等屬官。但「陶等請王受拜，不許」。也就是說王陶等人雖然被任命作王府的屬官，但卻享受了師友的待遇，即受淮陽郡王答拜。而且，神宗在當年十二月即出閣，呂誨所說的名位問題便被忽略了。

　　哲宗元豐八年三月甲午被立為太子，年方十歲，並未出閣。由於牽扯到元祐黨爭，圍繞立太子事有不少爭議，但以禮儀程序考慮，有兩點大致沒有爭議，一是元豐七年三月丁巳大燕集英殿，皇子延安郡王侍立於御座之側，這是其第一次在公開場合見群臣〔註18〕；二是，元豐七年冬，神宗曾表達要延安郡王次年四月一日出閣〔註19〕。這兩點為各方所公認，代表了神宗立延安郡王為太子的意願，出閣在此成為立太子的一個訊號。這種情況並非孤例，皇帝子嗣較少時，若未立太子，皇子出閣也包含了確立儲君的意味。真宗曾將皇侄允讓養在宮中，直至仁宗出閣才將允讓送出宮。〔註20〕對於養於深宮的皇子來說，出閣意味著其身份公示於天下，尤其在皇帝子嗣艱難的時期，更為敏感。

　　在宋人敘述中，出閣年齡較大，被視作皇帝的愛護與恩寵。太宗愛護幼子元儼，打算二十歲才讓其出閣。〔註21〕神宗即位後，兩位弟弟嘉王、岐王仍未出閣，神宗不許二王出閣的制書言「列第環宮，彌聳開元之盛；側門通禁，共承長樂之顏。」〔註22〕神宗追慕唐玄宗不許兄弟出閣以顯示友愛的做法，其中應該也包含如同唐玄宗一般猜忌諸弟的心思。二王真正意義上出宮居住，是在哲宗元祐元年三月。〔註23〕而且為了隆重其事，特詔「二王就第

〔註17〕《續資治通鑑長編》卷一百九十九，8427頁。
〔註18〕《續資治通鑑長編》卷三百四十四，8262頁。
〔註19〕《續資治通鑑長編》卷三百五十一，8409頁。
〔註20〕《續資治通鑑長編》卷一百十七。
〔註21〕《宋史》卷二百四十五。
〔註22〕龔明之《中吳紀聞》卷四，清知不足齋叢書本。
〔註23〕《宋會要輯稿》帝系二之一三。

日宗室正任以上自府門送至第」。〔註24〕

哲宗時,神宗諸子逐次出閣,考察其具體情況,可以發現,伴隨諸王出閣的,是進爵,即由郡王封親王。申王佖、端王佶在紹聖三年出閣,關於二王出閣的理由,當時宰臣的描述是「皇弟大寧郡王等出就外學,於今三年,年及奉朝,而爵號未稱,禮秩未備。宜及此時進爵增秩,啓眞王封,及大建邸第,開府置屬。」〔註25〕可見諸王出閣的考慮主要是年齡爵位問題。同時,諸王出閣也不像以往馬上出外居住,申、端二王雖然在紹聖三年就已出閣,但其府第在元符元年才完工。〔註26〕莘王俁在元符元年三月出閣,因府第尚未建好,「權就東宮」。〔註27〕次年正月,三上表乃得「就外第」。〔註28〕

徽宗追求「豐亨豫大」,一個極端就是封爵過濫,皇子出閣之前就已封親王。另一方面徽宗對禮儀十分重視,不肯簡略,其長子趙桓在出閣當月即被冊封爲皇太子。〔註29〕之後其諸皇子出閣皆視作典禮而不缺,而且多引哲宗時嘉、岐二王例,由宗室正任以上送至府第。

高宗無子,建儲一事不斷成爲政爭的話題。〔註30〕孝宗在紹興五年封建國公,出資善堂讀書,當時胡寅所草制云:「朕爲宗廟社稷大計,不敢私於一身,選於屬籍,得藝祖七世孫,鞠之宮中,茲擇剛辰,出就外傅。」〔註31〕時人視此爲高宗預備建儲的表示。當時,徽猷閣直學士、知漳州廖剛上書中有言:「陛下有建國公之封,將以承天意而示大公於天下後世者也。然而不遂正名爲子者,豈有所待邪?有所待,則是應天之誠未至也。」左宣教郎、簡州州學教授黃源也言:「陛下嘗選宗親之賢,納之宮中,典冊所加,已上公矣,此誠社稷之至計,然而其名未正,無以副天下之望,臣恐左右前後或懷奸心者,朝暮浸潤,以行其譖,非社稷之福也。」廖、黃二人的意見相同,即建國公就資善堂讀書,已享受皇子的待遇,就表示高宗有立其爲後的意願,但高宗卻始終不願封其爲皇子,表示心中還有猶豫,這種做法首鼠兩端,極易引發朝廷紛爭。當時操辦此事的是宰相趙鼎,次年趙鼎罷相,此後攻擊趙鼎

〔註24〕 《宋會要輯稿》帝系二之一三。
〔註25〕 《宋會要輯稿》帝系二之一四。
〔註26〕 《續資治通鑒長編》卷四百九十四,11748 頁。
〔註27〕 《續資治通鑒長編》卷四百九十四,11750 頁,元符元年二月壬辰詔。
〔註28〕 《續資治通鑒長編》卷五百五,12033 頁。
〔註29〕 《宋會要輯稿》帝系二之一九。
〔註30〕 李心傳:《建炎以來朝野雜記》卷一,「壬午內禪志」,495～511 頁。
〔註31〕 李心傳:《建炎以來朝野雜記》卷一,499 頁。

者多有以資善堂事爲藉口者，尤其以秦檜之言爲甚「趙鼎欲立皇子，是待陛
下終無子也」。如岳飛曾上書乞皇子出閣，以安定民心，但其以武臣身份干預
建儲，在當時實在是犯忌諱的事。高宗在紹興八年又封宗室子趙璩爲吳國公，
享受與建國公相同的待遇，此舉加劇了朝廷的紛爭，趙鼎要求區分兩位國公
的待遇，明確皇位繼承人，但卻因此再次罷相。紹興十二年，建國公進封普
安郡王，高宗下詔吏部、禮部與太常寺討論出閣禮儀，吏部尚書吳表臣、禮
部尚書蘇符等七人認爲應當隆重其事，宰相秦檜反對，吳表臣等以「討論典
禮並不詳具祖宗故事，專任己意懷奸附麗」的罪名被罷官，「附麗」的對象暗
指趙鼎。此後，秦檜專權，不斷以此罪名打擊趙鼎等人，朝廷上下無人再敢
言建儲之事，趙鼎也最終死於被貶之地。紹興十五年，趙璩封恩平郡王出閣，
與普安郡王並稱「東、西府」，享受同等待遇。秦檜在紹興二十五年病死，朝
廷中建儲的呼聲又再次高漲，高宗終於下定決心，在紹興三十年下詔立普安
郡王爲皇子，進封建王，爲其「考禮正名」。以此所見，出閣的封爵、禮儀隆
重程度都體現著帝王的心意，象徵著皇子的地位變化，祖宗故事在此多以參
照對象的身份出現，比照故事的調整是爲展現程度的差異。

　　孝宗長子愭，在孝宗登極時，除少保、永興軍節度使、封鄧王，享受的是
皇子出閣的待遇，但卻不存在出宮居住的問題，因爲其原本就住在宮外。〔註32〕
孝宗因爲要立三子惇爲皇太子，所以封次子愷爲魏王，出判寧國府，並爲之置
長史是、司馬等屬官。〔註33〕皇子離京就藩，唐宋罕見，某種程度上這也算是
眞正意義上的出閣。嘉定十七年，史彌遠爲立趙昀，便依照此例，以寧宗遺詔
的名義封濟國公趙竑爲濟陽郡王，出判寧國府，奪去其皇位繼承人的身份。

　　寧宗出閣時，身份還是皇孫，但「兩宮愛之，不欲令居外，乃建第東宮
之側」。〔註34〕度宗在寶祐元年（1253）正月被立爲皇子，寶祐二年十月進封
忠王，寶祐三年（12555）正月出閣〔註35〕，寶祐五年十月授鎮南、遂安軍節
度使，被冊爲皇太子在景定元年（1260）六月，入東宮。

　　一般而言，出閣對於宋代皇子而言，主要意義到一定年齡，需要封爵，
封爵後出宮居住，實質意義是一種成年禮。由表 5 可知，宋代皇子出閣的年

〔註32〕《宋史》卷二百四十六，「故事，皇子出閣，封王，兼兩鎮，然後加司空。」
〔註33〕《宋會要輯稿》帝系二之二三。
〔註34〕《宋史》卷四十六《寧宗本紀》。
〔註35〕《宋史全文》卷三十五，文淵閣四庫全書本。

齡一般在十六歲左右，光宗兄弟出閣較晚，原因是孝宗即位時兩人年齡已長，出閣對於二人來說主要意義是封王，因為之前兩人也未在宮中居住。在中國古代，成年禮一般而言是冠禮，但宋代，尤其是北宋前期，冠禮多廢，司馬光曾言：「冠禮之廢久矣。吾少時聞村野之人尚有行之者，謂之上頭，城郭則莫之行矣，此謂禮失求諸野者也。近世以來，人情尤為輕薄，生子猶飲乳，已加巾帽，有官者或為之制公服而弄之，過十歲猶總角者蓋鮮矣。」「往往自幼至長，愚騃如一，由不知成人之道故也。」〔註36〕這段說明了當時，冠禮表現為上頭的習俗，但是上頭沒有實際年齡限制，因而失去了其「成人之禮」的本意。仁宗在大中祥符八年行冠禮，年方六歲，當時目的主要是為了赴資善堂讀書。〔註37〕這一情況恰恰符合司馬光的描述。冠禮到宋徽宗時才得以重新整理，徽宗親製《冠禮沿革》十一卷。欽宗在政和四年二月癸酉，冠於文德殿，是年十五歲。〔註38〕關於冠禮的年齡，司馬光《書儀》規定，男子年十二至二十歲，只要父母沒有期以上之喪，就可以行冠禮；《朱子家禮》將這一年齡規定為男子年十五至二十。高宗行冠禮的年齡為十六歲；寧宗在淳熙九年始冠，是年十五歲。由此可見，朝野上下對行冠禮的年齡大致相同，與出閣年齡相符。除徽宗朝外，實際宋代皇子行冠禮的次數並不多。概言之，說出閣在某種程度上成為宋代皇子的成人禮，似乎可以成立。

縱觀宋代皇子出閣實際情況，出閣又不僅是成人禮，還有更加豐富的內涵。總體來說，因皇子身份而大致可分為兩種狀況，一是皇帝子嗣偏少時，出閣是作為一種昭示中外、表達皇帝立儲之意的系列典禮之一，作為被冊為皇太子之前的禮儀環節，在皇子沒有被正式立為儲君前，典禮的細節尤其敏感，常成為政局變幻的誘因，如趙鼎、秦檜之爭即是如此。另一種情況是皇帝子嗣較多時，出閣的重要性自然大大降低，其意義集中於出外就第。但其中也有特殊情況，即皇帝即位，其幼弟尚未出閣，皇弟出閣的時機就需要皇帝費一番思量，由於有兄終弟及、立長君的先例，宋朝皇帝對弟弟們的防範之意自然時刻有之。弟弟們住在宮中，萬一自己突然駕崩，宮中就有失控的危險，太后也有可能立子而不立孫；弟弟們住在私第，雖無實權，但可以結交大臣，擴大影響，博取聲譽，一旦得到外臣的支持，也是皇權的重大威脅。兩種情況都表明，典

〔註36〕司馬光《書儀》卷二「冠儀」，清雍正刻本。
〔註37〕《宋史》卷一百一十五，2725 頁。
〔註38〕《宋史》卷二十三《欽宗本紀》。

禮的意義是與當時的語境密切相關的，不但其遵循與變革源自當時的政治需要，即便同樣的儀式在不同語境中也會被當時政治家作不同的詮釋。

二、冊皇太子禮

冊禮是皇太子身份成立的標誌，皇子在冊禮之後身份變爲儲君，有一套專門的儀物制度相配合，以從禮法上保證其儲君地位。宋代皇太子受冊後，與宰相候朝同幕次，同班起居。〔註39〕而且待遇大大提高，「合使人從比親王加倍」。〔註40〕按照慣例，東宮官見皇太子自稱臣。〔註41〕

冊禮作爲儲君身份成立的儀式，其在禮儀體系中的等級相當高，其形式是十分隆重的。唐代冊皇太子禮分爲臨軒冊命與內冊兩種，前者包含卜日、告圓丘、告方澤、告太廟、臨軒冊命、謁中宮、謁太廟、皇帝會群臣、群臣上禮、皇后受群臣賀、皇后會命婦、皇太子會群臣、皇太子會宮臣、宮臣上禮，共計十四個步驟；後者包含卜日、告圓丘、告方澤、告太廟、臨軒命使、皇太子受冊、皇太子朝見、謁太廟、皇帝會群臣、群臣上禮、皇后受群臣賀、皇后會外命婦、皇太子會群臣、皇太子會宮臣、宮臣上禮，共計十五個步驟。由步驟可知，兩者主要是舉行地點的差異。〔註42〕

表6 宋代冊皇太子行禮表〔註43〕

物　件	時　間	地　點	備　註
趙　恒	至道元年九月丁卯	朝元殿	始持桓圭
趙　禎	天禧二年九月丁卯	天安殿	癸酉謁太廟
趙　桓	政和五年二月乙巳	大慶殿	丁巳，謁太廟
趙　惇	乾道七年三月丁酉	大慶殿	
趙　詢	嘉定二年八月甲戌		
趙　禥	寶祐五年七月癸未	大慶殿	

〔註39〕陳模：《東宮備覽》卷四，至道元年，皇太子上言：「舊與越王元份等同候朝於崇德門西幕次，入則同班起居，今蒙冊命，即移於崇德門東宰臣幕次。」
〔註40〕陳模：《東宮備覽》卷四，乾道七年皇太子言。
〔註41〕陳模：《東宮備覽》卷五。
〔註42〕此處所謂「上禮」，即群臣上表拜賀之禮。
〔註43〕朱瑞熙《中國政治制度通史·宋代卷》統計宋代共立皇太子15人（48頁），龔延明《宋代官製辭典》則記爲16人（25頁），其中當含追冊者，與本表統計口徑不同。

　　宋代行冊太子禮的簡要狀況，可參見表6。太宗長子元僖已任開封尹，作爲儲君來培養，死後才追贈太子，但未行冊禮，只以一品鹵簿入葬。〔註44〕至道元年（995）八月，太宗立第三子元侃爲太子，是自唐天祐以來近百年第一次立太子。〔註45〕九月丁卯，冊禮在朝元殿舉行，這是是宋代第一次舉行此禮。《宋史・禮志》載有這次典禮的主要內容：

> 　　九月丁卯，太宗御朝元殿，陳列如元會儀，帝袞冕，設黃麾仗及宮縣之樂於庭，百官就位。太子常服乘馬，就朝元門外幄次，易遠遊冠、朱明衣，所司贊引三師、三少導從至殿庭位，再拜起居畢，分班立。
>
> 　　太常博士引攝中書令就西階解劍、履，升殿詣御坐前，俯伏，興，奏宣制，降就劍、履位，由東階至太子位東，南向稱「有制」，太子再拜。中書侍郎引冊案就太子東，中書令北面跪讀冊畢，太子再拜受冊，以授右庶子；門下侍郎進寶授中書令，中書令授太子，太子以授左庶子，各置於案。由黃道出，太子隨案南行，樂奏《正安》之曲，至殿門，樂止，太尉升殿稱賀，侍中宣制，答如儀。
>
> 　　皇太子易服乘馬還宮，百官賜食於朝堂。中書門下、樞密院、師、保而下詣太子參賀，皆序立於宮門之外。庶子版奏外備，內臣褰簾，太子常服出次坐，中書門下、文武百官、樞密、師、保、賓客而下再拜，並答拜；四品以下官參賀，升坐受之。
>
> 　　越三日，具鹵簿，謁太廟，常服乘馬，出東華門升輅，儀仗內行事官乘車者，並服禮衣，餘皆袴褶乘馬導從。〔註46〕

　　朝元殿即大慶殿，是宮城正殿。上文儀式基本相當於唐禮中臨軒冊命、皇帝會群臣（朝堂賜食）、皇太子會群臣、謁太廟的內容，只是唐禮謁太廟在皇太子會群臣之前。此外，行禮前兩日，需要奏告天地、太廟，相當於唐禮中告圓丘、方澤、太廟。〔註47〕皇太子受冊畢也需要見皇后，但由於只用「宮

〔註44〕《續資治通鑒長編》卷三十三，淳化三年十一月。
〔註45〕《續資治通鑒長編》卷三十八，818頁。
〔註46〕《宋史》卷一百一十一，2663～2664頁。《續資治通鑒長編》卷三十八也載此內容，大致接近，但皇太子升座受「文武百官、宮臣三品以下參賀」（821頁），與本段載受四品以下拜不同。
〔註47〕《宋會要輯稿》禮一四之一○。

中常禮」，因此沒有列入冊命儀式。〔註48〕與唐禮相比，宋禮還有一些創新的內容，如皇太子持桓圭等。〔註49〕關於謁太廟的鹵簿，按照規定應當由太子三師、詹事、率更令、家令各用本品鹵簿前導，實際上行禮時只用皇太子鹵簿，後來仁宗行冊禮時也遵循此例。〔註50〕

關於立太子的過程，《宋大詔令集》中載有《至道元年立皇太子制》、《至道元年建儲赦》、《至道元年冊皇太子文》。〔註51〕由這三篇文字可知，立太子的一個基本程序，即先下制書立太子，命「所司擇日備禮冊命」；然後頒佈建儲赦令，大赦天下；最後是擇吉日行禮，授冊、寶。

天禧二年，仁宗被立為皇太子，「其儀，帝服袞冕御天安殿，禮儀使引太子就版位再拜，中書令升殿承旨，降級，北面讀冊，中書令奉冊授皇太子，太子以授右庶子，又奉寶綬，太子受訖，以授左庶子。太子出入皆作《明安》之樂。百官詣宮參賀，再拜，太子答拜。冊北寶南，用三師為前導，三少為後從。」〔註52〕儀式大致與至道時相同，唯《正安》之樂改為《明安》之曲，其曲由禮儀使晁迥新撰。行禮之前，在告天地、太廟之外，又加告玉清昭應宮、景靈宮。〔註53〕行禮第五天謁玉清昭應宮、景靈宮，第六天謁太廟。〔註54〕關於此次冊禮，《宋大詔令集》中載有皇帝的相關批答，包括《皇太子辭恩命第一表批答》（天禧二年八月十七日）、《皇太子辭免恩命第二表批答》、《皇太子辭免恩命第三表批答不允仍斷來章》（天禧二年八月）、《皇太子謝恩命表批答》（天禧二年八月）、《皇太子謝賜御製詩元良箴表批答》（天禧二年九月）、《皇太子謝天安殿受冊禮表批答》、《宰臣向敏中等賀建儲表批答》（天禧二年八月）、《知樞密院曹利用等賀建儲表批答》（天禧二年八月）。〔註55〕由此可大致推測出一些程序上的細節，立太子制下後，太子要三上表辭恩命，以示謙遜；太子接受恩命後要上謝表，皇帝若有其他賞賜也要上謝表，如此處提

〔註48〕《續資治通鑑長編》卷三十八，至道元年八月，820 頁。

〔註49〕《續資治通鑑長編》卷三十八，至道元年八月，819 頁。

〔註50〕《宋史》卷一百四十七《儀衛五》，3451 頁。

〔註51〕《宋大詔令集》卷二十五，北京：中華書局，1962 年。

〔註52〕《玉海》卷七十二，「天禧天安殿冊皇太子」。

〔註53〕《宋會要輯稿》禮一四之一〇。

〔註54〕《續資治通鑑長編》卷九十二，2125～2126 頁。玉清昭應宮是為奉天書所建，其中尚供奉玉皇、聖祖、太祖、太宗，皇太子謁玉清昭應宮也算是眞宗時代禮制特色。

〔註55〕《宋大詔令集》卷二十五。

到的御製詩，當是皇帝對太子的一種期望與告誡；大臣在建儲制下後也要上賀表，值得注意的是此次是宰相與知樞密院分別率兩府上表〔註 56〕；冊禮完成後，太子還要上謝表。冊禮之後，皇太子要受群臣拜賀，升王立皇太子宣制後，「三司判官並通牓子，詣內東門參賀。通入後，中貴出傳令旨傳語。及受冊寶訖，百官班賀，又赴東宮賀，宰相親王階下班定，太子降級，宰相前拜，致詞訖，又拜。太子皆答拜，亦致詞敘謝。」〔註 57〕

神宗、哲宗、孝宗，被立為太子後，很快登極，皆來不及行冊禮，立太子的時間只是宣制的時間。神宗由於未受冊，「乃以冊寶送天章閣，遂為故事」。〔註 58〕

欽宗在政和五年被立為太子，二月十四日於大慶殿行冊禮。其儀式依據《政和五禮新儀》，共分十三個步驟，即奏告、陳設、臨軒冊命、朝見皇后、謁太廟、謁別廟、皇帝受群臣賀、群臣上禮、皇帝會群臣、皇后受內外命婦賀、皇后會外命婦、皇太子受群官賀。很明顯從程序上看，《政和五禮新儀》是以《大唐開元禮》為藍本，輔以宋代的變化，如奏告的對象大大擴展，包括「昊天上帝、皇地祇、太廟、別廟、太社、太稷、景靈西宮、中太乙宮、祈神觀、醴泉、上清儲祥宮、太清儲慶宮、九成、永安陵、永昌陵、永熙陵、永定陵、永昭陵、永厚陵、永裕陵、永泰陵」。僅此就可以看出，徽宗製禮的繁複程度。儀式在行禮程序上依循唐禮甚多，但細節上仍體現宋代特色，如皇帝降座「鳴鞭」，這一宋代朝會特色儀式。需要指出的是，此次冊禮並未完全按照《政和五禮新儀》的標準舉行，皇太子謁太廟時，「禮應乘金輅，建大旗」，欽宗上表辭免，「獨前一夕設鹵簿於左掖門外，翌日質明，但常服御馬入太廟，更禮衣，冠遠遊，執九寸圭而款祖宗焉」。〔註 59〕

乾道元年光宗受冊，《宋史・禮志》對其儀式有較為詳細的記載：

> 八月十日，制立皇子鄧王愭為皇太子。十月，詔以知樞密院洪适為禮儀使，撰冊文，簽書樞密院事葉顒書冊，工部侍郎王弗篆寶。

〔註 56〕徐自明：《宋宰輔編年錄》卷一，「國朝中書、樞密先後上所言，兩不相知，以故多成疑貳。然祖宗亦賴此以聞異同之論，用分宰相之權。」（王瑞來校補，北京：中華書局，1986 年，15 頁）

〔註 57〕洪邁：《容齋四筆》卷十，748 頁。

〔註 58〕《宋史》卷一百一十一，2664 頁。

〔註 59〕蔡絛：《鐵圍山叢談》卷五，89 頁，馮惠民、沈錫麟點校，北京：中華書局，1983 年。

十六日，皇帝御大慶殿行冊禮，皇太子服遠遊冠、朱明衣，執桓圭。前期，習儀禮官及有司並先一日入宿衛，展宮架樂，設太子次、冊寶幄次、百官次，又設皇太子受冊位、典寶褥位，應行禮等皆有位，列黃麾半仗於殿門內外。質明，百官就次，皇太子常服詣幕次，符寶郎陳八寶於御位之左右，有司奉冊寶至幄次，百官朝服入班殿庭。

有司自幄次奉冊寶至褥位，參知政事、中書令導從，退各就位，侍中升殿俟宣制，皇太子易服執圭俟於殿門外。樂正撞黃鍾之鍾，《乾安》之樂作，皇帝即御坐，殿上侍臣起居，樂止。行禮官贊引皇太子入就殿庭，東宮官從，初入殿門，《明安》之樂作，樂止，皇太子起居，次百官起居，各拜舞如儀。

皇太子詣受冊位，侍中前承旨，降階宣制曰：「冊鄧王愭爲皇太子。」皇太子拜舞如儀，侍中升殿重定。中書令詣讀冊位，捧冊官奉冊至，中書令跪讀畢，興，皇太子再拜，有司奉冊至皇太子位，中書令跪以冊授皇太子，皇太子跪受，以授右庶子，置於案；次侍中以寶授皇太子，皇太子跪受，以授左庶子，如上儀。皇太子再拜。中書舍人押冊、中允押寶以出，次皇太子出，如來儀。初行樂作，出殿門樂止。次百官稱賀，樂正撞蕤賓之鍾，《乾安》之樂作，皇帝降坐，樂止，放仗，在位官再拜以出。

禮畢，百官易常服，赴內東門司拜箋賀皇后，次赴德壽宮拜表箋賀，諸路監司、守臣等並奉表稱賀。明日，車駕詣德壽宮謝。又明日，上御紫宸殿，引皇太子稱謝，還東宮，百官赴東宮參賀。

皇太子擇日先朝謁景靈宮，次日朝謁太廟、別廟，又擇日詣德壽宮稱謝。〔註60〕

以《政和五禮新儀》爲標準，此次儀式的規模有減損，如臨軒只設黃麾半仗，人數大爲減省。〔註61〕朝謁景靈宮是新增加的程序，禮書沒有規定服裝，因此只服常服，也是表示恭儉之意。太廟、別廟原本要「服袞冕，乘金

〔註60〕《宋史》卷一百一十一，2665～2666頁。
〔註61〕《宋史》卷一百四十三《儀衛志》，冊太子本應用黃麾大仗，需要五千七十五人，此用黃麾半仗，實際只有一千四百九十九人。

輅，設仗」，孝宗均依照故事辭免金輅。儀式的程序上則有增有減，增加的主要是赴德壽宮稱謝，皇帝、皇太子都要進行此程序；百官拜賀的儀式精簡為拜表，取代了原有的受群臣賀、會群臣、群臣上禮等環節，對皇帝、皇后、太上皇均是如此，百官赴東宮參賀皇太子當然是無法精簡的。同時關於皇太子鹵簿也沒有遵守《政和五禮新儀》的規定，而是大為簡化。〔註62〕

皇太子冊禮作為朝廷隆重的典禮，其昭示的意義不僅限於百官，普通百姓也有參與的機會，如受冊後拜廟，龐大的儀仗隊伍是吸引百姓圍觀的因素。對於普通百姓而言，國有儲君，意味著政治傳承的穩定，是未來生活的保障之一。〔註63〕

縱觀宋代的冊皇太子禮，其儀式大致是在唐禮的基礎增減而成，雖然融合進了不少宋代特色，但基本框架依然不出唐禮範疇。〔註64〕宋代實際舉行冊禮的次數較少，主要源自皇帝不願早立儲君，以免影響自身皇權，另外早建儲，太子作儲君的時間過久，也會影響父子關係，如孝宗與光宗的矛盾即是如此。但正如梁克家所言：「太子，天下本。本正，則天下正。」〔註65〕建儲是關係江山傳承的大事，又何況擁立之功是人人所羨，因此臣僚建儲呼聲一直持續不斷。冊禮隆重少行，許多原本重要性較低的禮儀，因為可以體現皇帝建儲的風向，也在特殊情況下變得重要起來，成為儲君身份的象徵，前述出閣禮即是其中一例。

第二節　皇太子與百官相見禮

皇太子作為儲君，其與百官相見的禮儀有其獨特性，這是由其身份所決定的。同時，見不同官員禮儀也會有不同，原因在官員之間身份的差異。這

〔註62〕《宋史》卷一百四十七，皇太子「朝謁宮廟及陪祀及常朝，皆乘馬，止以宮僚導從，有傘、扇而無圍子。用三接青羅傘一，紫羅障扇四人從，指使二人，直省官二人，客司四人，親事官二十人，輦官二十人，翰林司四人，儀鸞司四人，廚子六人，教駿四人，背印二人，步軍司宣效一十人，步司兵級七十八人，防警兵士四人。朝位在三公上，扈從在駕後方圍子內。」
〔註63〕蔡絛：《鐵圍山叢談》卷五，89頁，馮惠民、沈錫麟點校，北京：中華書局，1983年。
〔註64〕這一方面是制度慣性，另一方面也許與宋人心中唐禮的形象有關，或許「盛唐故事」代表了一種標杆。
〔註65〕陳模：《東宮備覽》卷四，文淵閣四庫全書本。

種差異一方面是品級的差異，另一方面是官員身份與皇太子的關係，比如東宮官作為太子屬官，身份自然與其他官員不同。

一、宋代的東宮官

《詩・衛風・碩人》以東宮指太子，後世沿用。皇太子受冊後，有一套專門的官屬，即所謂東宮官。東宮官的體系歷代相承，《唐六典》所載東宮官十分詳備，「如一小朝廷」，「其官職一視朝廷而為之降殺」，到宋代東宮官則「極苟簡」，多有名無實，廢置不常。〔註66〕宋代名義上的東宮官包括：太子太師、太子太傅、太子太保、太子少師、太子少傅、太子少保、太子賓客、太子詹事、太子少詹事、太子左右春坊、太子左右庶子、太子左右諭德、太子左右贊善大夫、太子洗馬、太子家令、太子率更令、太子中舍、太子舍人、太子侍讀、太子侍講、左右衛、司御、清道、監門、內率府率、副率。〔註67〕

宋代官制繁複，有官、有職、有差遣，其特色也影響到東宮官，實際上宋代東宮官大致有三種情況：一是作為階官存在的太子太師等，其特殊之處在於，其除授與當時是否有太子無關。《宋史・職官志》稱「若太子太師、太傅、太保，以待宰相官未至僕射者，及樞密使致仕，亦隨本官高下除授。太子少師、少傅、少保，以待前執政，惟少師非經顧命不除。若因遷轉，則遞進一官，至太師即遷司空。」〔註68〕東宮三太為從一品，三少為從二品，其作為宰執罷政或致仕時加官，考慮的其實主要是其品級。另一方面，在北宋前期官員的遷轉序列中，包含三師、三少、太子賓客、太子中允、太子左右贊善大夫、中舍、洗馬等東宮官，實際已經在當品級使用了。〔註69〕

二是無實際職事的兼職，常由宰執或皇帝近臣充，多屬因立太子而臨時除授，實際是一種名義上的兼職。如天禧四年十一月二十一日，以執政兼東宮官。〔註70〕十二月二十三日，以宰臣兼東宮官。〔註71〕雖然沒有實際執掌，在禮儀上還是多遵循宮僚的標準。宰執以外的東宮官，雖然只是兼官，但在

〔註66〕《朱子語類》卷一百一十二，2728頁。

〔註67〕詳見龔延明：《宋代官製辭典》，「皇太子與東宮官門」。

〔註68〕《宋史》卷一六二，3822～3823頁。

〔註69〕《宋史》卷一百六十九，「敘遷之制」。

〔註70〕《宋會要輯稿》職官七之二三。

〔註71〕《宋會要輯稿》職官七之二四。

朝會儀式中，其班次卻遵循東宮官例，出行也是如此。〔註72〕

　　三是實際有職事者，如侍讀、侍講等，雖然是兼職，但負責太子教育，關係相對密切。宋朝對太子的教育十分重視，「太子，天下本，本正則天下正，不可不於其早而教導之也。」〔註73〕太子侍講、侍讀始設於英宗治平元年十二月，兩者合稱東宮講讀官，職掌是爲太子講解經史。〔註74〕宋人陳模就稱「東宮講讀之官莫備於本朝，而其所講讀亦未有不先經而後史也。」〔註75〕另一方面，正因爲是兼職，說明其與太子接觸時間還是有限的，如宣和元年三月四日，皇太子奏：「本府舊有舍人二員，撰述章表文字。今來久闕，欲乞特差官二員兼領上件職事。兼本府舍人自來止是五日一次到府，若差見在職事官，即於本職亦不廢事。」〔註76〕太子舍人雖有職事，但只是五日一次見太子，實際作用有限。

　　左右春坊在唐代名義上相當於皇太子的中書、門下省，皇太子處分公事用左春坊印，原本包含左右庶子、左右贊善大夫等，屬於文官。但宋代設勾當、提舉左右春坊，以武臣或宦官爲之，實際負責東宮的日常雜事，少數情況下用士人，也被視爲有司失察。〔註77〕

　　歷來東宮官見皇太子之禮按其身份就分爲兩種情況，一種是師傅保，另一種是作爲屬官。晉代「正會儀」中就包含太子拜師傅之禮：「太子著遠遊冠、絳紗袍，登輿至承華門前，設位拜二傅；二傅交拜。禮畢，不復登車。太傅、（訓導在前。）少傅、（訓順在後。）太子入崇賢門。樂作，太子登殿，西向坐。」〔註78〕太子在正旦朝會開始前要拜太傅、少傅，視之爲師。唐代太子太師、太傅、太保爲從一品，主要職掌是輔導皇太子。「每見，迎拜殿門，三師答拜，每門必讓，三師坐，太子乃坐。與三師書，前名惶恐，後名惶恐再

〔註72〕《宋會要輯稿》職官七之二三，至道三年四月詔：「太子左庶子張士遜等每遇皇太子隨駕出入，許依內殿起居例，綴班祗候。」至道四年八月十三日詔：「應兼東宮官僚並依內殿起居職位次序。」按《宋史》卷一百一十六，垂拱殿起居班次中有「諸王府僚」，東宮官僚似乎當依此例。（2753頁。）

〔註73〕陳模：《東宮備覽》卷四《正本》，乾道八年梁克家疏。

〔註74〕《宋會要輯稿》職官七之二二。

〔註75〕陳模：《東宮備覽》卷二。

〔註76〕《宋會要輯稿》職官七之二五。

〔註77〕《宋會要輯稿》職官七之二二、二三，至道元年八月詔，「壽王府內知客王繼英爲左清道率府副率、兼左春坊謁者。謁者本內侍之職，東宮無此名，只有太子通事舍人。今繼英以士人爲謁者之職，天禧中亦承此，蓋有司之失也。」此言王繼英爲士人，但左清道率府副率實際是武職。

〔註78〕《太平御覽》卷五百三十九，引《東宮舊事》。

拜。太子出，則乘路備鹵簿以從。」〔註79〕皇太子見太子三師要迎拜殿門，這是相當高的禮遇。

關於太子三少，「魏故事太傅於太子不稱臣，少傅稱臣」，也就是說最初少傅是臣子身份見太子的。〔註80〕但到了晉代，如前引「正會儀」，少傅已經享有師傅的待遇了，只是相比太傅禮儀等級要低，即走在太子之後。這種差別也體現在《大唐開元禮》「皇太子見師傅保儀」中，太子三少雖然以師傅身份與太子三師一起受太子拜，但是若只有三少見太子，則要先拜太子。〔註81〕房玄齡作太子少師時，皇太子將行拜禮，玄齡「厚自卑損不敢修謁」，「識者服其崇讓」。〔註82〕宋代的「皇太子見師傅保儀」大致與《大唐開元禮》一致，只有用樂等細微的差別。三少待遇也與唐代保持一致。

作爲屬官之禮，類似臣禮，具體情況要分兩類，一是典禮時，《政和五禮新儀》中有「皇太子元正冬至受群官賀儀」〔註83〕，皇太子先需要降階，南向受群臣拜，然後答拜，即享受南面待遇〔註84〕，又要比皇帝降低等級。需要注意的是這裡群臣要分三班先後參賀，三公以下、樞密使以下、師傅保賓客以下，東宮官是單獨行禮的。群臣分班參賀完後，皇太子要升座，受群臣合班拜。

另一種情況就是，皇太子日常受宮臣拜。太宗曾在淳化二年（991）對臣下解釋不正式立儲的原因是「近世澆薄，若建立太子，則宮僚皆須稱臣，宮僚職次與上臺等，人情之間，深所不安。」〔註85〕當時的慣例是百官見太子自稱姓名，東宮官見太子則稱臣。太宗意思是東宮官與門下省官地位相當，東宮官稱臣有貶低之意。至道元年，眞宗被冊爲太子，上書不欲東宮官稱臣，遵循了太宗的意見，其解釋是：「受命以來每見僚屬皆稱臣，況至尊無二上之文，事主有比肩之義。」〔註86〕眞宗的說法實際上明確皇太子臣的身份。

至道元年的明確規定如下：「百官見皇太子，自兩省五品、尚書省御史臺四品、諸司三品以上皆答拜，餘悉受拜。宮官自左右庶子以下，悉用參見之

〔註79〕《新唐書》卷五十四。
〔註80〕《唐六典》卷三十六。
〔註81〕《大唐開元禮》卷一百十三，北京：民族出版社，2000年，533頁下。
〔註82〕《舊唐書》卷六十六《房玄齡傳》。
〔註83〕《政和五禮新儀》卷一百五十六。
〔註84〕「皇太子見師傅保儀」中皇太子西向。
〔註85〕《續資治通鑑長編》卷三十二，720頁。
〔註86〕陳模：《東宮備覽》卷五。

儀。其宴會位在王公上。」〔註 87〕皇太子受百官拜，按照品級高低決定是否
答拜，左右庶子爲正四品上，但其身份是太子屬官只能用參見之禮。

　　眞宗初欲授李迪爲太子太傅，李迪以太宗時沒有立太子三師爲理由推
辭，於是李迪只參知政事兼太子賓客，「詔皇太子禮賓客如師傅」，將太子賓
客提高到師傅保的地位。而且當時春坊祗候、殿侍張迪，與李迪同名，太子
特別將其改名克一，以示對李迪的尊重。〔註88〕皇太子對李迪「迎送常降級
及門」。〔註89〕不只如此，天禧二年九月五日，左庶子張士遜等言：「臣等日
詣資善堂參見皇太子，猶令升階列拜，然後跪受。望令皇太子坐受參見。」
〔註 90〕皇太子跪受左庶子拜，相比至道元年的規定，左庶子也禮遇也提高
了。當時禮節，坐受是拜長輩之禮，同輩之間，即使是拜兄長，也是立受。
〔註 91〕

　　關於南宋的情況，乾道七年四月，禮部、太常寺言：「討論東宮問講並節、
朔賀慶、謝辭禮儀下項：一、宮僚講讀，無已行故事，當依仿講筵，少殺其
禮。每遇講讀，詹事以下至講讀官上堂，並用賓禮參見，依官職序座。皇太
子正席，講讀官叠起，如延英儀。講罷，重定。一、節朔典故有東宮受賀儀，
承唐舊制，難以引用。契勘昕朝每遇元正、冬至等節並不受朝，止是宰臣以
下拜表稱賀；其朔望日多是得旨，特免朝參。今來東宮節朔且仿昕朝禮例，
不受宮僚參賀；或元正、冬至日，詹事以下箋賀。一、謝辭初如常見之禮，
後離位致詞，重定，拜，就座；茶湯罷，退。一、詹事初上，參見皇太子，
拜，皇太子答拜；庶子等初上，參見皇太子，受拜。庶子、諭德及講讀官雖
有坐受之禮，止是《五禮新儀》所載；兼日逐致拜之禮近例皆已不行，或遇
合致拜日，更乞參酌天禧、至道年事施行。」〔註 92〕此處涉及四種情況下東
宮官見太子的禮儀，一是講讀時，其禮儀參照皇帝經筵〔註 93〕，參加者是太
子詹事以下至講讀官賓禮見太子，採取是主講者立講；二是關於太子受朝賀，

〔註87〕《宋史》卷一百一十七。
〔註88〕《續資治通鑒長編》卷九十二。
〔註89〕《宋會要輯稿》職官七之二八。
〔註90〕《宋會要輯稿》職官七之二八。
〔註91〕《朱子語類》卷九十一，2332 頁。
〔註92〕《宋會要輯稿》職官七之二八。
〔註93〕關於經筵禮儀參見朱瑞熙：《宋朝經筵制度》，《中華文史論叢》第五十五輯，
　　　　1～52 頁，上海：上海古籍出版社，1996 年。經筵官在宋初皆賜坐，仁宗時
　　　　改爲立講，後幾經討論，確定爲主講者立講，其他皆坐。

實際上《政和五禮新儀》的「皇太子正至受群官賀儀」實際很少舉行，多數情況以宰臣以下拜表代替，承此慣例，在此明確宮臣在節日、月朔不必參賀太子，正、至也只是上賀箋代替；三是謝、辭時的禮節，這實際上就是日常相見禮節，站立致詞，行拜禮後就坐，飲茶、湯〔註 94〕；四是宮臣初上禮，要參見太子，太子只有對太子詹事答拜。問題是這裡提到「兼日逐致拜之禮皆已不講」，由於宮臣都是兼職，所謂「兼日致拜」其實就是初上禮。而「合致拜日」也就是說日常因為某種原因（如典禮）需要拜太子時，禮儀參照天禧、至道時例子，而這兩個例子一是對庶子答拜，一是見太子賓客先拜，如果參照這兩個例子，那麼實際宮臣多數還是需要太子待以客禮的。其實這次禮節的討論之所以被提出，與當時所設宮臣的職事有關，原本宮臣中只有講讀官有職事，詹事、庶子、諭德都沒有職事，因此孝宗要求他們「日輪供故事」，即輪流見太子講朝廷故事，實際也是承擔一定講讀職能。〔註 95〕實際當時講讀官主要講經，這樣作也是為了太子的教育。而當時，講讀某書終篇，也會參照皇帝經筵例，賞賜東宮官。〔註 96〕之後，其他宮臣也加入到講經的行列中。〔註 97〕加入到講讀官行列，對東宮官是有實際意義的，淳熙十六年光宗登極，詔：「隨龍講官、承受官可各轉四官，曾任東宮講堂官各轉兩官。」〔註 98〕

　　宋代東宮官除了依照唐制設置之外，還有一類其獨有的東宮官，即資善堂官員。〔註 99〕資善堂始建於大中祥符八年，位置在元符觀南，後徙「大內

〔註 94〕 茶、湯是宋代待客習俗，客至設茶，辭則點湯。（朱彧：《萍洲可談》卷一）此處上茶湯，有表示待宮臣為客之意。

〔註 95〕 《宋會要輯稿》職官七之二七。

〔註 96〕 《宋會要輯稿》職官七之二九，乾道八年四月六日，詔：「皇太子講《尚書》終篇，詹事、諭德、侍讀、侍講、承受官、左、右春坊各與轉一官，醫官、指使、宅案司等各減三年磨勘。年限不同人依四年法比折，未有名目之人候有名目日收使。御前忠佐親事官、輦官、兵級等，依例犒設一次，仍各遞增一十貫文支給。」。

〔註 97〕 《宋會要輯稿》職官七之二九，乾道九年閏正月二十五日，「詔令庶子、諭德輪講《禮記》」。

〔註 98〕 《宋會要輯稿》職官七之四三。

〔註 99〕 龔延明《宋代官製辭典》將資善堂官員列入東宮官，對宋人而言，資善堂官員一般享有宮臣一樣的待遇，但實際資善堂功能很多，也有皇子就學的狀況，並非嚴格意義上的東宮官。

宣祐門東廊次北」，大致位於宮城的東北部。〔註100〕資善堂之設是爲了皇子就學，設立之初，具體講讀者爲東宮官，並沒有設專職資善堂講官，而只是以內侍充任資善堂都監等官，以負責日常管理。〔註101〕當仁宗被冊爲皇太子後，除了依舊作爲皇太子就學之所外，資善堂職能發生了變化。天禧三年十一月庚午，御箚宰臣與太子在資善堂會議；十二月九日詔「隻日承明殿不視事，中書、樞密院詣資善堂議事」；天禧四年十月壬辰，以太子太保王欽若爲資政大學士，日赴資善堂侍講讀；五年三月庚子，「宰臣兼太子師傅，十日一赴是堂，賓客以下隻日更侍講學」。〔註102〕這一系列的詔令，是因爲眞宗身體欠佳，此時，資善堂實際成爲宰臣與太子議事的場所，而宰臣加師傅衔，也是爲了名正言順。而「太子秉笏南鄉立，聽輔臣參決諸司事」，實際以學習的姿態出現的。〔註103〕立聽是爲了守弟子之禮，南向則是在君位以明確其儲君的身份。

需要指出的是這時的資善堂是一個場所而非一個設官的機構，特別是仁宗封王時因爲年幼沒有出閣，成爲太子後也沒有實際入東宮居住，資善堂在當時成爲一個太子接觸大臣的場所。仁宗即位後，資善堂作爲太子就學場所的職能喪失，但卻沒有取消，先是作爲教授內臣的場所〔註104〕，後又成爲皇帝經筵的場所〔註105〕，還曾作爲賜宴的場所〔註106〕。神宗、哲宗兩朝，資善堂都曾成爲經筵的場所，還曾由經筵官輪值。〔註107〕

資善堂設置專職講官是徽宗時，宣和四年置資善堂翊善、贊讀、直講，爲沒有出閣的皇子講學。〔註108〕之前，政和元年定王桓、嘉王楷出就資善堂

〔註100〕《玉海》卷一百六十一「祥符資善堂」。
〔註101〕《玉海》卷一百六十一「祥符資善堂」。
〔註102〕《玉海》卷一百六十一「祥符資善堂」。
〔註103〕《宋史》卷九《仁宗本紀》。
〔註104〕《宋會要輯稿》方域三之二一，「仁宗寶元二年三月二十三日癸丑，詔天章閣侍講賈昌朝、王宗道於是堂編排書籍，教授內臣，以編修爲名。」
〔註105〕《宋會要輯稿》方域三之二一，「皇祐元年七月壬子，帝幸資善堂，作詩，有曰『疇日學堂親政第，仰懷慈訓倍依依』之句。說書所寓資善堂，慶曆初改爲講筵所。」
〔註106〕《宋會要輯稿》方域三之二一，「至和二年三月，宴餞知徐州呂溱於是堂。」
〔註107〕《宋會要輯稿》方域三之二一，神宗元豐八年十二月二日，詔：「今月十五日開講《論語》，讀《寶訓》，講讀官赴資善堂，以隻日講讀，仍輪一員宿直。初講及更旬，宰相、執政並赴。」哲宗元祐元年三月十六日，「詔講讀官更不輪資善堂宿直。」
〔註108〕《宋會要輯稿》方域三之二二。

聽讀時，特詔「宰臣、執政官許就資善堂見定王桓、嘉王楷」，其儀制如下：「定王、嘉王至堂之中門外迎揖，陞堂就坐，二王西向，宰臣、執政官東向。宰執退，二王揖送於堂之大門內。」〔註109〕皇子在資善堂見宰執，遵循的是主客之禮，也就是說，皇子在未出閤時資善堂承擔了親王府待客的功能。但是百官要見皇子依然是需要特許的，如政和二年九月二十九日詔「皇子到堂聽讀，特許講官時暫到堂參見。」〔註110〕定王出閤後曾上言：「臣昨就資善堂聽讀，尋常須候邇英經筵已開，方取旨定日。」〔註111〕也就是說，資善堂開講的時間是根據皇帝經筵的時間，平時皇子們是無法隨時見到講官的，只有出閤後經過特許才能「不拘早晚，但稍有間隙，即請學官赴廳講讀」。〔註112〕需要指出的是，此時資善堂置官，教授的皇子不只一人，也就是說資善堂官員並不是專屬的王府官。

　　南宋初資善堂「在行宮門內，因書院而作」，「掌管皇子國公聽讀，提舉官、幹辦官各一員，以內侍官充。」〔註113〕資善堂仍以翊善為講官，紹興五年，建國公出外就傅，范沖除翊善，朱震除贊讀，高宗下詔「建國公至資善堂，見范沖、朱震當設拜」，二人享受的是師傅的待遇。〔註114〕慶元六年設置資善堂小學教授，之所以以「小學教授」為名，是因為當時皇子年幼，只封國公，因此借用了皇太子宮小學教授之名，而此官實際是淳熙時為皇孫所設。〔註115〕其待遇是，「乘騎入出和寧門，至北宮門外下馬，赴堂供職」，「如遇輪堂赴堂授書日分，所有應幹期集免行趁赴。」〔註116〕開禧元年則置資善堂說書、直講，當時皇子已經封王，小學教授的名字已經不合適，而翊善品級較高，因此依據嘉祐「皇子位說書」而創設說書之官。〔註117〕嘉祐時的情況是，皇子趙曙當時只是防禦使，尚未封王，實際狀況與開禧並不一樣。〔註118〕

〔註109〕《宋會要輯稿》帝系二之一八。
〔註110〕《宋會要輯稿》方域三之二二。
〔註111〕《宋會要輯稿》方域三之二二。
〔註112〕《宋會要輯稿》方域三之二二。
〔註113〕《宋會要輯稿》方域三之二三。
〔註114〕陳模：《東宮備覽》卷二。
〔註115〕《玉海》卷一百二十九，「慶元資善堂小學」。
〔註116〕《宋會要輯稿》方域三之二八，嘉泰元年二月二十二日。
〔註117〕《宋會要輯稿》方域三之二八。
〔註118〕《玉海》卷一百二十九「嘉祐皇子位伴讀、說書」。所謂「皇子位」是皇子未封王之前稱其府邸。

　　總之，資善堂用途主要是作為皇子就學之所，其設置主因是皇子未出閣，因此資善堂實際上是為了在宮中居住的皇子或者太子出外就學所設，嚴格意義上說皇子在出閣前並沒有開府設官之權，因此資善堂官員嚴格來說並非東宮官或王府官，當然其實際職責是相似的。客觀上說，皇子在資善堂讀書，實際上提供了一個其接觸群臣的機會，如岳飛上書就是在資善堂見過孝宗之後的事情。〔註119〕當然這種接觸是有限度的，但特定時刻會產生意想不到的影響，如開禧元年皇子趙詢聽信翊善史彌遠的計劃，上書彈劾韓侂冑，最終促成了韓的倒臺。〔註120〕對於尚未出居東宮的太子而言，資善堂還是其參政的一個渠道，真宗、寧宗時都曾發生此類狀況。〔註121〕

二、皇太子參決庶務及其禮儀地位

　　作為宋代儲君教育的一部分，讓儲君學習政務，本身對「長於深宮婦人之手」的太子來說是很有意義的，但實際上因為皇帝的顧忌，宋代讓太子參決庶務的次數並不多。參決庶務也是皇太子公開見大臣的機會之一。其主要形式有二，一是讓皇太子擔任京城長官，多在太子成年後；二是太子參與宰臣議事，如前述資善堂會議。

　　開封府尹在宋初地位特殊，先後由太宗與秦王廷美擔任，兄終弟及的繼承方式使得其成為儲君的一種象徵。〔註122〕秦王被貶後，太宗長子元僖出任開封尹，作為儲君來培養，但死後才追贈太子，但未行冊禮，只以一品鹵簿入葬。〔註123〕元侃為開封尹在淳化五年九月壬申。〔註124〕由於真宗此次是實際處理開封府政務，因此特別規定了其公文禮儀，「對皇帝上表狀署太子；申中書、樞密院狀，由開封府判官署名，正常斷案、處理公事畫「准」字即可。」〔註125〕而且當時太宗親自選擇的開封府屬官中，包括前壽王府記事參軍與諮議參軍，

〔註119〕李心傳：《建炎以來朝野雜記》卷一，499頁。

〔註120〕《宋史》卷二百四十六《景獻太子詢傳》。

〔註121〕《續編兩朝綱目備要》卷十一，嘉定元年四月甲申詔曰「自今每遇視事，可令皇太子侍立，宰執赴資善堂會議。」

〔註122〕太祖時以其弟為開封府尹，並不存在這樣的考慮，但太宗即位後，這樣的聯想自然就產生了。

〔註123〕《續資治通鑑長編》卷三十三，淳化三年十一月。

〔註124〕《續資治通鑑長編》卷三十六，797頁。

〔註125〕《宋史》卷一百一十一，2664頁。

顯然更多的是考慮到對太子的培養。〔註126〕徽宗宣和七年十二月二十二日，以皇太子除開封府牧。當時徽宗已經有意內禪，此次任命實際只是走形式。〔註127〕

南宋太子出任臨安府尹是在孝宗乾道七年，當時對其權責與禮儀作了細緻的規定〔註128〕，主要內容如下：

　　（一）、臨安府設置少尹一員、判官二員、推官三員，輔佐府尹，取代原有通判及簽判等官，其餘曹掾官依舊。少尹用侍從官以上，判官用郎官以上。

　　（二）、日常公事由少尹負責，判官以下向少尹請示後施行。朝廷命官犯罪與其他人犯流以上罪，聽府尹裁決，徒罪以下由少尹裁決。宣佈朝廷詔令、慮囚等事務，少尹以下執行後稟報府尹即可。府尹使用新鑄飛臨安府印，少尹用原來的臨安府印，原本屬於安撫司的事務及官印都由少尹掌管，下屬場務等的鑰匙也由少尹掌管。浙西安撫司與臨安府每年薦舉屬官，也由少尹負責。訓諭風俗、勸課農桑以及應該寬恤的事件，在稟告府尹後出榜施行。供應排辦、收糴軍糧、打造軍器、刺填軍兵等事務，大的少尹、判官兩日一次赴東宮請。特殊事務可以送兩浙轉運司處理。太子在東宮處理府事，少尹等兩日一次赴東宮請。府尹出入遇到攔路告狀者，可以受理。

　　（三）、府尹上事日，府官要庭參設拜，冬至、年節以及府官到任、罷免，都要行此禮。開府時，特許浙西諸司庭賀。

　　（四）、上奏皇帝的表章，府尹繫銜。上中書、樞密院狀及其他文書，由少尹以下簽書。對三省、御史臺、六部的文書，少尹以下繫銜。對寺監、本路監司，少尹以下移牒。傳旨、內降文字應在東宮啟封，然後交由少尹等施行。

簡單來說，多數事務由少尹負責，太子還是有一定的事權。在禮儀上，為了凸顯其地位，特別恢復了屬官的庭參；文書上只在上奏的表章上繫銜，是顯示其對百官獨特地位。當時有人討論「宣麻給告非待儲貳之體」，宋代宰臣任命也只是宣麻而已，也就是說當時有呼聲要進一步提高太子的禮儀等

〔註126〕《宋會要輯稿》職官三七之四。
〔註127〕《宋會要輯稿》職官三七之一一。
〔註128〕《宋會要輯稿》職官三七之六、七。

級，但這樣的意見沒有被採納，太子在禮儀上還是沒有超越「臣」的範疇。〔註129〕

光宗任臨安府尹的時間只有兩年，孝宗在允許其辭去府尹的詔書中說：「朕以其已試可觀，更使施於有政；卿則欲通經學古，將一意於斯文。」〔註130〕表面上，孝宗對太子處理政務方面的表現表示滿意，而光宗以要專心學問爲由辭職，但其背後卻蘊藏著危機，作爲太子不能總是只學習政務。

淳熙十四年十一月詔「皇太子可令參決庶務」。當時孝宗已經有內禪的打算，因此召洪邁討論相關的儀制，洪邁的建議是採取天禧宰相太子資善堂會議的形式。但是爲了隆重其事，洪邁建議：「宣麻降制既於體不順，只頒中旨，又違於禮，臣謂宜爲詔。」詔書頒下後，右丞相周必大認爲：「天禧時仁廟尚幼，始見輔臣，恐不可用，西晉有宣猷堂，今作議事堂可也。」〔註131〕周必大看到問題所在，天禧時仁宗尚幼，資善堂見大臣更多是象徵意義的，而當下，光宗已經作太子多年，參決庶務是應該賦予其實權的。〔註132〕最終的決定是：「內東門司改充議事堂，皇太子隔日與宰執公裳係鞋相見議事，如有差擢，在內館職、在外部刺史以上，乃以聞。除諸郡守臣係侍從及文臣監司、武臣鈐轄外，並於議事堂參辭、納箚子，其可行者，皇太子同宰執將上取旨」，「每遇朝殿，令皇太子侍立。」〔註133〕議事堂設在內東門司，隔日議事，太子得以參與館職、監司以上的任命，並在議事堂接受一定級別以下的地方官員的參辭。接受地方官員的朝辭在禮儀上是臣僚對皇帝謝恩的一種程序，但通常是皇帝與地方官員交流信息的重要渠道。〔註134〕皇太子得到了與地方官員交流的機會，而且可以從其箚子之後選擇可行的建議上報。「公裳係鞋」在此意味著，太子與宰執的地位相當。〔註135〕這次參決庶務的規定在執行時有很大自由裁量的空間，相關事

〔註129〕《續編兩朝綱目備要》卷一，7頁。

〔註130〕《宋會要輯稿》職官三七之七。

〔註131〕《續編兩朝綱目備要》卷一，7頁。

〔註132〕宣猷堂的典故源自陸機的《皇太子宴玄圃宣猷堂有令賦詩》，實際只是皇太子宴群臣而已。《南史》卷四：「齊永明六年春三月甲申詔，皇太子於東宮玄圃圓宣猷堂臨訊及三署徒隸」也就是說宣猷堂典故後來也加入了皇太子實際處理政務的內涵。周必大引用此典，核心還是在「議事」二字。

〔註133〕《續編兩朝綱目備要》卷一，8頁。

〔註134〕參見苗書梅：《朝見與朝辭——宋朝知州與皇帝直接交流的方式初探》，《首都師範大學學報》2007年第5期，112～119頁。

〔註135〕相對於公裳係鞋，等級更高服飾是「穿執」，即穿靴執笏，代表者臣對君之禮。

情由太子與宰執商議，即可以理解為太子與宰執享有同樣的發言權，另一方面太子也可以選擇一言不發，將自己置於學習的地位。當時，太常少卿兼左諭德尤袤向太子上言：「大權所在，天下之所爭趨，甚可懼也。願殿下事無大小，一取上旨而後行。情無厚薄，一付眾議而後定。」又曰：「利害之端常伏於思慮之所不到，疑間之萌每開於堤防之所不及。儲副之位止於侍膳問安，不交外事，撫軍監國，自漢至今，多出權宜，事權不一，動有觸礙，乞俟祔廟之後便行懇辭，以彰殿下之令德。」〔註136〕尤袤的建議是要太子韜光養晦，不要干涉政務的運行，只要「侍膳問安」即可，以免引發皇帝的猜忌。當時的另一位宮僚楊萬里的意見是：「民無二主，國無二君，今陛下在上，而又置參決，是國有二君也。自古未有國貳而不危者，蓋國有貳，則天下向背之心生；向背之心生，則彼此之黨立；彼此之黨立，則讒間之言啟；讒間之言啟，則父子之隙開。開者不可復合，隙者不可復全。昔趙武靈王命其子何聽朝，而從傍觀之，魏太武命其子晃監國，而自將於外，間隙一開，四父子皆及於禍。唐太宗使太子承乾監國，旋以罪廢。國朝天禧亦嘗行之，若非寇準、王曾，幾生大變。蓋君父在上而太子監國，此古人不幸之事，非令典也。」〔註137〕楊萬里的觀點更加激進，將太子參決庶務上陞到「國有二君」的地位，堅決反對太子參決庶務。楊萬里對天禧故事的解讀其實並不符合事實，當時仁宗年幼，真宗身體不好，與此時情況並不一樣。但是尤、楊二人的建言背後，說明當時宮臣對孝宗、光宗父子的關係已經有一定擔心。另一方面說明當時人觀念中，任何可能影響君主權威的行為都是政治上的隱患，正是在這樣的思路下，宋代對太子參與政事的行為才如此謹慎。

　　宋代皇太子的尷尬地位使得其十分謹小慎微。欽宗為太子「每懷兢畏，講讀之暇，惟以鬆器貯魚而觀之，他事一不關懷，人莫能測也。」〔註138〕真是戰戰兢兢，一句話也不多說。一方面太子享有相當的禮遇。如至道元年詔，太子宴會在王公前。〔註139〕政和四年十一月己亥詔「皇太子會慶上壽，押百僚班」。〔註140〕政和五年三月乙酉詔「皇太子遇天寧節赴垂拱殿上壽，於親王

〔註136〕《續編兩朝綱目備要》卷一，8 頁。
〔註137〕羅大經《鶴林玉露》甲編卷六，王瑞來點校，北京：中華書局，1983 年，104　～105 頁。
〔註138〕《三朝北盟彙編》卷二百二十八，引《丁未錄》。
〔註139〕《宋史》卷一百一十七。
〔註140〕《三朝北盟彙編》卷二百二十八，引《丁未錄》。

前別列爲一班」。〔註141〕皇太子在此享受的都是群臣之首的待遇。另一方面，皇太子在禮儀上不斷自貶以示謙虛。

宋代臣子是沒有鹵簿的，《政和五禮新儀》雖然作了規定，但並未實行。〔註142〕皇太子鹵簿一般也只有少數時候才用到，如行冊禮時。再如皇太子之服，分爲三等，袞冕，遠遊冠、朱明衣，常服。袞冕作爲最高等級的服飾，皇太子在加元服、從祀、納妃、釋奠文宣王時服，實際上是作爲祭服出現，其他即便是冊禮也是服遠遊冠、朱明衣。〔註143〕皇太子的常服與群臣樣式有別，但其顏色爲紫，與三品以上常服同色。政和五年，皇太子上書，受冊後謁太廟不欲用鹵簿，並言：「雖以雷文一角螭代龍飾，在臣不敏尤不敢當此盛儀。」〔註144〕鹵簿雖然已經不用龍飾，原則上不會侵犯皇帝權威，太子還是不敢接受。唐初東宮官參見太子要行舞蹈之禮，宋代則否，舞蹈之禮成爲皇帝的專屬。宋代大臣朝見要行皇帝舞蹈之禮。〔註145〕免舞蹈也算優禮大臣的體現。〔註146〕政和七年九月十七日，皇太子上表言：「諸王府侍讀已改爲贊讀，今本府學官獨稱侍讀，於義未安，乞改正。」〔註147〕雖然最終太子侍讀的名字還是保留了下來，但太子連一個「侍」字也要害怕侵犯皇帝尊嚴。這樣的情況同樣出現在乾道元年，皇太子上言：「伏念臣冒處儲闈，方資學術，雖聖恩隆厚，肇新宮癡之名；而位號尊崇，幾僭經筵之秩。仰冀宸衷之洞照，俾仍王邸之舊稱，庶穆公言，亦安私義。所有侍讀、侍講官名，乞賜改正。」〔註148〕

宋代皇太子這種嚴守君臣之分的做法，宋人的評論是：「太子者，天下之所仰望者也，使天下心知其有尊君卑臣正名辨分之德，固已聳動而知所歸戴矣，異日事之爲君，寧敢有干名犯分之事哉。」〔註149〕

〔註141〕《三朝北盟彙編》卷二百二十八，引《丁未錄》。
〔註142〕《宋史》卷一百四十七，3455 頁。
〔註143〕《宋史》卷一百五十一《輿服三》，3533～3534 頁。
〔註144〕陳模：《東宮備覽》卷五。
〔註145〕《朱子語類》卷一百二十八，3063 頁，「舊時朝見皆是先引見閤門，閤門方引從殿下舞蹈後，方得上殿。」
〔註146〕《續資治通鑒長編》卷九十一，天禧二年閏四月癸卯條，知樞密院馬知節有足疾，真宗「特許內朝別爲一班，省其舞蹈。」
〔註147〕《宋會要輯稿》職官七之二五。
〔註148〕宋會要輯稿》職官七之二六。
〔註149〕陳模：《東宮備覽》卷五。

三、宋代王府官與皇子相見禮

　　宋代爵制前三等是王、嗣王、郡王。王是爵制最高一等，主要授給皇子、皇兄弟，稱爲親王，宋代大臣封王均爲死後追封。嗣王則是親王之子作爲正宗繼承王爵者，如嗣濮王、嗣秀王。郡王多封宗室、外戚，對皇子而言則是低於親王一等的爵位。宋代實際只有皇子封王才可以開府設官〔註150〕，因此宋代王府官大致可以分作兩類，即親王府官與郡王府官。

　　《宋史·職官志》載親王府官包括傅、長史、諮議參軍、友、記事參軍、王府教授、小學教授。〔註151〕這其實是北宋的制度。南宋的王府官則包括王府翊善、直講、贊讀、記事、諸王宮大小學教授。〔註152〕傅在宋代實際並沒有除授過，長史也只在南宋除授過一次。宋代實際上並沒有親王友的設置，大中祥符九年以張士遜、崔遵度爲壽春郡王友，屬於特例，是當時眞宗爲使皇子待張、崔二人爲師傅而特設。〔註153〕記室參軍的主要職責是負責親王上表等文書工作。〔註154〕神宗任淮陽郡王、潁王時，韓維皆爲記室參軍，「王每事咨訪，維悉以對，至拜起進退趨揖之容皆陳其節」。〔註155〕諸王府記室參軍，徽宗時係第二任知州者得理提刑資序，乾道初敘位在諸州通判之上，《慶元令》親王府記室爲從八品，在供奉官之下，兩使職官之上。〔註156〕實際上，親王府翊善設置於太平興國四年。〔註157〕王府官只有特殊情況下是專職。淳熙末，黃裳除嘉王府翊善，是專職，而非兼職。〔註158〕王府侍講設於太平興國四年，政和七年改爲直講。〔註159〕

　　紹興時王府教授，三日一講，每月湯茶錢從親王府領取，淳熙中改從戶部領取。〔註160〕孝宗出閣，設置普安郡王府教授，「請給、人從，並依太常博士則例，序位立班在國子博士之上」，「其行移文字內，六曹、寺監、大宗正

〔註150〕皇兄弟在出閣後也可開府設官，但其身份也可視作前朝皇子。
〔註151〕《宋史》卷一百六十二《職官二》，3826頁。
〔註152〕謝維新：《古今合璧事類備要後集》卷四十八。
〔註153〕《宋史》卷三百一十一《張士遜傳》：仁宗出閣，帝選僚佐，謂宰臣曰：「翊善、記室，府屬也，王皆受拜。今王尚少，宜以士遜爲友，令王答拜。」
〔註154〕徐松：《中興禮書》卷一百九十八，清蔣氏寶彝堂鈔本。
〔註155〕謝維新：《古今合璧事類備要後集》卷四十八。
〔註156〕李心傳：《建炎雜記》乙集卷十五，「王府記事參軍」。
〔註157〕謝維新：《古今合璧事類備要後集》卷四十八。
〔註158〕李心傳：《建炎雜記》乙集卷十五，「王府翊善」。
〔註159〕謝維新：《古今合璧事類備要後集》卷四十八。
〔註160〕李心傳：《建炎雜記》乙集卷十五，「吳益王府教授」。

司並用申狀，其餘諸司務並用關牒。學官遇有合批書事件，申所隸宗正寺批書。」〔註161〕其待遇與「諸王宮大小學教授」相同，這是高宗因爲心中對立儲仍然搖擺不定，所以有意壓抑孝宗的待遇。王府小學教授主要教授皇孫，其禮儀，「教授入講堂則與皇孫敘賓主，而教授居賓位」，王十朋兼建王府小學教授，「王特加禮之，而位教授於中」。〔註162〕淳熙十二年五月二十五日，孝宗寵愛魏王之子趙柄，特爲之設「魏惠憲王府小學教授」，而且特別製定其與教授接見禮數：「初接見，觀察冠帶，教授穿秉，對拜。兩拜就坐，點茶訖，上講。候講畢，復坐，點湯，揖退。各年節相見禮數依此。其尋常上講，只背子相見，並觀察就主位，教授分輪入講堂，卯入午罷。行移文字合用印記，下文思院鑄造銅印一面，以『魏惠憲王府小學教授記』一十字爲文。」〔註163〕觀察即趙柄，他當時爲耀州觀察使。〔註164〕教授與皇孫行賓主之禮，初見與年節相見則在服飾上更爲正式，而且對拜後行茶湯禮。所謂「背子」，「本婢妾之服，以其行直主母之背，故名」，宋代皇帝「御便殿，著紗帽、背子」，也就是說當時「背子」已經是一種男女通用的便服。〔註165〕

關於宗學的師傅官，其演變過程如下：至道元年太宗爲皇侄設置師傅，但由於皇侄只是環衛官，因此比照親王府官有所降低，於是以教授爲名。咸平初，將諸王府官分南北宅教授，南宮即睦親宅，北宮即廣親宅。治平初，因爲宗室數量日增，增置講書，別置小學教授十二員。崇寧五年，又改稱宗子博士。紹興四年復置諸王宮大小學教授。隆興時，每月朔只一人上講，「教授初除朔望則赴堂一揖而退」。嘉定九年十二月，始復置宗學，改教授爲博士，又置宗學教諭，很快又恢復設置諸王宮大小學教授。〔註166〕

王府官多數時候職責還是作皇子師傅。欽宗作爲徽宗長子，大觀二年封定王，設置王府翊善、侍講、記室，「記室、翊善可如王友例，令王答拜。」〔註167〕葛次仲在徽宗時爲王府講官，最多時曾兼七府侍講。〔註168〕孝宗乾道

〔註161〕《宋會要輯稿》方域三之二六，紹興十二年三月十四日。
〔註162〕謝維新：《古今合璧事類備要後集》卷四十八。
〔註163〕《宋會要輯稿》帝系二之二六。
〔註164〕《宋史》卷二百四十六《魏王愷傳》。
〔註165〕《朱子語類》卷九十一，2327 頁。
〔註166〕李心傳：《建炎雜記》乙集卷十五，「宗學博士」。
〔註167〕《三朝北盟彙編》卷二百二十八，引《丁未錄》。
〔註168〕葛勝仲：《丹陽集》卷十五《太中大夫大司成葛公行狀》，文淵閣四庫全書本。

六年，皇太子「以師儒之重」，拜王淮，原因是王淮曾任恭王府直講。〔註169〕

王府官的一項重要職能就是對皇子進行諷勸，神宗封穎王，韓維爲參軍，「維侍王坐，近侍以弓樣靴進，維曰：『王安用舞靴』。王有媿色，亟令毀去。」〔註170〕韓維的做法受到推崇，成爲王府官的典範。但規勸度需要掌握。如姚坦爲益王府翊善，因爲勸諫的方法不當，引起太宗不滿，認爲他「在宮邸不能以正理誨諭，事有微失，即從而揚之，此賣直取名耳。」〔註171〕

王府官的選拔多著眼於其人品、學問。如陳薦在英宗諸王出閣時被選爲記室參軍，時人對其評價是「性木強簡澹」，「廉於進，勇於退，與人交久而不變」。〔註172〕齊恢同時爲穎王府翊善，其作地方官「凡公帑格外饋餉之物一無所受，單車而東入爲戶部判官」。〔註173〕仁宗曾回憶道：「朕昔在東宮，崔遵度、張士遜、馮元爲師友，此三人皆老成人，至於遵度，尤良師也。」〔註174〕「老成人」是仁宗心中選拔東宮官的標準。鄭穆在神宗朝爲諸王侍講，「在王邸一紀，非公事不及執政之門，講說有法，可爲勸誡者必反覆摘誦」，神宗曰：「如鄭穆德行乃宜左右王者。」〔註175〕作爲皇弟的王府侍講，身份有某種程度上的尷尬，因此鄭穆這種「非公事不及執政之門」的做法，深得神宗贊許。

王府官作爲親王屬官，還是要遵循臣禮，如畢士安本名士元，其改名原因是，他在雍熙二年兼冀王府記室參軍，冀王名元份，「元」犯王諱。〔註176〕

如同東宮官一樣，兼職王府官也並非都經常可以見到皇子。更有甚者，鄧潤甫曾任翰林學士兼掌皇子閣箋記，實際只是代時爲均國公的哲宗撰寫賀箋等禮儀性文書，其在元祐五年除翰林學士承旨朝野一片反對之聲，劉安世上言中提到此次任命的依據：「及觀告詞，乃知陛下以攀附之故，遂加恩寵。」所謂「攀附」即指鄧潤甫掌皇子閣箋記的經歷。劉安世指出：「前代創業之主，經綸草昧，乃有豪傑之士，用爲佐命之臣，謂之攀附可也。繼體之君，或由儲貳，或自藩邸，春宮、王府，咸備僚屬，以其有保傅之恩、調護之效，謂之攀附亦可也。恭惟陛下初自妙齡，未遑出閣，誕膺天命，遽登宸極，中間溫伯惟曾暫掌箋記，

〔註169〕《攻媿集》卷八十七《少師觀文殿大學士魯國公致仕贈太師王公行狀》。
〔註170〕陳模：《東宮備覽》卷三。
〔註171〕《宋史》卷二百七十七《姚坦傳》。
〔註172〕《宋史》卷三百二十二《陳薦傳》，形容性格，穎王爲皇太子，加右諭德。
〔註173〕《宋史》卷三百二十二《齊恢傳》。
〔註174〕陳模：《東宮備覽》卷二。
〔註175〕《宋史》卷三百四十七《鄭穆傳》。
〔註176〕《宋史》卷二百八十一《畢士安傳》。

何嘗得望清光？而遂以攀附加之，循名考實，顯爲非據。」〔註177〕鄧潤甫掌箋記實際根本沒見過皇子的面，也不能算宮僚，但這種「攀附」的光環卻一直環繞著他，死後以「嘗掌均邸箋奏，優贈開府儀同三司」。〔註178〕

正因爲皇子王府官多是皇帝精心挑選，如果皇子被冊爲皇太子，王府官也多會升爲東宮官。如天禧二年，立皇太子，以升王府諮議參軍、吏部郎中、直昭文館張士遜爲右諫議大夫、兼右庶子，升王府諮議參軍、禮部郎中、直史館崔遵度爲吏部郎中、直史館、兼左諭德，記室參軍、左正言、直史館晏殊兼舍人，玉清昭應宮資善堂都監、左藏庫使、長州刺史、入內押班周懷正爲左騏驥使、入內副都知兼管勾左右春坊事。〔註179〕

出任王府官，在一定程度上意味著未來仕途與皇子相聯繫，一旦皇子最終登極，王府官就成爲重要的憑依。因此，也有王府官與皇子關係相對密切的情況，乾道元年，恭王、鄧王兩府俱生子，恭王府直講王淮攜白箚子見大臣言：「恭王夫人李氏四月十五日生皇長嫡孫」。當時參知政事錢端禮是鄧王夫人之父，爲了爭奪皇嫡孫的名義，堅稱鄧王府先生子，指責王淮「講讀官當以正論輔導，不應爲此邪僻之說」，最終將王淮貶出朝廷。〔註180〕可見當時講讀官與王府的關係還是十分密切的。

宋代親王一般並沒有實際職事，因此一般情況下其接觸範圍主要是王府官，但宋代有一次特例，即乾道七年二月魏王判寧國府，這是宋代親王僅有的出鎮地方，「置長史、司馬各一人，記室參軍事二人，其長史、司馬序位依兩省官奉使法，記室參軍事序位在諸州通判之上。」〔註181〕當時，孝宗欲立第三子惇爲太子，但如何處置次子魏王愷成爲一個大問題，最終選擇魏王出鎮地方。或許是孝宗基於補償心理，魏王出鎮的禮儀特別隆重。

首先，爲魏王踐行特參照元祐五年文彥博玉津園宴餞例，參加者爲宰執、侍從官及權侍郎以上，太子雖要求參加但卻未准許。「赴坐官除宰執、使相以依例席面外，餘官分東西班相向坐，並以北爲上。」「所有合赴官應望闕起居謝恩等，立班及宣勸並乞依逐吹賜喜雪御筵體例。」也就是說宴會程序是按照喜雪御宴體例進行的。其儀式如下：「至赴坐官闕，立班定，揖，躬身再拜，

〔註177〕《續資治通鑑長編》卷四百四十一，10612頁。
〔註178〕《宋史》卷三百四十三《鄧潤甫傳》，10912頁。
〔註179〕《續資治通鑑長編》卷九十二。
〔註180〕《續編兩朝綱目備要》卷一，2頁，汝企和點校，北京：中華書局，1996年。
〔註181〕徐松：《中興禮書》卷一百九十八，清蔣氏寶彝堂鈔本。

起居訖，直身立，再揖，躬身，中使宣『有勅』，再拜，聽口宣訖，再拜，摺笏，舞蹈，三拜。直省官於班前跪執謝恩表，再拜訖，班首稍前摺笏以表授中使，訖，退，赴坐。俟中筵起，再坐，謝花，望闕再拜訖，退赴坐，俟禮畢退。」宴會非常正式，不但按照賜宴例預先貼座位圖，而且在宴會進行中由殿中侍御史負責監察官員是否有違禮的行為。〔註182〕

其次是關於接見郡官的禮節問題，因為沒有前例，於是參照紹興年間前宰相汪伯彥知宣州時的例子，加以修改而成。〔註183〕也就是說按照宰相出知地方的禮例執行。詳情如下：「一、入府界州縣官遠接，長史、司馬、前知府接見外，餘官傳語，候到府相見。一、禮上日接見寄居官，文臣侍從以上、武臣觀察使以上許就廳上轎，其路分鈐轄、教授以上循廊揖退，餘官並階墀退。一、遇出廳，先見長史、司馬，其本府官有職事呈覆，臨時取裁。其過往參辭官，令先投呼召，候點請方許參辭。」〔註184〕這裡列舉了三種情況，即府界郊迎、禮上日、出廳，主要是對親王在何時接見何人的規定。

淳熙四年四月，魏王行江陵尹判明州，再次討論相關儀制，遵循韓琦行京兆尹判大名府與文彥博行真定尹判河南府禮例，由於尹是遙領，「本道不得差人前來，併合降示諭本道勅書及布政牓」。〔註185〕即遙領的地方不必差人拜賀，但需要向該地頒佈敕書及布政榜。〔註186〕

淳熙五年，魏王加雍州牧，特許「坐衙見客出入鼓吹」，按照當時禮臣的觀點，為臣者鼓吹的使用十分少見，一是《政和五禮新儀》冊命諸王時，二是諸府牧，在天子巡狩於其境時。魏王在此獲得了前所未有禮遇。同時，朝廷還頒佈了新的魏王見客儀制：「一、接見寄居及過往前宰執、使相、兩府、太尉，俟親王出廳降揖序坐，茶湯畢，就廳上轎。一、接見見任寄居文臣侍從官以上，武臣正任觀察使以上，及見任三衙管軍、知閣，俟親王出廳贊請某官，俟到位贊揖訖就坐。點茶畢，出笏取覆訖，贊就坐。點湯畢，出笏揖，就廳上轎。內文臣曾任侍從以上、武臣曾任三衙以上同。一、見長史、司馬並見任本路監司及寄居過往監司、諸州知州，俟親王出廳係鞋，贊請某官，

〔註182〕徐松：《中興禮書》卷一百九十八，清蔣氏寶彝堂鈔本。

〔註183〕徐松：《中興禮書》卷一百九十八，清蔣氏寶彝堂鈔本。

〔註184〕徐松：《中興禮書》卷一百九十八，清蔣氏寶彝堂鈔本。

〔註185〕徐松：《中興禮書》卷一百九十八，清蔣氏寶彝堂鈔本。

〔註186〕宋代除授節度使也有類似規定，如《淳熙嚴州圖經》載有趙構封遂安、慶源軍節度使時，在嚴州頒佈的敕書及節度使榜。

俟到位贊揖就坐。點茶畢,贊掇轉倚子,出笏取覆訖,不點湯,揖,巡廊退。
一、見任寄居、過往參議官並諸路知軍、王府記室參軍等,欲並依昨來判寧
國府體例。」〔註187〕相比於之前判寧國府的規定,這次對見客禮儀作了更加
詳細的規定。

最後,值得一提的是宰相與親王的地位問題。宋初,晉王光義、秦王廷
美、武功郡王德昭朝會班次都在宰相之上。太平興國八年十一月,始命宰相
班序在親王之上。太宗的理由是:「宰相實總百揆,與群官禮絕。藩邸之設,
止奉朝請。元佐等尚幼,欲其知謙損之道。」〔註188〕宰相在親王之上,體現
在禮儀上,序班、行馬皆如此,雖然宰臣多次上書辭免,但這一慣例卻得以
延續。〔註189〕紹興時,重修在京通用令,文武官謁見親王儀同謁見宰相儀。
〔註190〕南宋親王上朝的儀制規定:「親王趁赴起居,其麗正、和寧門外待漏閣
子合在西廊,與宰執閣子相對,在見今使相之上。如遇拜表、慶賀等,垂拱
殿門外待班幕次合在宰執之次;垂拱殿門內待班閣子合在西廊,與宰執閣子
對。緣殿門外東西廊別無設置去處,乞將見今南廊上宰執閣子之西空閒閣子
充。若朝獻景靈宮,並巳辰行香,殿門外待班閣子合在西壁,與宰執閣子相
對。」〔註191〕基本上親王待遇與宰執相等,只是一西、一東。

小　結

皇太子儲君的身份,決定了其禮儀上獨特地位。尤其是在宋代,皇太子
極少獲得參加實際的行政事務的機會,禮儀活動是其主要的政治活動。而禮
儀功能的實現又是建立在不斷被闡釋、解讀的過程中。政局的敏感時刻,禮
儀上的微小變動,都被充分解讀。通過在禮儀上的陞降,來釋放對皇子態度,
是宋朝皇帝通常的做法。宋代君主對於立太子的謹慎態度,使得從皇子到儲
君路上的每個禮制環節都具備了被充分解讀的可能。皇子與群臣的交往必須

〔註187〕《宋會要輯稿》職官三七之一一。
〔註188〕《宋會要輯稿》帝系二之一。
〔註189〕《宋會要輯稿》儀制五之三六,紹熙四年三月二十三日,右丞相葛邲言:「伏
　　　　見昨來周必大、留正任右丞相日,序位行馬乞在親王之下。今來臣蒙恩除右
　　　　丞相,序位行馬亦乞在親王之下,庶得少安。」奉御筆:「依禮例,序位行馬
　　　　合在親王之上,更不必辭免。」
〔註190〕徐松:《中興禮書》卷一百九十八,清蔣氏寶彝堂鈔本。
〔註191〕《宋會要輯稿》儀制五之二七。

示之以公〔註192〕,即便是對其屬官也是有相當的忌諱的。對於臣子來說,對待現任君主與未來君主之間要保持一種微妙的平衡。擁立之功在王朝統治時期是一種收益巨大的政治投資,在宋代也是如此,尤其對於科舉選官成爲仕途主要選拔途徑後,官員的未來越來越繫於君主的好惡時期。

礼儀是政治文化的一面鏡子,政治風氣會不斷改造禮儀。宋代尊師的風氣,影響到太子對宮臣的態度,這種禮儀氛圍是皇帝與士大夫共同推動的結果。對於宋代君主而言,基於對自身地位的憂懼,對太子的防範也達到了一個新的高度,在禮儀上壓低皇子的待遇,是爲了壓抑臣子們的政治投機。對太子來說,保持謙虛謹慎的態度,是安上下之心的最佳選擇,尊重宮臣既是這一態度的展現,也是增加自身助力的方式。對於士大夫而言,儲君的形象預示著未來的政治導向,利用禮儀來塑造儲君的政治理念,是其理想與抱負的實施途徑。

〔註192〕洪邁:《容齋隨筆》卷三,「親王與從官往還」:神宗有御筆一紙,乃爲潁王時封還李受門狀者。狀云:「右諫議大夫、天章閣待制兼侍講李受起居皇子大王。」而其外封,題曰「臺銜回納」。下云:「皇子忠武軍節度使、檢校太尉、同中書門下平章事、上柱國潁王名,謹封。」「名」乃親書。其後受之子覆以黃,繳進,故藏於顯謨閣。先公得之於燕,始知國朝故事,親王與從官往還公禮如此。

第五章 禮絕百僚——宋代官場儀制中的宰執形象

　　宰相作為中國古代王朝政治中行政長官，「宰相之職，佐天子，總百官，平庶政，事無不統」〔註1〕，享受著「一人之下，萬人之上」的特殊地位。宋人形容宰相是「旋乾轉坤，贊一人之號令，聲動四海，禮絕百僚」。〔註2〕政治上的地位帶來宰相禮制上的地位，以致宋人稱「祖宗朝宰輔名為禮絕百僚」。〔註3〕但實際上宰相在宋代的品級並非最高，比如僕射在北宋前期承唐制為從二品，元豐新制為從一品，嚴格來說在禮制體系中正一品才是地位最高者。而且宋代官制的實際情況更加複雜，在禮儀上享有「禮絕百僚」的並非只有宰相，禮儀在官場上作為一種待遇，實際上更有更加靈活的應用方式。因此，從儀制地位對宰相的考察，有助於瞭解禮儀在官場上的實際意義。

第一節　優禮大臣：宋代宰執群體的禮遇

　　以儀制地位考慮，在皇權之外享有最高禮遇的宋代官員，包含公師、宰執、親王、使相等，實際上構成了一個禮儀上特殊群體。比如「宰相、樞密、參知政事、使相、節度使見辭，日皆賜飲。其日，宣徽、三司使、學士、節度使兩使留後、觀察使已上並預。」〔註4〕本文以「宰執群體」來代稱，原因

〔註1〕　《宋史》卷一百六十一《職官一》。
〔註2〕　樓鑰：《攻媿集》卷六十三，《代賀史丞相浩啓》。
〔註3〕　洪邁：《容齋續筆》卷十一。
〔註4〕　徐松：《中興禮書》卷一百九十八，清蔣氏寶彝堂鈔本。

是非宰執的官員的禮遇也是以宰執爲參照標準的。

宋代稱宰執，包括宰相與執政官。宋代宰相元豐五年以前是帶「同中書門下平章事」者，新官制實行後是左右僕射，政和中改爲太宰、少宰，靖康時又復爲左右僕射，乾道八年爲左右丞相。執政官則包括參知政事（元豐新制爲門下侍郎、中書侍郎、尚書左右丞）與樞密院長貳（樞密使、知樞密院事、樞密副使、同知樞密院事、簽書樞密院事、同簽書樞密院事）。

宋代以參知政事爲副相，這一名稱最初是源自陶穀對唐代制度的誤讀，參知政事在唐代是宰相之任。乾德二年四月乙丑，以薛居正、呂餘慶爲參知政事，這是宋代參知政事設官之始，其待遇是「不宣制，不押班，不知印，不升政事堂，止令就宣徽使廳上事，殿廷別設磚位於宰相後，敕尾署銜降宰相數字，月俸雜給皆半之」。〔註5〕開寶六年六月，參知政事才獲得升都堂的待遇，以及遇有中書門下押班、知印及祠祭行香，與宰相輪知。此後這些待遇又被取消。雍熙四年，文德殿前始置參知政事的磚位，列在宰相之後。至道時，寇準爲參知政事，「復與宰臣輪日知印、正衙押班，其磚位遂與中書門下一班，書敕齊列銜，街衢並馬，宰相、使相上事，並有公事，並升都堂」；「及萊公罷，遂詔只令宰臣押班、知印，參政止得輪祠祭行香，正衙磚位次宰臣之下立，凡有公事並與宰臣同升都堂，如宰臣、使相上事，即不得升。」〔註6〕寇準憑藉其強勢使得參知政事與宰相享有同等待遇，雖然寇準被罷後待遇再次降低，但參知政事的待遇還是比照之前有所提高。

以參知政事待遇變化來參照，宰相其實享有以下幾種禮遇：知印、正衙朝會押班、祠祭行香、都堂上事。宋初行香禮中有如下程序，「啓聖院、相國寺忌辰行香儀，左右巡使、兩赤縣令於中門相向分立，俟宰臣至，立位前，直省官通攝。案此儀推行雖久，無所據依，大意推崇宰司，故令立班迎候。」〔註7〕上事禮的舉行地點一般設在其辦公衙署，在都堂上事體現著宰相的地位，比如眞宗時就明詔，宰相官至僕射者才可以在都堂上事。〔註8〕參知政事最初在宣徽使廳上事，是將其地位置於宣徽使一級。宣徽使在宋代政治生活中的作用主要集中於北宋前期，宋初「與樞密先後入敘班，蓋視二府一等也，

〔註5〕 《續資治通鑑長編》卷五，125 頁。
〔註6〕 《春明退朝錄》卷中，32 頁，北京：中華書局，1980 年。
〔註7〕 《續資治通鑑長編》卷三百三十一，7989 頁。
〔註8〕 《宋會要輯稿》方域三之三○，大中祥符四年五月一日詔。

每除樞密先爲使者，必辭請居其下，而後從之。熙寧間，始詔定班樞密副使下。」〔註9〕由乾德二年儀制公參之禮可知，樞密使地位與宰相相當，宣徽使則享受副相待遇。

宰相待遇與執政的差別一直存在，如南宋初宰執不再會食，改爲發餐錢，宰相與執政就執行不同的標準。〔註10〕執政官地位雖略遜於宰相，但會儘量爭取享有與宰相同等待遇。如元豐五年尚書左丞蒲宗孟、右丞王安禮因在都堂下馬遭彈劾，原本都堂上下馬是宰相的權力，但王安禮認爲「今日置左右丞爲執政官，不應有厚薄」，最終爭取到了左右丞於都堂上下馬的權力。〔註11〕

樞密院與中書門下並稱「二府」，「每朝奏事，與中書先後上殿」；慶曆時，曾以宰相呂夷簡、章得象併兼樞密使；紹興七年，以宰相張浚兼樞密使，「詔立班序立依宰相例」，之後或兼或否；至開禧，以宰臣兼使，遂爲永制。〔註12〕樞密院長貳起初通稱爲樞密，至南宋逐漸細化，稱「知院」、「同知」。〔註13〕仁宗時宰臣呂夷簡兼判樞密院事，參知政事王舉正認爲宰相與樞密使地位相當，不當用「判」字，呂夷簡因此改爲兼樞密使。〔註14〕淳熙元年九月十四日，「詔自今垂拱殿日參，宰臣特免宣名」，「尋詔除朝賀六參並人使在庭依儀，其餘並免宣名。內樞密使日參，如遇押班，亦免宣名。」〔註15〕之前，只有後殿朝會宰相才免宣名。這裡有幾點需要注意，一是樞密使押班時才免宣名，也就是說作爲宰臣特殊待遇，只有樞密使在承擔宰相禮儀上角色時才可以享有；二是宰相宣名是遵守臣禮，優禮大臣需要注意場合，在某些場合還是必須嚴守君臣之分；三是當時宰相趙雄推辭時說：「陛下欲少更朝儀，須俟他日有碩德在位，行之未晚，決不可自微臣始」，制度的改變在很多時候是非常態逐漸成爲常態的過程。

〔註9〕 葉夢得《石林燕語》卷三，37頁。
〔註10〕 羅大經《鶴林玉露》丙編卷一，渡江初，呂元直爲相，堂廚每廳日食四千，至秦會之當國，每食折四十餘千。執政有差，於是始不會食。胡明仲侍郎曰：「雖欲伴食，不可得矣。」（255頁）
〔註11〕 《宋會要輯稿》儀制五之一八。
〔註12〕 《宋史》卷一百六十二《職官二》。
〔註13〕 岳珂：《愧郯錄》卷九，「樞密稱呼」。洪邁認爲這種說法出自典謁、街卒之口，岳珂則考證其在北宋政和年間已出現。
〔註14〕 《續資治通鑑長編》卷一百三十七，3290頁。按宋代寄祿官高於差遣一品以上稱「判」，即所謂隔品爲判。
〔註15〕 《宋會要輯稿》禮五九之八。

　　樞密使在唐代原本是由宦官擔任，宋代以「樞密、宣徽、三司使副、學士、諸司而下，謂之內職」〔註16〕。這種內職屬性，賦予其在禮儀上是獨特地位。如淳化時「詔兩省及尚書省五品以上皆重戴，樞密、三司使副則不。」〔註17〕下面是對樞密使內職特色的一段描述：

> 大宴，樞密使、副不坐，侍立殿上，既而退就御廚賜食，與閣門、引進、四方館使列坐廡下，親王一人伴食。每春秋賜衣門謝，則與內諸司使、副班於垂拱殿外廷中，而中書則別班謝於門上。故朝中爲之語曰：「廚中賜食，階下謝衣。」蓋樞密使唐制以內臣爲之，故常與內諸司使、副爲伍，自後唐莊宗用郭崇韜，與宰相分秉朝政，文事出中書，武事出樞密，自此之後，其權漸盛。至今本朝遂號爲兩府，事權進用，祿賜禮遇，與宰相均，惟日趨內朝、侍宴、賜衣等事，尚循唐舊。其任隆輔弼之崇，而雜用內諸司故事，使朝廷制度輕重失序，蓋沿革異時，因循不能釐正也。〔註18〕

　　簡言之，宋代儀制承前色彩很濃，樞密使在行政體系中的地位並沒有改變其內職特色。如朝會行馬次序，樞密在三省執政官之前〔註19〕，而且上下馬的地點也不同。〔註20〕實際在禮儀地位上，樞密使要低於宰相。如神宗以文彥博爲樞密使，欲詔宰相陳升之班其下，以示優禮，文彥博推辭說：「國朝未有樞密使居宰相上者，惟曹利用嘗先王曾、張知白，臣忝文臣，不敢亂官

〔註16〕　《宋史》卷一百六十一《職官一》。
〔註17〕　《宋史》卷一百五十三《輿服五》。
〔註18〕　歐陽修：《歸田錄》卷二，27頁。
〔註19〕　《宋會要輯稿》儀制五之二二，政和七年二月二十一日，尚書省言：「修立到諸朝參臣僚行馬次序，俟皇城門開，樞密入，次三省執政官，次一品、二品文臣、六曹侍郎、殿中監、開封尹、大司成、侍從官、兩省，次百官。御史臺編攔依次入。」從之。
〔註20〕　《宋會要輯稿》儀制五之二四，紹興三年二月二十九日，三省、樞密院言：「御史臺牓示行宮南門，令百官朝謁入出。檢準政和四年七月十九日指揮，今後皇城門開，先樞密院，次三省執政官，次侍從官一品、二品文官，次百官，次御史臺官，次侍御史，次御史中丞，次大夫。上馬、行馬失次序之官徒二年，控馬人杖一百。緣舊制，三省、樞密院各班奏事，各廳治事。今宰相兼知樞密院，係同班奏事、同堂治事。兼舊來過前殿，即樞密先上馬，入右掖門，於隔門外下馬，於密院過道門俟三省官同入。過後殿，即同三省官上馬，入東華門，係分兩門入出。今止係行宮南門一門入出，雖遇六參等，止是係殿儀制，班次並與舊例不同。」詔三省、樞密院官赴朝且依見行儀制，回鑾日依舊。

制。」〔註21〕再如乾道元年十二月十五日詔「樞密使汪澈立班恩數並依宰臣。遇立班處，在右僕射之次。其從駕行馬次序，令依見行雜壓條令，在親王之次。」〔註22〕

宰執群體中地位的次序，一般是宰相、樞密使、執政官。如以贈官為例，侍從贈四官，執政五官，樞密使六官，宰相七官，可見其地位的差別。〔註23〕執政初除，封贈三代，此後只有知樞密院及拜相才能再次享有這樣的待遇。〔註24〕寶元二年閏十二月九日，閤門言：「請自今皇帝御宣德門，宰臣、親王、樞密使、使相各許帶從者三人，參知政事、樞密副使、知院、同知院、簽書院事、宣徽使各帶二人。並至第三重門止，餘皆不許。」〔註25〕這裡宰執官待遇被分為兩等。

宋代還有一些官員是沒有實際職事，但在禮儀上享有宰執的待遇的，主要是三師、三公與親王、使相。宋初以「太師、太傅、太保為三師，太尉、司徒、司空為三公，為宰相、親王使相加官，其特拜者不預政事，皆赴上於尚書省。」〔註26〕政和二年，始以三公為真相之任，而且設三少為次相，但這種情況持續時間並不常。三師、三公官品為正一品，在禮儀等級上應該是最高的，但由於其不代表實際職事，實際只是作為優禮元老重臣的存在。宋人對三公的描述是：「三公者，上應臺階，下同元首，表正萬邦，儀刑四海。不必備其官，不可名以職。委任之重，則以論道經邦、爕理陰陽為事；體貌之隆，則御坐為起，在輿為下。非若六卿庶尹，分曹治事而各有常責也。」〔註27〕由於設立不常，公師官具體禮儀多是以宰相為參照的，或者增損，或者相同。如隆興元年四月七日詔：「太傅、寧遠軍節度使、充醴泉觀使、和義郡王楊存中應上下馬處，令依宰臣、親王。」〔註28〕再如慶曆五年六月二十八日詔：「彰信軍節度兼侍中李用和出入許張傘、擊杖子，及上下馬如二府儀，餘無得援例。」其後左僕射、觀文殿大學士、判都省賈昌朝，鎮安軍節度使、

〔註21〕葉夢得《石林燕語》卷九，139 頁。
〔註22〕《宋會要輯稿》儀制五之二八。
〔註23〕《建炎以來朝野雜記》乙集卷十一，680 頁。
〔註24〕洪邁：《容齋四筆》卷十三，789 頁。
〔註25〕《宋會要輯稿》儀制五之一三。
〔註26〕《宋史》卷一百六十一《職官一》。
〔註27〕呂陶：《上哲宗乞優待文彥博而勿煩以事》，《宋朝諸臣奏議》卷七十，773 頁。
〔註28〕《宋會要輯稿》儀制五之二八。

同中書門下平章事程琳，太子太保致仕龐籍，司空致仕宋庠皆用此例。〔註29〕

宋代真正在行政地位上高於宰相的存在是所謂平章軍國重事。元祐元年四月，始以文彥博為平章軍國重事，「可一月兩赴經筵，六日一入朝，因至都堂與執政商量事，如遇軍國機要事，即不限時日，並令入預參決。其餘公事只委僕射以下簽書發遣，俸賜依宰臣例」。〔註30〕之前司馬光就極力建議召文彥博為相，但太皇太后認為「彥博名位已重，又得人心，今天子幼沖，恐其有震主之威。且於輔相中無處安排，又已致仕，難為復起。」因此不得已啟用文彥博時，開始打算命其為右僕射，居司馬光之下，但司馬光言：「臣為京官時，彥博已為宰相，今使彥博列位在下，非所以正大倫也。」文彥博的資歷實在太深，最終創設了平章軍國重事的職位，一方面要藉重文彥博的威望，另一方面還要考慮其身體，因此以「重事」為名。〔註31〕平章軍國重事地位高於宰相，又享有宰相權力，雖非常設，卻成為後人參照的標準。元祐三年以呂公著為「同平章軍國事」，一方面是為了優禮呂公著，使其在宰相之上，另一方面又以呂的資歷不及文彥博因此加「同」字。〔註32〕開禧元年，以韓侂胄為平章軍國事，去「重」字，「則政事無所不關」，省「同」字，「則其體尤尊」。〔註33〕韓侂胄不僅「序班在丞相之上」，而且「三省印並納其第」，實際掌握著丞相的權力。〔註34〕

使相之名源自唐玄宗，指帶三省長官及同中書門下平章事或同中書門下三品的節度使等外任官。〔註35〕北宋前期，節度使、樞密使、親王、留守、檢校官兼中書令、侍中、同中書門下平章事為使相〔註36〕；元豐改制後，節度使帶開府儀同三司為使相〔註37〕。使相並不參與政事，只是在除授將相等的制敕章節附註一「使」字。〔註38〕使相的這一權力源自乾德二年，范質等三相皆罷，任命新相時，沒有宰相書敕，最終以皇弟開封尹、同平章事趙光

〔註29〕《宋會要輯稿》儀制五之一三。
〔註30〕《續資治通鑑長編》卷三百七十七。
〔註31〕洪邁：《容齋四筆》卷七「文潞公平章重事」，716～717頁。
〔註32〕《續資治通鑑長編》卷四百九。
〔註33〕《建炎以來朝野雜記》乙集卷十三，710～711頁。
〔註34〕《宋史》卷四百七十四《韓侂胄傳》，13775頁。
〔註35〕《唐會要》卷一。
〔註36〕《續資治通鑑長編》卷十七，開寶九年二月庚戌。
〔註37〕《文獻通考》卷十八「開府儀同三司」。
〔註38〕《宋會要輯稿》職官一之一六。

義書敕。〔註39〕此後相沿成為慣例，但其實只是一種禮儀上的待遇而已，使相並不能藉此干政。當時關於由誰代替宰相書敕，由兩種意見，竇儀主張使相，陶穀則主張由尚書，理由是「今尚書亦南省長官」。兩人實際上是邏輯出發點的差異，竇儀以禮儀為出發點，使相帶平章事之銜，在禮儀上享有宰相待遇；陶穀則從行政權力出發，宰相為三省長官，宰相缺，當以三省中位置最高者代。

使相在雖無實際職事，但其待遇常與宰執相等。如淳熙四年規定：「每遇朝會，合赴立班官將帶人從，宰執、使相、兩府合破引接直省官抱笏人外，大程官五名，侍從、兩省、臺諫、正任、知閣、管軍從人四名，御帶、環衛官、卿監、郎官三名，其餘百官二名。每遇忌辰行香，除宰執、使相、兩府於合下馬處，侍從、兩省、臺諫、正任、知閣、管軍、御帶、環衛官、卿監、郎官、其餘百官至景靈宮櫺星門外上下馬。」〔註40〕朝會所帶隨從與忌辰行香，宰執、使相、兩府都享有同等待遇。再如淳熙九年八月七日詔：「明堂大禮，自宿殿日，宰執、使相、郡王並前兩府於皇城南北門裏幕帳門外下馬，文臣待制、武臣觀察使以上於皇城南北門為宮門外下馬。」〔註41〕大禮時宰相與使相同處下馬。朝會班位順序一般來說是「宰相壓親王，親王壓使相。」〔註42〕

宰相在品級上並非最高，因此在禮儀上以何者為尊是儀制上討論的問題。比如乾德二年關於拜表表首的討論，爭論僕射與太子三師何者為表首。下文是當時竇儀的上言，其逐條批駁反對意見，包含了大量關於宋初官制的信息。

> 得尚書省牒，奉前月二十八日敕節文，御史臺、太常禮院定左右僕射、東宮三師為表首，未有所從，令臣等參議以聞者。
>
> 臣等今詳東宮三師為表首，討論故實全無證據。其左右僕射援引制敕合為表首者，其事有六。謹按《周官》先敘六官，又準《六典》尚書為百官之本，今自一品至六品常參官，每班以尚書省官為首，則僕射合為表首一也。又按《唐會要》及《禮閣新儀》，貞元二年十月七日御史臺奏：每有慶賀，及須上表，並令上公行之，如無

〔註39〕《宋史》卷一百六十一《職官一》，3774頁。
〔註40〕《宋會要輯稿》儀制五之三二。
〔註41〕《宋會要輯稿》儀制五之三二。
〔註42〕葉夢得《石林燕語》卷九，139頁。

上公，即尚書令僕已下行之：其嗣王合隨宗正，若有班位，合依王品，此則嗣王雖一品不得爲表首二也。又據故事，僕射位次三公，則僕射合爲表首三也。又準故事，僕射是百僚師長，即無東宮一品爲師長之文，是知上臺表章僕射當爲表首四也。又準晉天福二年敕節文，今後凡有謝賀上表並令上公行之，如三公闕，令僕射行之，則上臺表章僕射當爲表首五也。又立班之制卑者先入後出，尊者後入先出，見今東宮一品立定，僕射乃入，僕射既退，兩省班退後，東宮一品方出，即輕先重後之禮較然可知，則僕射合爲表首六也。

伏以百王儀制，歷代遵承，凡欲改更，必求典故，今御史臺檢討有憑，事理甚允。議者或引百僚起居之日，宰相偶不押班，東宮一品在前，不可卻通僕射。臣等答曰：必若合通前立之者，則兩省官班在前，如通最在前班，必求宰相之次爲首，則非上臺僕射。而誰又曰：一品爲尊，二品爲次。臣等答曰：班秩之內緊慢是分，或有自四品入三品爲黜官，丞郎入卿監是也；從四品入五品爲進秩，少卿入郎中是也；四品在三品之上，諸行侍郎於卿監是也；七品八品在雜五品之上，殿中侍御史、補闕、拾遺、監察於三丞五博是也。若不以省臺緊慢，次第相準，居此官者，肯以品爲定乎？又大凡尊卑各有倫等，雖係君臣之際，可論父子之間，上臺則君父之官也，東宮則臣子之官也。若或品位懸邈，亦可尊卑，各申奈將臺職緊慢不同，實恐統攝不得，假若輕重雖等，亦須推獎上臺。議者又曰：新定合班最可爲準。臣等答曰：近敕合班之位，僕射與東宮三師不曾改移，上件所引故實敕文，當時與今無異，此乃仍舊，不是新條。又議者曰：僕射重輕不同往日。臣等答曰：此官崇重，儀亞三公，上事舊規，典冊具在；公參之禮，立朝之儀，見今可知，何曾損減。又議者曰：假如百僚，同署一狀，必須依次署名。臣等答曰：此議只爲表章，獨以一人結銜爲首，且云『文武百僚臣等』，此則是總統文武衆官，見有正銜重官，太子宮臣難以爲首。若援引依次聯署，實又與此不同。又議者曰：表首之人近亦曾有三少。臣等答曰：今爲在朝見有僕射，表首難定宮臣，歷朝典據分明都來不取，近或重輕顛倒，卻引爲憑脫，或不論官曹，不取緊慢，不以近尊爲重，但只據品而言，則上來班位及於資品，以至僕射出入，今後併合改更。

若變舊章，於時何益。

　　臣等欲請依唐貞元、晉天福敕，及諸故實，並今御史臺衆議，
以僕射爲表首。一則正上臺之綱紀，一則遵歷代之楷模，免至鑿空，
驟從臆說，俾其名分不至奪倫。〔註43〕

　　竇儀主張以僕射爲表首，列舉了六條理由，其主要依據，一是尚書省是行政體制的核心，所以當時朝會一品至六品班，班首都是尚書省官；二是唐貞元二年與晉天福二年的規定都是以三公爲表首，三公缺則以尚書省長官代替，也就是說僕射位置僅次於三公，而且貞元二年的規定，嗣王隨宗正班，品級雖高卻不爲表首；三是，僕射「百僚師長」，東宮三師只是太子師傅；四是依據當時朝會立班的出入順序，按照地位低者先入後出的原則，東宮三師地位低於僕射。當時堅持以太子三師爲表首者，以陶穀爲代表，「按唐制上臺、東宮並是廷臣，當時左右僕射、侍中、中書令爲正宰相。貞觀末，帶同中書門下三品者方爲宰相。今僕射既非宰相，合在太子三師之下，理固不疑。若以宮僚非廷臣，即宰相豈當兼領？今若先二品而後一品，升後列而退前班，紊其等威，事恐非順。請以太子三師爲表首。」〔註44〕雙方爭論的焦點在於以下幾點：一是官品的適用，太子三師是一品，僕射爲二品，但正如竇儀所舉的一系列例子，當時「班秩之內緊慢是分」，官品在一定程度上已經失效了，官員地位取決於職位的重要程度。二是禮例的適用，雙方都有支持其觀點的前例，尤其是陶穀一方，之前范質等三相皆罷，當時內殿起居的班首以太子太師侯章暫充，這一安排表明東宮三師地位是在僕射之上的。〔註45〕而東宮三師按照唐制是太子之官，在此意義上講是無法作爲統領百官的，這也是竇儀一方的重要依據，但陶穀等堅持東宮三師成爲前任宰相的加官，也就意味著其具備了統領百官的資格。而且竇儀等還強調表章只是一人結銜，考慮的是統屬關係，而非品級高低。

　　造成這次爭論的根本原因，其實就是僕射的地位問題。僕射在唐初原爲宰相之任，但後來地位逐漸下降，安史之亂後多作爲武人藩鎮的加銜，其禮儀地位的陞降與唐五代的政局變化密切相關，朝廷一方面加重僕射之禮以褒

〔註43〕　竇儀：《左右僕射東宮三師爲表首議》，呂祖謙《皇朝文鑒》卷一百五。
〔註44〕　《宋史》卷一百二十《禮二十三》，2818～2819頁。
〔註45〕　《續資治通鑒長編》卷五，118～119頁。

揚武臣，另一方面又要維護朝廷尊嚴，在某些禮儀環節上壓抑武臣。〔註 46〕乾德二年的情況，范質三人罷相後，范質爲太子太傅、王溥爲太子太保、魏仁溥爲左僕射，繼任宰相的趙普官銜是門下侍郎、平章事、集賢院大學士。也就是說當時僕射非宰相。而且依照三人之前的級別，范質兼昭文官大學士爲首相，王溥兼修國史爲次相，魏仁溥兼集賢殿大學士其次，驗證了東宮三師確在僕射之上。〔註 47〕而且，建隆三年頒佈的合班儀，東宮三太在僕射之前。〔註48〕再考察貞元二年的「文武百官朝謁班序」，官員班位分爲兩類：一是中書門下、供奉官、御史臺官及殿中省當直官，依職事有專門的班位；二是其餘文武百官依官品分班，東宮三太列一品班，僕射則在二品班。〔註 49〕也就是說太子太師侯章在朝廷無宰相的情況下爲班首是符合貞元以來的儀制的。這次的爭論，竇儀一方的意見實際上更符合唐代三省制設官原意，而陶穀等的意見則符合五代以來所沿用官序班位。那麼竇儀等的意見最終被採納，或可以視作宋朝試圖重新整理官制的表現。就其結論而言，這次的討論只是一種過渡，實際上宋代還是以宰相爲表首的。

宰相的兩種身份，「禮絕百僚」與行政長官在某些情況下是可以分離的，這尤其體現在前任宰執的待遇上。如資政殿大學士之設，就是因爲王欽若罷參知政事後，不願降低自己班位。〔註 50〕王欽若原本授資政殿學士，但宰相寇准定其班位在翰林學士之下，王欽若訴於眞宗，認爲自己在擔任參知政事之前就是翰林學士，現在地位還不如以前，眞宗因此特設資政殿大學士，班次在翰林學士之上，以安慰王欽若。乾德元年詔，「凡一品致仕，曾帶平章事者，朝會綴中書門下班。」〔註 51〕這是對前任宰相在朝會班位上的優待。比如前任兩府見宰相有輟案之禮，「百官以事至中書，即宰相輟案，百官北向而坐；前兩府白事，即宰相去案，敍賓主東西行坐，時謂之輟案」。熙寧時，曾孝寬以端明殿學士簽書樞密院公事，此後因父憂去位，除服後判司農寺，吳充時爲宰相，「不以前兩府之禮待之，每至中書不爲輟案」，曾孝寬因此拒絕

〔註46〕 參見吳麗娛：《試論唐後期中央長官的上事之儀：以尚書僕射的上事爲中心》，《中國社會科學院歷史研究所學刊》第三集，263～291 頁。
〔註47〕 《宋史》卷一百六十一《職官一》。
〔註48〕 《宋史》卷一百六十八《職官八》，3998 頁。
〔註49〕 《唐會要》卷二十五。
〔註50〕 歐陽修：《歸田錄》卷一。
〔註51〕 王林：《燕翼詒謀錄》卷一。

見宰相，有公事也只是同僚前往。〔註52〕元豐以後高麗時節所過州都要長官郊迎，張安道知南京，獨曰：「吾嘗班二府，不可爲陪臣屈。」遂以通判代之。〔註53〕基於對前任宰相的尊重，宋代「若召故相，則率置諸見當國者之上」。比如隆興元年冬，湯思退爲右僕射，張浚爲樞密使，孝宗打算任命張爲左僕射，高宗曰：「湯思退元是左相，張浚元是右相，只仍其舊可也。」〔註54〕再如淳熙元年詔少保、觀文殿學士、充醴泉觀使、侍讀史浩「合班處於宰臣之東一行，歇空立班，從駕日在少保、永陽郡王居廣之東，行馬並在執政官之上。」史浩上言推辭：「臣竊以執政大臣實佐天子出令，非歸班奉祠之比，使居上列，臣所未安。欲援少傅、嗣濮王士輠例，特免從駕。其立班乞只於執政一行近東別作一班。」〔註55〕雖然史浩辭免，但孝宗確有意讓前任宰相立班在宰相之前。明道中，王曾以故相召爲檢校太師、樞密使，時相李迪尊稱其爲「樞密太師相公」。〔註56〕這樣的稱呼將王曾過去與現在的官職全包含在內，重心卻在其故相的身份上。前任宰執在與地方官員相見時享有特殊待遇，《慶元條法事類》中有如下規定：「諸發運、監司見前宰相、執政官，雖係本路，並客位下馬，聽就廳上馬。」〔註57〕這種待遇其實是超越統屬關係的，強調的是宰執官統轄百官的地位。

　　當然見任宰執與前任之間，禮儀上還是有差別的，北宋前期「凡宰執官自爲一班，獨出百官之上，雖前宰相以宮師致仕者，皆不得與宰執官齒。」〔註58〕當時樞密副使的班位也在太師一品之上，「至其罷免歸班，則與庶位等」。而且還有不少，執政官罷官後未與優待，如李崇矩自樞密使罷爲鎮國軍節度使，最終死在判金吾街仗司任上；趙安仁曾任參知政事，後判登聞鼓院；張鎔嘗知樞密院，後監諸司庫務；曾孝寬以簽書樞密，因丁憂去職，除服判司農寺；張宏、李惟清皆自樞密副使改御史中丞；「其他以前執政而爲三司使、中丞者數人；官制既行，猶多除六曹尙書」。這種狀況「自崇寧以來，乃始不

〔註52〕江少虞《新雕皇朝類苑》卷二十六「前兩府白事宰相揖案」。
〔註53〕葉夢得《石林燕語》卷三，44頁。
〔註54〕洪邁：《容齋五筆》卷十，953頁。
〔註55〕《宋會要輯稿》禮五九之九。
〔註56〕洪邁：《容齋三筆》卷四，「樞密稱呼」，466頁。
〔註57〕《慶元條法事類》卷四，37頁。
〔註58〕王林：《燕翼詒謀錄》卷一。

然。」〔註59〕但是建炎四年七月八日詔：「非見任宰執到都堂，除正一品序坐外，並在見任宰執之下，餘依自來條例。」〔註60〕可見，雖然前任宰執待遇得以提高，但見任與前任之間還是存在禮儀差距的。

紹興時，前宰相汪伯彥以檢校少傅、保信軍節度使知宣州，其接見郡官儀制如下：

> 一前知府汪相公初入府界，沿路如有州縣官遠接，臨時取稟，以官序請見，或傳語，候到相府見。

> 一禮上日，本府官員並在客位，客將分子資次以官序，用坐圖二面及以客目牌子，分西北兩行排坐圖，坐圖一面安在客位，呈知官員一面，先次呈定，留坐位右手下，候謝恩交割府事牌印畢。第一次先請權府官、通判，第二次請近上寄居官、并路分鈐轄，第三次請教授職官及以次寄居，第四次請兵官、丞、參、簿、尉、監當官。官並階墀訖，退，所有近上寄居官並通判、路分鈐轄、教授並就廳上轎。

> 一逐日早衙，遇出廳，應有職事稟覆官及過往參辭官，並公裳，客將依前項禮上日用坐圖排辦定，呈覆請見。內過往參府官先覆知合與不合請見，如官員呈納稟覆箚子等文字，客將呈坐圖時覆知。茶畢，轉案，汪相公起立，取稟官扣案前呈稟，請判，或留下，並收入紫袋。候官客退，呈押如是。合階墀不應接坐官有職事稟覆，候轉安【案】押文字時上廳取稟訖，退。

> 一晚衙有職事，取稟官並衫帽，客將上官客牌取覆請見，茶畢，轉案呈納文字畢，點湯退。內有合就廳上轎官，即當廳上轎，所有階墀官依前項早衙體例。〔註61〕

這一儀制涉及四種情形，即郊迎、上事、早衙、晚衙。這裡有幾點需要注意，一是早衙與晚衙的區別在於服飾的差異，即「公裳」與「衫帽」之別，也就是公服與便服之別。二是待客分爲兩類，接坐者奉茶，不接坐者階墀行禮，但兩者取稟公事時相同，主客都立於案旁。孝宗時魏王出鎮，據此製定接見郡官儀制，一方面是考慮到親王與宰相地位相當，另一方面也是因爲前任宰執在地方具有較高的禮儀地位。

〔註59〕《容齋續筆》卷十一，357頁，北京：中華書局，2005年。
〔註60〕《宋會要輯稿》儀制五之二三。
〔註61〕徐松：《中興禮書》卷一百九十八，清蔣氏寶彝堂鈔本。

　　制度運行過程是一個動態的過程，非常態的狀況與常態應當受到同等的重視。原因是一方面非常態的衡量是以常態規定爲標準的，兩者是相對而言的；另一方面，非常態通常意味著當政者釋放的更強烈的訊號，更能體現當政者的意圖。因此對「優禮大臣」狀況的考察，有助於深入瞭解儀制實行的狀況。《宋會要輯稿》禮之四七是「優禮大臣」，從其內容看，優禮大臣的對象主要是一類是元老重臣，主要是前任宰執；第二類是親王，尤其是皇帝的長輩，如皇叔。恩異：如詔書及贊拜皆不名，如肩輿入朝，並賜元老大臣。〔註62〕

　　其禮節則主要集中於朝會時，一類是常規性賜予，《宋史·職官志》載：「賜六，劍履上殿，詔書不名，贊拜不名，入朝不趨，紫金魚袋，緋魚袋。」〔註63〕第二類是特賜，比如考慮到大臣的身體狀況而免拜賜坐，或免舞蹈，或者由其子扶掖，入朝時或乘轎，或肩輿。其他情況則有探問疾病，或者遣醫送藥。孝宗時丞相王淮見百官，「時伏暑甚，丞相淮體弱不能勝，至悶絕」，孝宗因此下詔允許百官「衩衣見丞相」。〔註64〕

　　賜坐是視爲優禮，與宋代的政治背景密切相關。宋代大臣「常朝奏事立語而退，非謝、辭、賜宴未嘗坐也。」〔註65〕宋人的論述都以宋初宰相立奏事，始於范質。〔註66〕這一禮儀上的變化被被宋人反覆提及，「世多言本朝任相不專，自罷坐論之禮始」，徐自明曾以趙普的例子反駁這種觀點，認爲太祖非任相不專。〔註67〕實際上宋人論述邏輯無非兩點，一是要求皇帝「體貌大臣」，坐論之禮的廢除，使得賜坐成爲優禮大臣的內容；二是要求與皇帝「坐而論道」，增加與皇帝接觸的機會。坐與立的禮節在此就具有了雙重意義，一

〔註62〕趙升：《朝野類要》卷三，74頁。

〔註63〕《宋史》卷一百七十。

〔註64〕葉紹翁：《四朝聞見錄》甲集，7頁，沈錫麟、馮惠民點校，北京：中華書局，1989年。所謂「衩衣」，兩側開衩的長衣，常代指便服，（元）胡三省《通鑑釋文辨誤》卷十一：「衩衣二字，今人所常言也。凡交際之間，賓以世俗之所謂禮服來者，主欲從簡便，必使人傳言曰：『請衩衣。』客於是以便服進。又有服宴褻之服而遇服交際之服者，必謝曰：『衩衵無禮。』」

〔註65〕朱翌：《猗覺僚雜記》卷下，清知不足齋叢書本。

〔註66〕關於宋初廢坐論之禮的研究，參見鄧小南：《祖宗之法：北宋前期政治述略》214～225頁，北京：生活·讀書·新知三聯書店，2006年。鄧小南先生認爲坐論之禮的取消，關鍵在於「不得從容」，也就是說由宰相職責重心的轉變所決定，而非主要是禮遇隆殺問題，宰相爲「細務」所困，失去了「坐而論道」的從容，而「坐而論道」在一定程度上轉移到經筵上。

〔註67〕徐自明：《宋宰輔編年錄》卷一。

方面是有等級差別的待客禮儀，另一方面代表了談論內容的差異，立奏更多的是公事，坐論則包含了更多感情的溝通。

　　大臣因爲疾病而免舞蹈，並非大家都可以享有。如嘉祐五年六月二十六日，閣門編纂條例所言：「伏見臣僚以疾乞免大起居舞蹈之類，竊以臣下見君，當極恭肅，一有不至，罪罰及之。以疾自言，乞損拜伏，人取其便，非所以致恭肅、尊朝廷也。且有疾與告，著令所容，殺禮見君，古訓無有。自今敢干請者，乞令閣門彈奏，重致其罰。惟勳德大臣，朝廷特禮，必藉任使，自從特旨，作崇政殿進呈。」〔註 68〕這一只有「勳德大臣」享有的禮遇，需要皇帝特旨，其他官員即使行動不便也無法享有。

　　對於優禮，臣子應當再三辭免是慣例。元祐元年四月詔「守太師致仕文彦博赴闕，獨班起居，減拜，肩輿至下馬處，子弟一人扶掖。出入儀制，依見任宰臣。」〔註 69〕此時文彦博將任平章軍國重事，因此特別優禮。之後，特旨文彦博等入朝免拜禮。〔註 70〕文彦博再三辭免，翰林學士蘇軾言：「若聖上優閔老臣，眷眷不已，遇其朝見，間或傳宣不拜，足以爲非常之恩。」〔註 71〕最終接受了蘇軾的建議。對於優禮大臣，朝野中始終存在著贊成與反對兩種聲音，但這是因人而異。比如蔡襄認爲皇帝「假人以恩則可，假人以禮則不可」。〔註 72〕韓琦就曾攻擊王隨稱病減拜，是「固寵慢上」。〔註 73〕司馬光

〔註 68〕《宋會要輯稿》儀制五之一四、一五。

〔註 69〕《宋會要輯稿》禮四七之六。

〔註 70〕《續資治通鑑長編》卷四百四，9844～9845 頁：詔賜文彦博、呂公著曰：「朕聞幾杖以優賢，著之典禮：臺老無下拜，書於春秋。魏太傅鍾繇以足疾乘車就坐，自爾三公有疾，以爲故事。而唐司徒馬燧亦以老疾自力，對於延英，詔使毋拜。今吾耆老大臣，四朝之舊，德隆而望重，任大而憂深者，惟卿與公著而已。方資其蓍龜之告，豈責以筋力之禮？今後入朝，凡有拜禮，宜並特免。卿其專有爲之報，略無益之儀，毋或固辭，以稱朕意。」

〔註 71〕《宋會要輯稿》禮四七之一〇。

〔註 72〕《歷代名臣奏議》卷一百三十二，知諫院蔡襄乞罷呂夷簡商量軍國事。

〔註 73〕《續資治通鑑長編》卷一百二十一，2862 頁：蓋以宰臣王隨登庸以來，衆望不協，差除任性，褊躁傷體。廟堂之上，不聞長才遠略，仰益盛化，徒有延納僧道、信奉巫祝之癖，貽誚中外。而自宿疹之作，幾涉周星，安臥私家，備禮求退。方天地有大災變，陛下責躬訪道之際，不思抗章引避，而不朝君父，扶疾於中書視事，引擢親舊，怡然自居。暨物議沸騰，則簡其拜禮，勉強強入見，面求假告，都無省愧之心。固寵慢上，寡識不恭之咎，自古無有。今聞所患再加，不能復詣中書養疾。陛下優遇之禮，既已備矣。彼人貪祿竊位之計，亦已窮矣。

曾反對給內侍麥允言「贈以三公之官，給以一品鹵簿」，強調「陛下雖欲寵秩其人，而適足增其罪累也」。〔註74〕

就實際利益而言，優禮對大臣是有兩面性的。比如大禮召兩府舊臣配位也是一種優禮，關鍵是大禮時「賜予備厚，復恩其子」。〔註75〕另一方面，禮遇有時也是一種負擔，如遣醫給大臣診治，如果醫生醫術不佳，大臣又不能拒絕，往往對病情有害無益。再如遣內侍監護葬事，稱爲「敕葬」，由於內侍負責操辦喪事不計代價，往往有使喪家傾家蕩產者。因此當時有「宣醫納命，敕葬破家」的諺語。〔註76〕

優禮大臣的禮節多數是以宰執爲參照，有時雖然不局限於宰執，但是都需要特旨。如嘉祐五年閣門編纂條例所言：「大朝會綴中書門下班，座杌子，戴涼傘，中書、樞密院下馬處下馬之類，皆是特恩異禮，近歲大臣例多得之。看詳前件禮數，皆朝廷所以尊異執政大臣也，非其人、無其位者不當有也。若人人得之，則車服輕而不尊；車服輕而不尊，則賢者忽而不肖者有慢上之心矣，其漸不可不慎也。」〔註77〕對於前任宰執而言，優禮的方式之一就是享有與現任一樣的禮遇。比如宋代「生日賜禮物，惟親王、見任執政官、使相，然亦無外賜者。」但元豐中特賜王安石，視爲異恩。〔註78〕有時爲了突出優禮對象的地位，禮節參照宰相而加碼，如度宗對賈似道「每朝必答拜，稱之曰『師臣』而不名」。〔註79〕

第二節　宋代宰相儀制

宋代宰相作爲群官之首，在禮儀上享有臣子的最高待遇。宰執的禮儀地位的凸顯，體現在政治生活的許多方面。比如，徽宗時「尚書省公相廳改作都廳，內外都廳並行禁止」。〔註80〕也就是說宰相議事之處以「都廳」爲名，地方就不能再有同樣名字的建築。再如釣魚宴，釣到魚的先後也要按照天子、

〔註74〕 司馬光：《上仁宗論不宜給麥允言鹵簿》，《宋朝諸臣奏議》卷六十九，763 頁。
〔註75〕 馬遵：《上仁宗乞加禮杜衍等》，《宋朝諸臣奏議》卷七十，772 頁。
〔註76〕 葉夢得《石林燕語》卷五，67 頁。
〔註77〕 《宋會要輯稿》儀制五之一四、一五。
〔註78〕 葉夢得《石林燕語》卷六，88 頁。
〔註79〕 《宋史》卷四百七十四《賈似道傳》，13783 頁。
〔註80〕 《宋會要輯稿》刑法二之八〇，宣和三年四月九日，懷安軍奏。

宰相、侍從的順序，侍從即使先釣到魚也不能舉杆。〔註81〕宋代傘是人臣通用，但百官在京城內的使用受到限制，宋初只有親王才可以用；太平興國中，宰相、樞密使才開始用，此後一段時間近臣、內命婦也用；大中祥符五年，下詔只限宗室使用，次年即再次允許中書、樞密使使用；熙寧時則只許執政官及宗室。在京城之外官員使用則不受限制。〔註82〕北宋臣僚上表、箚子陳請某事，只有宰相、親王、樞密使才能享受皇帝手詔、手書答覆的待遇，其餘官員即便是參知政事與樞密副使也沒有此禮遇。〔註83〕再如「國朝宰相雖單名亦不出姓，他執政則書，異宰相之禮也。」〔註84〕宰相出入都堂，「前有朱衣吏乘騎對引」，即便是無常朝之時，也享有此待遇。〔註85〕禮儀與身份是密切相關的，身份不同禮儀也存在差異，而當身份轉換時，常需要通過特定的儀式。〔註86〕對於宰相而言，其身份由庶官變成宰相的相關禮儀顯得尤其重要，本節以拜相與赴上兩種儀制爲例來討論宰相的儀制形象。

一、拜相之禮

常規的拜官之禮，依照所授官職的差異而不同，對於大臣而言，等級最高的是冊拜。這種等級差別是建立在命官文書的等級之上的。《文獻通考》記載宋代文書等級如下：

> 命令之體有七：曰冊書，立后妃，封親王、皇子、大長公主，拜三師、三公、三省長官，則用之。曰制書，處分軍國大事，頒赦宥德音，命尚書左右僕射、開府儀同三司、節度使，凡告廷除授，則用之。曰誥命，應文武官遷改職秩、內外命婦除授及封敘、贈典，應合命詞，則用之。曰詔書，賜待制、大卿監、中大夫、觀察使以上，則用之。曰敕書，賜少卿監、中散大夫、防禦使以下，則用之。曰御箚，布告登封、郊祀、宗祀及大號令，則用之。曰敕榜，賜酺

〔註81〕《涑水記聞》卷三，54～55 頁，北京：中華書局，1989 年。

〔註82〕《宋史》卷一百五十《輿服二》，3510 頁。

〔註83〕洪遵：《翰苑遺事》，嘉祐七年二月，《全宋筆記》第四編第八冊，103 頁。

〔註84〕葉夢得《石林燕語》卷六，87 頁。

〔註85〕趙升：《朝野類要》卷五，104 頁。

〔註86〕人類學有「過渡禮儀」（rites of passage）的概念，這一概念自根納普（Arnold Van Gennep）在其《過渡禮儀》（Les Rites de Passage，1909）一書中提出後，主要是指那些與人生的轉捩點有關的儀式，即個人或社會從一種狀況到另一種狀況的轉換過程。

及戒勵百官、曉諭軍民，則用之。皆承制畫旨以授門下省，令宣之，
侍郎奉之，舍人行之。〔註87〕

這種分類體系承自《唐六典》，「凡王言之制有七，一曰冊書，（立后建嫡，
封樹藩屏，寵命尊賢，臨軒備禮則用之。）二曰制書，（行大賞罰，授大官爵，
釐革舊政，赦宥降慮則用之。）三曰慰勞制書，（褒贊賢能，勸勉勤勞則用之。）
四曰發日敕，（謂御畫發日敕也。增減官員，廢置州縣，徵發兵馬，除免官爵，
授六品以下官，處流已上罪，用庫物五百段、錢二百千、倉糧五百石、奴婢
二十人、馬五十疋、牛五十頭、羊五百口已上則用之。）五曰敕旨，（謂百司
承旨而爲程序，奏事請施行者。）六曰論事敕書，（慰諭公卿，誡約臣下則用
之。）七曰敕牒，（隨事承旨，不易舊典則用之。）皆宣署申覆而施行焉。」
〔註88〕與唐代相較，宋代文書更凸顯了官僚的等級性，如詔書與敕書之分。《唐
六典》實際並不能代表唐代的整體情況，宋初的制度實際是晚唐五代的延續，
但制度中官僚的色彩處於一個逐漸加重的過程中，誥命作爲官僚身份文書正
式列入這一體系中就體獻了這一點。〔註89〕

關於宋代冊拜大臣之禮，《開寶通禮》載有「三師、三公、親王、大臣臨
軒冊命儀」，但因爲大臣都上表辭免，因此實際沒有舉行過。《政和五禮新儀》
載有「冊命諸王大臣儀」，其程序分爲陳設與臨軒冊命兩部分，實際只是授冊
過程，這樣的內容其實延續自唐代，《大唐開元禮》中載「臨軒冊命諸王大臣
儀」、「朝堂冊命諸臣儀」，兩者程序上更加接近。但兩者有一個重要的區別，
即冊命親王大臣儀在《大唐開元禮》屬於嘉禮，《政和五禮新儀》卻列入軍禮，
其依據是《周禮·大宗伯》五禮體系，軍禮「通邦國」，包含「大師之禮用眾
也，大均之禮恤眾也，大田之禮簡眾也，大役之禮任眾也，大封之禮合眾也」，
將冊命親王大臣視作大封之禮的代表。〔註90〕在某種程度上反應了《政和五
禮新儀》的理想主義傾向，更回歸經學，而非現實。

通常宋代拜相的文書以「白麻」爲名，代表了一種禮遇。〔註91〕宣麻在

〔註87〕《文獻通考》卷五一《職官考》「中書省」條，同樣內容又見《宋史》卷一百
　　　六十一《職官一》，3783 頁。
〔註88〕《唐六典》卷九「中書令」，陳仲夫點校，北京：中華書局，1992 年，273～
　　　274 頁。
〔註89〕唐代官告是可以自己書寫的，如顏眞卿的告身（洪邁《容齋隨筆》卷三）。宋
　　　代則必須由朝廷頒發，象徵著任官之權掌握在朝廷手中。
〔註90〕《政和五禮新儀》卷首，議禮局箚子、大觀四年四月九日御筆指揮。
〔註91〕關於唐宋麻制的相關變化參看沈小仙、龔延明：《唐宋白麻規制及相關術語考

宋代代表了臣僚授官的最高禮遇。乾道七年四月，皇太子判臨安府，有人質疑「宣麻給告非待儲貳之禮」，當時群官集議的結果認為麻制足夠隆重，但為了凸顯皇太子的地位，不給官告，最終「依自來詔書體式，略換首尾，書寫一通」，以代替官告。〔註92〕這種狀況的出現，自有其演變的脈絡。唐代「冊書用簡，制書、勞慰制書、發日敕用黃麻紙，敕旨、論事敕及敕牒用黃藤紙，其赦書頒下諸州用絹。」〔註93〕這裡文書材質分為簡、黃麻紙、黃藤紙三等，而白麻紙等級與黃麻紙等級相同也是用於制書，其區分在於學士草制由於不經中書，所以特用白麻以示區別。〔註94〕因為冊書成立之前是需要先有制書的任命，唐代命相也是以翰林學士草制，因此白麻成為命相代名詞。〔註95〕正因為宰相「禮絕百僚」的地位，白麻逐漸成為命官的最高禮儀等級，演變到宋代，雖然制書用紙實際為楮紙，但仍以「白麻」為名，而且不復有黃麻與白麻的區別。王欽若天禧四年除山南東道節度使、同平章事、判河南府，「晏見，上問曰：『卿何故不之中書？』對曰：『臣不為宰相，安敢之中書。』上顧都知送欽若詣中書視事，令設饌以待之。（丁）謂曰：『上命中書設饌爾。』欽若既出，使都知入，以無白麻不敢奉詔，因歸私第。有詔學士院降麻，謂乃除欽若使相，為西京留守。上但聞宣制亦不之寤也。」〔註96〕在此，白麻是宰相任命的必備條件，丁謂也正是在制書內容上做手腳，以阻止王欽若拜相，宣制之後，王欽若也無力迴天。

宋代命官過程實際上包含了一系列繁複禮儀程序，可以從相關文書窺見其大略。周必大文集中記載了其進少傅時一系列文書，其中可見授官時的一些程序。〔註97〕紹熙五年，寧宗即位，周必大時判隆興府，得到進奏官姚彥珪報，八月二十六日已宣制，他特轉少傅，於是上《辭免覃恩轉官奏狀》，寧宗下不允詔；再上《覃恩辭免轉少傅表》，寧宗不允詔有「不許再有陳請」語；收到閣門官趙嗣祖帶來的少傅告身，上《謝差官賜告身奏狀》，同時將告身繳到吉州軍資庫，並寫謝恩手簡交給閣門官帶回；再上《再辭免覃轉表》，要求

述》，《歷史研究》2007 年第 6 期，148～155 頁。

〔註92〕 周必大：《玉堂雜記》。

〔註93〕 《唐六典》卷九「中書令」，274 頁。

〔註94〕 葉夢得《石林燕語》卷三，37 頁。

〔註95〕 《舊唐書》卷十五下，「將相出入，翰林草制，謂之白麻」，北京：中華書局，1986 年，447 頁。

〔註96〕 徐自明：《宋宰輔編年錄》卷三。

〔註97〕 周必大：《文忠集》卷一百三十二、一百三十三。

將恩澤回授，寧宗再下不允詔；上《乞將覃轉回授》，並附《申尚書省狀》表達回授之意；明堂禮成，加食邑一千戶、食實封四百戶，上《謝明堂禮成加恩表》；慶元元年，上表乞守本官致仕，凡三表，得到允許，《謝致仕表》言「伏奉制命，授臣少傅，依前觀文殿大學士、益國公致仕，加食邑一千戶食實封四百戶」；按慣例上《辭免冊命奏狀》，辭少傅冊命之禮。

《宋會要輯稿》中載有命大臣之禮，其程序如下：

> 其制並翰林草詞，夜中進入，翌日自內置於箱，二黃門對捧，立於御座之東。內朝退，黃門捧箱降殿，出殿門外，宣付閤門使，降，置案上。俟文德殿立班，閤門使引制案出東上閤門橫街南，當殿宣付中書門下。宰臣跪受，捧制歸位，轉付通事舍人，赴宣制位，舍人唱其名。宣訖，復授宰臣，宰臣轉授堂後官。

> 若后妃、親王、公主，即先稱「有制」，百官再拜。宣畢，復舞蹈。如宰臣加恩制書，即宣付通事舍人，引宰臣於宣製石東，北向再拜，立聽訖，拜舞還位。如百官授制者，即自班中引出聽麻，文班在宣製石東，武班在西，並如宰臣儀。聽訖，出赴朝堂。其罷相者，即引出赴朝堂金吾仗舍。如別無中書門下及參知政事，其制書直赴堂後官。

> 凡宰臣、親王、樞密使、節度使告敕，皆閤門使於朝謝前一日從內出，東上閤門外宣詞以賜。（凡降麻者，所授敕使相併列銜。）如授節者，仍交旌節。（授賜者俛伏，執旌節交於頸上者三。）凡參知政事、宣徽使、樞密副使、大兩省、兩制、秘書監、上將軍、觀察使以上，其授官告敕牒，皆拜敕舞蹈於殿門上。（若止授敕，或宣頭者，止再拜。）餘官於殿門階下，止再拜。（若上敕或宣頭不拜。）御史大夫、中丞拜殿，授東上閤門使，又引至殿門外中籠門再拜。

> 凡親王、使相、節度使官誥，並載以彩輿迎歸第。親王輿中設銀師子香合，輦官（十二人，並襆頭、緋繡寬衣。）、旌節（各二）、馬（四）、爆稍官（十六人，執旌節擺馬對引。）。由乾元門西偏門以出，至門外。馬技騎士（五十人）、槍牌步兵（六十人）、教坊樂工（六十五人），及百戲、蹴鞠、鬥雞、角抵，次第迎引。左右軍巡使具軍容前導至本宮。使相、節度使輿中用銀香爐，輦官（十二人，

金畿帽、錦絡縫紫純寬衣。）、旌節（各一）、馬（二）、爆稍官（八
人）、馬技騎士（二十人）、槍牌步兵（二十四人）。軍巡使不前導，
余如親王之制。〔註98〕

這實際就是所謂「宣麻給告」的基本程序，主要程序可以分為三部分，
草制、宣制、給告。先來看草制的情況，下面描述的是北宋後期翰林學士草
制的情形：

遇鏁院不前，聞日晏，禁中連遣走隸家召。至，則皇城門將閉
矣。少頃，御藥入院，以客禮見，探懷出御封，屏吏啓緘，即詞頭
也。御藥取燭視局鑰，退就西合宿，學士歸直舍草制。未五鼓，院
吏、書待詔持紙筆立戶外，學士據案授槁，吏細書奏本，待詔用麻
紙大書，乃付門下省庭宣者，學士臨視，點勘匱封以授御藥。御藥
啓局，持入禁中，院吏復局。至朝退，然後開院，率以爲常。

若遇命相，則禁中別設彩殿，召學士由內東門入，係鞋立墀下。
上御小帽，窄衫束帶，御座側獨設一繡墩，少東置机，陳筆硯其上。
侍衛者皆下，學士升殿，造膝受旨，趨机書所得除目，進呈，置袖
中。侍衛者皆上，乃宣坐賜茶。已復庭謝，御藥押送入院，鏁宿如
常制。〔註99〕

以上所見，命相區別於一般的草制過程，翰林學士必須面見皇帝取旨，
這是一方面是慎重其事，另一方面對宰相也是一種榮譽。草制的慎重程度體
現著命相的隆重程度，如徽宗「命相每猶自擇日，在宣和殿親篩其姓名於小
幅紙，緘封於玉柱斧子上，俾小璫持之導駕於前，自內中出至小殿子，見學
士始啓封焉」。〔註100〕在帝制時代，皇帝親力親爲也是一種隆重的禮節。

再來看宣制的過程。宣制是在文德殿早朝時進行〔註101〕，翰林學士完成
制書後，將其置於箱中，宣制日，黃門捧箱立於御座之側，儀式開始時，黃

〔註98〕《宋會要輯稿》禮五九之一、二。
〔註99〕洪遵：《翰苑遺事》，引王寓《玉堂賜筆硯記》，《全宋筆記》第四編第八冊，115
～116頁。
〔註100〕蔡絛：《鐵圍山叢談)卷一，馮惠民、沈錫麟點校，北京：中華書局，1983年，
17～18頁。
〔註101〕特殊情況下，也會在其他時間舉行，如淳化五年五月六日，「雨降白麻，以府
州觀察使折御卿爲永安軍節度使，加檢校太保，食邑五百戶，以同討李繼捧
之功也。是日夏至假，百僚不入，御史臺未明追班，序立於庭，以宣制書。」
（《宋會要輯稿》禮五九之二。

門將之交給閤門使，閤門使出東上閤門至文德殿，交給宰臣，宰臣跪受，交
給通事舍人宣讀。關於宣麻的程序，朱熹有一段論述：「凡宰相宣麻，非是宣
與宰相，乃是揚告王庭，令百官皆聽聞，以其人可用與否。首則稱道之文，
後乃警戒之詞，如今云『於戲』以下數語是也。末乃云『主者施行。』所謂
『施行』者。行冊拜之禮也。」〔註102〕一般來說，宣制是任命的公佈之時，
所引發爭議也多在宣制日爆發。〔註103〕宣麻就代表了任命的成立，如紹熙五
年七月十六日，宣麻以趙汝愚爲特進、右丞相，趙力辭，不願就職，八天后
除正議大夫、樞密使，詔書就稱其「新初特進、右丞相」。〔註104〕宣制日因而
有了特殊意義，仁宗時宰臣呂夷簡兼判樞密院事，宣制日「黃霧四塞，霾風
終日」，朝論認爲這是任命不當的緣故，因此呂夷簡改任樞密使。〔註105〕明道
二年，仁宗親政，罷免宰相呂夷簡，「及宣制，夷簡方押班，聞唱其名，大駭
不知其故。」〔註106〕可見宣制之前外庭是不得而知的，當事人也只是宣制之
時才知道。至和二年，文彥博、富弼拜同平章事，「是日宣制，上遣小黃門數
輩覘於庭，士大夫相慶得人。」〔註107〕皇帝通過對宣制時百官的反應來瞭解
其意見，恰好反應了宣制對公告朝廷的意義。

　　從程序上看，給告的禮儀最隆重。宋朝告命充分體現官員級別，其形制從
角軸到各種裝飾等級森嚴，總計有二十八等。〔註108〕關於其內容格式，「待詔
寫官告，只用麻詞。官告所署，中書三司官宣奉行，並依告身體式，常用閣長
一人銜位。」〔註109〕給告的程序可以分爲宣告與載官告歸第兩部分。《宋會要
輯稿》中保存有真宗時宣賜親王告敕的儀式，「宣賜親王告敕，閤門使稱『有敕』，
再拜，口宣訖，搢笏跪授。侯箱過，俛伏，興，再拜，搢笏舞蹈，三拜，退。」
〔註110〕給官告的程序與此接近。〔註111〕關於給官告的過程，朱熹的評價是：「至

〔註102〕《朱子語類》卷一百二十八，3067～3068頁。

〔註103〕如《歷代名臣奏議》卷一百八十，宋哲宗時監察御史龔夬《又論章惇疏》曰：
「臣伏聞今月初八日宣制章惇落尚書左僕射兼門下侍郎，依前官知越州，命
下之日，士論皆云少慰而未快。」

〔註104〕洪邁：《容齋三筆》卷七「趙丞相除拜」，513頁。

〔註105〕《續資治通鑑長編》卷一百三十七，3290頁。

〔註106〕陳均：《宋九朝編年備要》卷九。

〔註107〕陳均：《宋九朝編年備要》卷十五。

〔註108〕羅大經《鶴林玉露》丙編卷二，261頁。

〔註109〕（宋）楊億口述、黃鑒筆錄、宋庠整理、李裕民輯校《楊文公談苑》，上海古
籍出版社，1993年，7頁。

〔註110〕《宋會要輯稿》帝系二之九，大中祥符八年十二月二十四日閤門言。

本朝，宰相不敢當冊拜之禮，遂具辭免。三辭，然後許，只命書麻詞於誥以賜之，便當冊文，不復宣麻於庭，便是書以賜宰相。乃是獨宣誥命於宰相，而他人不得與聞，失古意矣。」〔註112〕給官告的程序取代了宣麻，顯示官僚身份在官場的重要性越來越高。關於載官告歸第，親王、使相、節度使可以享受儀仗，其等級分爲兩等，值得注意的是宰相並不享有這樣的待遇。

二、宰臣赴上禮

所謂赴上，又稱初上、上事，是指官員得到任命後，第一次赴官署受群官拜見時的儀式，即所謂官員上任之禮。上事禮與公參禮主要是下屬上任見長官不同，一是有典禮性質，二是儀式的中心是對上事者身份的確認。〔註113〕

唐代官員上任都有上事之禮，《大唐開元禮》載有「任官初上相見」、「京兆河南牧初上」、「萬年長安令初上」三種儀式，分別適用於不同的官員。〔註114〕其儀式內容見附錄。

任官初上相見儀是適用大小官員的標準程序，可分爲以下幾個環節：第一是拜太廟，此環節只限於「應冊命之官」，其他官員無資格拜太廟，按唐代的「選授之法」，命官的等級分爲冊授、制授、敕授三級，有資格冊授者是「諸王及職事正三品以上，若文武散官二品以上及都督、都護、上州刺史之在京師者」，而冊授又分臨軒冊授與朝堂冊授，「諸王及職事二品以上，若文武散官一品，並臨軒冊授；其職事正三品，散官二品以上及都督、都護、上州刺史，並朝堂冊」。〔註115〕拜廟的時間是在冊命儀式舉行後，冊命前先受制書者，也要備儀仗拜太廟。第二是在本司公堂上舉行的上事儀，適用對象不但包括中央官員，也包括諸州上佐等地方佐官。這一環節可以分作兩個程序，一是官卑者在官廳階上拜初上者，初上者需要答拜；二是初上者在公堂入座後，

〔註111〕此次討論宣賜親王告敕的儀式，是爲了賜壽春郡王告敕。《宋會要輯稿》帝系二之九：「大中祥符八年十二月十七日詔，令閤門使就內東門，依降麻官告例賜。」

〔註112〕《朱子語類》卷一百二十八，3067～3068頁。

〔註113〕或許是因爲上事禮在宋代舉行較少的緣故，有時候兩個概念也混淆。如王得臣《塵史》卷上載：御史中丞、侍御史初入臺行公參禮，開封兩赤縣令都需要參加，而且要呈上汴州仗。這裡的公參實際上是上事。

〔註114〕《大唐開元禮》卷一百二十六，北京：民族出版社，2000年，600～602頁。

〔註115〕《通典》卷一五，北京：中華書局，1988年，359頁。《大唐開元禮》卷一百八有「臨軒冊命諸王大臣」、「朝堂冊命諸臣」，儀式末尾附有其適用官員，參見附錄。

其他官員依次參見，參見者分為三個等級，「應坐者」可以坐在堂上，「應致敬者」站在階上，流外官則站在庭中。初上者須「判三條事」，內容應是與其職事相關者。如果前任地位較高或地位相當，初上者在上述程序前還要有一個拜見前任的環節，步驟如同官卑者拜初上者。京兆河南牧初上儀與萬年長安令初上儀，實際上是州縣兩級長官的上事儀，其程序與任官初上相見儀類似，值得注意的是，參加者除州縣屬官之外，還有所謂「鄉望」。

上事儀始於唐開元中，張說拜右丞相時首次實行。〔註116〕唐五代的上事儀的討論見於史籍者，集中於僕射等中央高級官員，作為新官上任的典禮受到了相當的重視，其政治意義十分明顯。〔註117〕上事之後，一般會有宴會，所費應該不菲，低級官員或政局動蕩時，上事儀的舉行恐怕會有難度。

宋代的情況，上事儀較少見諸討論，但對於官員來說還是有獨特意義的禮儀。如北宋學士院玉堂，宋太宗曾經親臨，因此「惟學士上日，許正坐，他日皆不敢獨坐」。〔註118〕《宋史·禮志》依然載有「宰臣赴上儀」：

> 宰相、親王、使相正衙謝訖，出文德殿便門至西廊，堂後官、兩省雜事迎參；至中書便門，兩省官迎班；升都堂，與送上官對揖（見任侍中、中書令、同平章事者。）；降階，又與送上官對拜訖，分東、西升坐于牀。兩省雜事讀案，堂後官接案。擂笏頂筆判署，凡三道：一，司天監壽星見；二，開封府嘉禾合穗；三，澶州黃河清。並判準，始謝送上官，訖，三司使、學士、兩省官、待制、三司副使升堂展賀。百官先班中書門外，上事官降階，百官入，直省官通班贊致賀，歸後堂，與參知政事、樞密副使、宣徽使相見，會食訖，退。〔註119〕

對比唐禮，此儀式的變化主要有以下幾點：一是時間是在正衙謝恩之後，與唐代不同，宋代宰臣冊命之禮雖然載於國家禮典，但實際從未舉行過，赴上禮緊接在正衙謝恩之後，說明正衙謝恩在一定程度上意味著命官程序的結束。二是儀式中凸顯了送上官，送上官具體由誰擔任並未明確指出，但其中包括「見任侍中、中書令、同平章事」，也就是說可能由見任宰相擔任，對拜、對揖體

〔註116〕《唐會要》卷五十七。
〔註117〕參見吳麗娛《試論唐後期中央長官的上事之儀：以尚書僕射的上事為中心》，《中國社會科學院歷史研究所學刊》第三集，263～291頁。
〔註118〕洪遵：《翰苑遺事》，《全宋筆記》第四編第八冊，106頁。
〔註119〕《宋史》卷一百二十，2819～2820頁。

現了其地位的對等。〔註120〕三是上堂前受卑官拜的程序取消了，代之以判事後降階受百官賀。儀式中，宰臣在後堂與參知政事、樞密副使、宣徽使相見，意味著雙方地位的相當，而三司使在堂上展賀是作爲下屬出現的。〔註121〕

上事儀在北宋眞宗、神宗兩度修訂。大中祥符四年眞宗下詔重新製定僕射上事儀。〔註122〕其儀如下：

> 前一日，都省設新舊僕射次於都堂後，衆官次於廊廡。其日，衆官集省內以俟中書，樞密院、親王、使相舊不赴。僕射自正衙退，將至都堂，諸曹史序立迎拜。僕射至都堂門外下馬，諸行尚書、丞郎、郎中、員外郎並門內分立迎候僕射，北向揖，其兼內職及知制誥者不迎候。禮生引新舊僕射出次，對拜，禮生諸僕射陞堂，分東西坐，降級，就褥位對立，新僕射就正位再拜，重定對拜畢，陞堂如上。僕射一員降級，赴位拜訖，陞堂坐牙床，判案六行，主事讀案，堂上都事接案，搢笏轉案，僕射揖，搢笏頂筆，判準式凡三道如上儀。判訖，禮生引對拜，賀謝，舊僕射歸次，新僕射立於都堂上面南，引贊官告班致賀，中丞以下拜，僕射答拜。百官退，僕射陞堂坐，諸司賀訖，降坐，還次。僕射與諸司三品，尚書省、御史臺四品，兩省六品以上就食畢，退如常儀。〔註123〕

此儀與前舉「宰臣赴上儀」相似，但也有幾點差異，首先此儀適用僕射，不帶平章事的僕射也適用，這也體現在迎班者是尚書省屬官而非兩省官；其次，以舊僕射取代送上官，這一點反而與唐禮更接近。此次修訂儀式的原因，是當時宰相王旦遷右僕射，「止於本廳受賀」，眞宗爲了表示對王旦的恩寵，特別隆重其事。〔註124〕王旦例子說明上事儀在北宋前期還是很少舉行的儀

〔註120〕《大唐開元禮》卷一百八「臨軒冊命諸王大臣」儀中，侍中奏「中嚴外辦」，中書令讀冊，宋代不舉行冊命禮，見任宰相送上或許是爲了體現儀式的隆重。《容齋隨筆》卷三「典章輕廢」：唐兩省官上事，宰臣送上，四相共坐一榻，各據一隅，謂之押角，晉天福五年敕廢之。（43 頁）也就是說唐代已經有送上官之設。

〔註121〕《宋史》卷一百二十，2819～2820 頁。

〔註122〕《宋會要輯稿》方域三之三〇，大中祥符四年五月一日，詔曰：「文昌揆路，師長百僚。自今宰相官至僕射者，並於中書都堂赴上，不帶平章事者亦本省赴上。令太常禮院、崇文院詳定儀注。」明年二月，禮院上儀注。

〔註123〕孫逢吉：《職官分紀》卷八，文淵閣四庫全書本。又見《宋會要輯稿》儀制八之七，但缺漏嚴重。

〔註124〕《續資治通鑑長編》卷七十五，1721 頁。

式，更可能的是只受下屬的拜賀而已。天禧元年七月，王旦加太尉，眞宗又下詔舉行上事儀，但最終也未實現。〔註125〕

至和二年七月甲子詔：「凡宰相召自外者，令百官班迎之，自內拜者聽行上事儀。」〔註126〕也就是說，百官班迎某種程度上相當於宰相上事禮。此詔是爲了文彥博、富弼自外拜相而下，當時御史梁蒨「請班迎於國門」。在文、富二人的推辭下，班迎與上事最終都未舉行。重要原因是「國朝待宰相蓋有故事，其後多承例辭。」也就說雖然宰相上事等禮載於典冊，但多數情況下宰相都推辭了。

神宗元豐官制改革後，尙書省落成之日，在都省舉行左右僕射上事禮，「依唐制，百官致恭以見，王禹玉、蔡持正爲二揆，尙書拜於副階之上而答拜，御史中丞諸曹侍郎以下拜於庭中，而跪於堂上以受其參。」〔註127〕這段儀式與《天聖編敕》所在「百官見宰相」儀式接近，遠較先前的上事儀簡化。神宗在曾對王、蔡二人強調此儀式的意義時說：「既以董正治官，不得不正其名分於始，此國體，非爲卿設也。」〔註128〕神宗將這次僕射上事視作新官制開始實行的慶典，因此堅持行此禮，但新的儀式也只舉行了這一次。其程序如下：「即都堂禮上，郎中、員外郎迎於門外。僕射拜廳訖，升廳，各判祥瑞案三道，學士、兩省官賀於廳上，中丞、尙書以下百官班於庭下，東西向。僕射降階就褥位，直省官贊揖；臺吏引中丞出班，北向致辭賀，重定；直省吏贊拜，僕射答拜；退即尙書省燕，侍郎、給舍以上，及中丞、學士皆與。」〔註129〕

其他官員上事禮舉行的範圍和頻繁程度難以確定，但其存在卻是可以確定的。如元豐五年二月二十三日詔：「舍人院除逐月公用三十千外，如遇知制誥、直院禮上，給錢六十千。」〔註130〕知制誥、直舍人院不但有上事禮，而且其費用由朝廷支付，可見當時上事禮是作爲一種常規禮儀而存在的。其程序也可能因此而簡化，如學士院上事只是坐玉堂，「受院吏參謁」〔註131〕。如果欲隆重其事，依據也不一定是禮典。如太宗除張洎、錢若水爲翰林學士，

〔註125〕《宋會要輯稿》職官一之一○。
〔註126〕《續資治通鑑長編》卷一百八十，4356頁。
〔註127〕高晦叟《珍席放談》卷上。
〔註128〕葉夢得《石林詩話》，陶宗儀《說郛》卷八十三下。
〔註129〕葉夢得《石林燕語》卷二，17頁。
〔註130〕《宋會要輯稿》職官三之一五，元豐五年二月二十三日詔：「舍人院除逐月公用三十千外，如遇知制誥、直院禮上，給錢六十千。」
〔註131〕洪遵：《翰苑遺事》，《全宋筆記》第四編第八冊，113頁。

為隆重其事，據唐代故事，在學士禮上時，「例弄獼猴戲」，「易以教坊雜手伎」；此例延續到北宋末，「移開封府呼市人」，「但以一二伎充數爾」。〔註132〕雜手技內容有「舞稍擲盆、弄丸藏珠於器、吐蟠口中之戲。」〔註133〕在這個例子中，習俗在實際生活中比儀制更有生命力，久而成為社會眼中禮儀的一部分。禮上時的另一種慣例是「敕設」，即新除翰林學士赴學士院上任，皇帝特賜筵宴，「敕設儀鸞宿陳帟幕，太官備珍饌，設上尊酒，茗果畢至。」〔註134〕慣例還包括學士院的題名禮，「學士及舍人院最重題名，學士及舍人赴職之日，本院設具，應佗學士、給諫、丞郎、待制皆預會，以是日題名於石，玉冊官刊字」。此禮嚴格說並非上事禮，而只是上事日的一種習俗，但舉行時，「其家遣子弟齎宴具，就本院召學士、待制以上皆集，最為盛禮。」〔註135〕其風頭、意義都超越了上事禮。

關於館職的上事，外官除館職，「必先移書在省職事官，敘同僚之好，已乃專遣人持錢及酒肴珍饌，即館設盛會，燕同僚，請官長為之主，以代禮上之會」，「就京師除者，則即館上事，會亦如之。」上事儀在此已經是習俗而非國家儀制，連其費用也由官員自己承擔。這一慣例在崇寧以後漸廢，原因與當時館職除授過多有關，「許天啓自陝西漕對除直秘閣，用故事入館上事，以漕司騶從傳導至道山堂，坐吏無一出見者。館職亦各居直舍，不相誰何。天啓久之索馬而去，人傳以為笑。〔註136〕

《石林燕語》中記載御史臺官的上事儀：「中丞、侍御史上事，臺屬皆東西立於廳下，上事官拜廳已，即與其屬揖而不聲喏，謂之『啞揖』；以次升階，上事官據中坐，其屬後列，坐於兩旁。上事官判案三道後，皆書曰『記諮』，而後引百司人吏立於庭臺。吏自廳上厲呼曰：『咄！』則百司人吏聲喏，急趨而出，謂之『咄散』。然後，屬官始再展狀如尋常參謁之儀，始相與交談。」〔註137〕葉夢得認為，記是「記室」，諮是「諮議」，「記諮」是方鎮兼憲銜時，上事儀式的遺留。

關於地方官員的上事禮，依然可見零星記載。如徽宗時取消了諸州長官

〔註132〕洪遵：《翰苑遺事》，《全宋筆記》第四編第八冊，114 頁。
〔註133〕《宋會要輯稿》職官六之四七。
〔註134〕蘇易簡：《續翰林誌》卷下。
〔註135〕洪遵：《翰苑遺事》，《全宋筆記》第四編第八冊，114 頁。題名之禮罷於元豐。
〔註136〕葉夢得《石林燕語》卷六，86 頁。
〔註137〕葉夢得《石林燕語》卷六，85 頁。

上事禮中「申陳論、官屬舉書案、奉筆墨」等環節。〔註138〕還有一種特殊的赴上禮，即皇太子尹京時禮上。〔註139〕孝宗時，魏王出鎮儀制也包含上事的內容，其儀式的參加者按照退的方式將官員分為三類，就廳上轎者、循廊揖退者及階墀退者。〔註140〕地方官員的上事，還有一些特殊習俗，如洪邁言：「今監司、郡守初上事，既受官吏參謁，至晡時，僚屬復伺於客次，胥吏列立廷下通刺日【早？】銜，以聽進退之命，如是者三日。如主人免此禮，則翌旦又通謝刺。」〔註141〕

小　結

　　宋代的儀制體系是由儀制規定與適用禮例共同組成的，禮例的應用使得制度能更好地適應形勢變化，但也在某些情況下也會互相牴牾。宰相在宋代「禮絕百僚」的形像是取決於其政治地位的，整個禮儀體系又是與此相配合的。而由這個形像衍生出了許多禮儀變化，如所謂「擊門」的禮節，「宰相動止，謂陰有欀槊神衛之，所以《秦中歲時記》言宰相儀仗，有類牛頭形者即是也。今之宰執出入，其金吾先以物敲擊門臺，謂報警欀槊神也。」〔註142〕

　　宋代宰相在禮儀體系中享有最高等級，拜相、上事等禮儀都可以證實這一點。北宋前期三公不兼宰相就沒有赴上儀。〔註143〕但這一等級還包含有其他成員，比如執政官、使相、親王等。宰相的禮儀等級在某種程度上成為一種禮儀符號，可以施加於不同對象以表達優禮大臣的需要，而這種優禮有時是建立在對具體禮節加以增損的基礎上的。「國朝故事，諸王儀物視宰相，張青絹傘，畫繡鞍韉，以親事官呵哄而已。」〔註144〕為了凸顯地位的需要，禮儀符號會不斷加碼，如宋代「玉帶皆不許施於公服」，但熙寧中收復熙河，神宗特解所繫帶賜王安石，「使服以入賀」，「不得已受詔，次日即釋去」；大觀

〔註138〕《宋會要輯稿》儀制五之二一，政和三年八月十五日新提舉淮東路常平應安道奏：「竊以昔日諸州長官禮上，申陳論及官屬舉書案、奉筆墨之類，陛下悉皆禁之。」
〔註139〕相關討論請見本文第二章第二節。
〔註140〕徐松：《中興禮書》卷一百九十八，清蔣氏寶彝堂鈔本。
〔註141〕洪邁：《容齋三筆》卷十四「衙參之禮」，600頁。
〔註142〕趙升：《朝野類要》卷一，34頁。
〔註143〕《宋史》卷一百二十《禮二十三》，2821頁。
〔註144〕蔡絛：《鐵圍山叢談》卷一，13頁。

中收復青唐，徽宗復賜蔡京，「特許施於公服」，當時蔡京已經進位太師，爲
了凸顯不同，先是將玉帶的排方琢爲方團，然後又依據韓愈的詩句「玉帶懸
金魚」之語，加佩金魚。〔註145〕演變到極致，甚至出現僭越的情況，如賈似
道母死，「詔以天子鹵簿葬之」。〔註146〕宰相等級的禮遇，在某種程度上與其
行政權力相分離，作爲一種品位性的符號被加以利用，與現實政治產生了多
方面的互動。

〔註145〕葉夢得《石林燕語》卷七，104～105 頁。
〔註146〕《宋史》卷四百七十四《賈似道傳》，13785 頁。

第六章　宋代官場儀制中文武二分

　　文武之分是中國古代官僚最基本的分類，戰國時代已經有文武之分。〔註1〕以類型區分，中國古代官僚政治大致屬於文官政治，士大夫在制度中佔據優勢，「重文輕武」是其基調。以官制而言，文武的區分可以分爲職位與品階兩種情況。以唐代而論，《舊唐書・職官志》言：「職事者，諸統領曹事，供命王命，上下相攝，以持庶績。近代以來，又分爲文武二職，分曹置員，各理所掌。」〔註2〕職事上的區分，三省六部屬官屬於文職官，諸衛統兵官則屬於武職官。在品階上的區分，唐代以散官「本品」，分爲文散官與武散官，這種區分實際上是遷轉途徑的分別。但是唐代散官並未與職事官建立固定的對應關係，「或自軍衛而居臺省，亦由衣冠而秉節旄」，也就是說武官擔任文職與文官擔任武職都是可能的。〔註3〕隨著藩鎮之亂的爆發，文武之間距離逐漸拉大，唐僖宗廣明元年，「自今後，武官不得轉入文官選改」，文武在選任上阻隔得以明確。〔註4〕到五代，「朱梁、後唐以馬上爲治，文武之柄離而爲二，文者專治筆硯，恥言軍旅之事；武者狃習戈戟，罕有帷幄之謀；交相是非，坐觀成敗。」〔註5〕

　　對宋代而言，「重文輕武」似乎成爲一種時代標籤。〔註6〕鄧廣銘早就指

〔註1〕 關於中國古代官僚制度中文武二分的簡況，參見閻步克《中國古代官階制度引論》，408～421頁，北京：北京大學出版社，2010年。

〔註2〕 《舊唐書》卷四二。

〔註3〕 宋敏求編：《唐大詔令集》卷一百一，北京：中華書局，2008年，516頁。

〔註4〕 《舊唐書》卷一九下《僖宗本紀》，705頁。

〔註5〕 孫何：《上眞宗乞參用儒將》，《宋朝諸臣奏議》卷六四，710頁。

〔註6〕 參見寧可：《宋代重文輕武風氣的形成》，《學林漫錄》第3輯，北京：中華書

出北宋「依重兵而爲國」，「若使軍權高於一切而無所制裁，則『黃袍加身』的戲劇性事件可能還要繼續演出。因此它特別提高文職官員的地位，在王朝內外和舉國上下都造成一種重文輕武的氣勢，把一些根本沒有造反能力的士大夫壓在將帥等類武職官員之上。」〔註7〕北宋的立國形勢促成了在制度設計上「以文馭武」，如元人認爲：「藝祖革命，首用文吏而奪武臣之權，宋之尙文，端本乎此。」〔註8〕而文武分途則成爲實現這一目的的手段，宋代文武分立進一步明確，「區分文武以官爲準，而不以差遣爲準」。〔註9〕唐代的散官在北宋前期依然存在，但其作用僅限於用以標誌官品，區分官員的章服，三品以上服紫、五品以上服緋、九品以上服綠。〔註10〕宋代以階官來區分文武，俗稱文資與武資，但其系統要較唐代複雜的多，文官階包含京朝官階與選人官階兩類，元豐之前稱爲本官，之後成爲寄祿官；武官階則更爲複雜，政和之前主要包括正任、遙郡、橫行、諸司使副、大小使臣，以及殿侍以下無品的雜階。階官決定俸祿，文武官的俸祿標準不同，同品的武官俸祿較高。宋代官員差遣有的專用武臣，比如三衙軍職，有的文武臣並用，比如提刑。

制度一旦實行，進而會影響到社會風氣，宋代文官在政治上佔據了絕對優勢，文官群體的自我認同意識逐漸增強，會主動引導社會風氣向「崇文」的方向轉化。反應到官場儀制上則有制度要求與社會文化的雙重影響，下文的分析也會就這兩個方面來展開。

第一節　崇文之風與宋代文官的禮遇

宋代文化繁榮爲世所公認，陳寅恪先生謂「華夏民族之文化，歷數千載之演進，造極於趙宋之世」。〔註11〕造成這一現象的原因，從制度層面上講是

局，1981 年。陳峰則提出「崇文抑武」的概念，《北宋武將群體與相關問題研究》第六章，北京：中華書局，2004 年。

〔註7〕 鄧廣銘：《北宋的募兵制度及其與當時積弱積貧和農業生產的關係》，《鄧廣銘治史從稿》，77 頁，北京：北京大學出版社，1997 年。

〔註8〕 《宋史》卷四百三十九《文苑傳》序，12997 頁。

〔註9〕 王曾瑜：《從岳飛及其部將的仕歷看南宋前期武官的陞遷資序》，《岳飛和南宋前期的政治與軍事研究》，開封：河南大學出版社，2002 年，298 頁。

〔註10〕 《宋史》卷一百六十九《職官九》。宋代文散官尚有除授遷轉，武散官中冠軍大將軍用於使相、節度使起復改授，游擊將軍加授給中書主事、諸司吏人，沒有遷轉的制度。

〔註11〕 陳寅恪：《鄧廣銘宋史職官志考證序》，《金明館叢稿二編》，上海古籍出版社，

宋代科舉制度的發展與國家對文教事業的重視，文臣群體在政治上的優勢也是重要的推動原因。國家的倡導與士大夫的推動，宋代「崇文」的風氣漸盛，而且延伸制度的不同層面。比如宋代京師文宣王廟設在國子監，太祖、太宗均三謁；大中祥符元年，眞宗幸曲阜謁文宣王廟，特展拜。〔註12〕此后皇帝養老、視學等禮，謁文宣王，均行跪拜禮。〔註13〕相比而言，皇帝謁武成王廟只是肅揖，不拜。〔註14〕宋人稱：「然武成王廟輒與文宣並稱，此乃開元之失禮，循而襲之非也。彼得與有功於國者，同在祀典，已爲過矣，何容以文武二學之故而儕諸元聖之列乎？雖然追封孔子爲王，顏子等爲公，廟像及圖畫、祭器，釋奠儀注視開元禮爲有加者，皆宋眞宗行之。其列戟十六，則太祖所立。幸學之典，累聖所遵，釋奠之禮至今遍於天下，武成一廟不足以況之矣？」〔註15〕文宣王與武成王是文武官員的象徵，其廟分別以歷代文臣、武將陪祀，其禮儀上的差別，「崇文抑武」的意味非常明顯。

宋代「崇文」政策，體現在官場上，最重要的就是科舉出身的官僚佔據了政治優勢。宋代，科舉取士的數量大大增加，科舉成爲入仕的主要途徑。在晉升途徑上，如余英時所指出：「進士已是拜相的必要條件，這一點尤其是士階層史上的一大變化。漢初常以列侯爲丞相，列侯則非有軍功不能獲致。所以漢武帝在拜公孫弘爲丞相之前，只有破例封他爲平津侯。現在宋代進士正式取代漢代侯爵的資格，這是士的政治地位上陞的一個顯著的象徵。」〔註16〕

正是因爲這樣，科舉的資歷受到當時人的重視。科舉名列前茅，也意味著將來仕途可能一帆風順。〔註17〕比如宋人以中狀元爲極大榮耀，入仕後依然希望別人稱其「狀元」而非官職。〔註18〕當時人稱「狀元登第，雖將兵數十萬，恢復幽薊，逐強敵於窮漠，凱歌勞還，獻捷太廟，其榮亦不可及也。」

　　　　　1982 年，245 頁。
〔註12〕《宋史》卷一百五《禮八》。
〔註13〕《宋史》卷一百一十四《禮十七》。
〔註14〕《宋史》卷一百一十四《禮十七》。
〔註15〕章如愚：《群書考索》續集卷二十六。
〔註16〕余英時：《朱熹的歷史世界：宋代士大夫政治文化的研究》，北京：三聯書店，2004 年，201～202 頁。
〔註17〕洪邁：《容齋隨筆》卷九，「高科得人」：「國朝自太平興國以來，以科舉羅天下士，士之策名前列者，或不十年而至公輔，呂文穆公蒙正、張文定公齊賢之徒是也。」
〔註18〕范鎮：《東齋記事》卷三，「韓持國知潁川府，時彥以狀元及第，每稱狀元。持國怒曰：『狀元無官耶！』自此呼爲簽判。彥終身銜之。」

〔註 19〕韓琦就曾言：「東華門外以狀元唱出者乃好兒」。〔註 20〕宋代對科舉的重視也延伸到對考生尊重，如景德三年二月丙申，朝廷「令開封府應制舉人投牒者，並待以客禮。」〔註 21〕景德二年規定，新及第進士，「狀元用一節呵導，餘止雙控馬首，遇常參官，斂馬側立。」〔註 22〕未授官即享有京官待遇。

科舉的重要性體現到儀制層面，就是科舉及第禮儀的變化。科舉制度建立後，平民百姓經過考試身躍龍門，其個人興奮與社會關注都不言而喻。宋初詔令中就曾這樣描述科舉的目的「朝廷立取士之科，分署吏之秩，所以辨等，異乎編民。」〔註 23〕科舉高中實際完成了一個由民至官的身份轉換。及第後的禮儀，也是對其新身份的確認。在唐代，「舉人既及第，綴行通名，詣主司第謝。其制，序立西階下，北上東向；主人席東階下。西向；諸生拜，主司答拜；乃敘齒，謝恩，遂升階，與公卿觀者皆坐；酒數行，乃赴期集。又有曲江會、題名席。」〔註 24〕這裡涉及的禮儀環節包括謝主司、期集、曲江會、題名。到唐武宗時，宰相李德裕以「附黨被公，自為門生」之名，將這些禮儀活動全部撤罷。〔註 25〕

宋代殿試制度得以確立後，及第後的禮儀活動得到朝廷的認可和規範，主要包含唱名、期集。〔註 26〕殿試制度本身就代表一種禮遇，富弼曾上言反對殿試制度，當時「議者多言其輕上恩」。〔註 27〕所謂唱名，是皇帝親自喚出新科進士，當面賜及第，在當時是極盡榮寵的禮儀。當時人形容描述這種場面，「每殿庭臚傳第一，則公卿以下無不聳觀，雖至尊亦注視焉，自崇政殿出東華門，傳呼甚寵，觀者擁塞通衢，人摩肩不可過，錦韀繡轂，角逐爭先，至有登屋而下瞰者，士庶傾羨，謹動都邑。」〔註 28〕期集則主要包括四個環節：正謝，即向皇帝謝恩，但是實際上皇帝並不出現，只是向御座行禮而已；

〔註 19〕田況：《儒林公議》。

〔註 20〕《默記》卷上。

〔註 21〕《續資治通鑒長編》卷六十二。

〔註 22〕隆平集卷二。

〔註 23〕《續資治通鑒長編》卷十四，開寶六年五月戊辰詔。

〔註 24〕《新唐書》卷四四《選舉志》，中華書局標點本，1169 頁。

〔註 25〕《新唐書》卷四四《選舉志》，中華書局標點本，1169 頁。

〔註 26〕關於宋代科舉唱名、期集，參見祖慧《宋代科舉唱名賜第與期集儀制》，浙江大學古籍研究所編《禮學與中國傳統文化：慶祝沈文倬先生九十華誕國際學術研討會論文集》，北京：中華書局，2006 年，108～118 頁。

〔註 27〕《宋史》卷一百五十五《選舉一》，3613 頁。

〔註 28〕田況：《儒林公議》。

謁謝先聖、先師，即赴國子監向孔子、顏回、孟子行釋菜禮；拜黃甲、敘同年，相當於唐代的題名；聞喜宴，相當於唐代的曲江宴。宋人稱金榜題名有五榮：「兩覲天顏，一榮也；臚傳天陛，二榮也；御宴賜花，都人歡美，三榮也；布衣而入，綠袍而出，四榮也；親老有喜，足慰倚門之望，五榮也。」〔註29〕這裡有兩點需要指出，一是在唐代進士授官需要先經吏部銓選，而宋代在期集後即可注官，太平興國二年開始，新進士在注官前就賜綠袍、靴、笏。〔註30〕到眞宗大中祥符元年，唱名日當場賜新進士公服，這意味著唱名成爲進士獲得官員身份的開始。〔註31〕二是，唐代是謝主司，而宋代的唱名與正謝都突出了及第者是「天子門生」的身份，在形式上配合了殿試制度。

蔡襄言：「今世用人，大率以文詞進。大臣文士也，近侍之臣文士也，錢穀之司文士也，邊防大帥文士也，天下轉運使文士也，知州郡文士也，雖有武臣，蓋僅有也。故於文士，觀其所長，隨其才而任之，使其所能，則不能者止其術。」〔註32〕正是文臣的這種在官場上的優勢地位更加深了文武之間的壁壘，比如宋代雖然有文武換官的規定與實例，但較唐代要難得多。在宋代，文換武的難度和成功的比例都要小於武換文，而且武官主動要求換文的比例遠超文官主動要求換武的。〔註33〕慶曆二年（1042）四月，朝廷打算將陝西前線掌兵者韓琦、王沿、范仲淹、龐籍全部由文資換武資，范仲淹帶頭堅決抵制，言：「臣自到邊上，其熟戶蕃部皆呼臣爲『龍圖老子』，至於賊界亦傳而呼之，且不測其品位之高下也；今賊界沿邊小可首領並僞署觀察團練使之名，臣若受茲新命，使蕃部聞之，適足取夷狄之輕。」〔註34〕連上三道《讓觀察使表》。范仲淹時任龍圖閣待制，班位在觀察使之上，當時其下屬方榮、劉興已經官至節度觀察留後，若換武官地位反而低於其下屬，不利於指揮。〔註35〕朝廷最終放棄了這一計劃，需要特別指出的是韓琦的態度，韓琦開始並未抵制朝廷命令，但最終還是加入了范仲淹的行列，其理由之一是「恐

〔註29〕《錢塘遺事》卷十《赴省登科五榮須知》。
〔註30〕《宋會要輯稿》選舉二之一，4245頁。
〔註31〕《續資治通鑑長編》卷六十八，大中祥符元年四月壬寅。
〔註32〕蔡襄：《端明集》卷二十二《國論要目》。
〔註33〕關於宋代文武換官的問題，參見陳峰《從「文不換武」現象看北宋社會的重文輕武風氣》（《中國史研究》2001年第2期，98～107頁。）、杜情義《宋代文武換官制度研究》（浙江大學2009年碩士論文，導師祖慧。）
〔註34〕范仲淹：《范文正集》卷十六《讓觀察使第一表》。
〔註35〕《續資治通鑑長編》卷一百三十六，慶曆二年五月癸亥條，3266頁。

不知臣者謂他路辭之爲得宜，臣則壯年貪受祿位」。〔註 36〕換武職的待遇較高，韓琦不願因此而損害自己的形象。關於文臣換武官，北宋時「文臣換授武使皆不越級」，曾任執政官者也只是換爲觀察使，南宋則常在換使後越級提拔，如張澄以端明學士、楊俟以敷文學士換爲節度使，趙師夔、吳琚以待制而換承宣使，趙師揆、趙師垂以秘閣修撰換觀察使。〔註 37〕這種情況的出現顯然與文武隔閡的加深有關。

集中體現宋代文臣晉升優勢的就是文官帶職制度的完善，「職以待文學之選」，「仕人以登臺閣、升禁從爲顯宦，而不以官之遲速爲榮滯」，以致當時流傳的諺語「寧登瀛，不爲卿；寧抱槧，不爲監」。〔註 38〕瀛洲本爲傳說中的仙山，李世民爲秦王時，有房玄齡、杜如晦等所謂「十八學士」，唐人稱其爲「登瀛洲」，瀛洲後來逐代指學士院。〔註 39〕「槧」字本義爲刻字的木板，後來代指書籍，這裡是以抱槧指館職。宋代的職主要從名稱來源上看，包括以下三類：一是殿學士，如觀文殿大學士、資政殿大學士等，主要是宰執離任時所帶；二是諸閣學士、直學士、待制、直閣，閣是爲藏先帝的墨寶等資料而設；三館秘閣官，三館秘閣是宋代藏書之所，館職包含有實際職事者與貼職。〔註 40〕帶職對於庶官尤其具有重要意義，汪藻曾說：「階官者積歲月可至，而職名者人主所以待天下英俊，一時甄拔之權，苟非其人，終身莫得而至也。〔註 41〕也就說職名代表了一種快速提拔的上陞途徑，君主的原意是職名授予能力出眾者，作爲重點培養對象的標誌，帶職也就意味著官員在一定程度上可以超越熬資格的階段。〔註 42〕帶職者的選拔標準，是以「文學」爲主的，因此職

〔註 36〕《續資治通鑒長編》卷一三八，3313 頁。
〔註 37〕洪邁《容齋三筆》卷四「文臣換武使」，475 頁。
〔註 38〕《宋史》卷一百六十一《職官一》，3768 頁。
〔註 39〕李肇：《翰林誌》。
〔註 40〕參見李昌憲：《宋代文官貼職制度》（《文史》第 30 輯，109～136 頁。）、陳元鋒：《宋代館職的名實與職任》（《史學月刊》2004 年第 12 期，31～37 頁。
〔註 41〕汪藻：《浮溪集》卷二，《奏論宋晦落職不當行詞狀》。
〔註 42〕元祐時，胡宗愈曾描述元豐之前的館職的陞遷狀況：「自選人京官入者，始除館閣校勘，或崇文院校書，及升朝籍，乃爲秘閣集賢校理，或優之則爲直館、直院、直閣。其始入而官位卑者未得主判，且令在館供職，改京官升朝籍，方得主判登聞鼓檢院、同知禮院之資任，漸高則爲吏部南曹、郡牧判官，又高則爲省府推判官，或出知藩鎮，任轉運提刑，又選其尤任者，或遷知諫院，預講讀，或爲左右史，遂典詞語，或待制內閣，由此而爲公卿執政，以躋臺輔。」（《歷代名臣奏議》卷一百六十一。）

名也就意味著提供了一條進士、館職、兩制、宰執的快速提拔之路。帶職同時也體現在禮儀上，如表 1 所示，乾德二年相見儀制中，四赤令見府尹要趨庭設拜，但帶三館職的府縣官見府尹，府尹需要答拜。元豐改制之前，待制以上的職名已經進入雜壓，也就是說職名在儀制中的地位已經確立，成爲一種身份等級的標誌。元豐改制，嚴格了職名的體系，職名「以爲朝臣補外加恩之官，蓋有同於階官而初無職掌」。〔註43〕職名成爲朝臣外任的固定加官，在一定程度上階官化了。元祐元年三月「職事官許帶職，內尚書候二年加直學士，中丞、侍郎、給事、諫議通及一年加待制。」〔註44〕職名更成爲文臣按歲月敍遷的一種品級。

　　以儀制而論，更能凸顯文臣地位的是所謂侍從官。《朝野類要》對「侍從」的解釋是：「翰林學士、給事中、六尚書、八侍郎是也。又中書舍人、左右史，以次謂之小侍從。又在外帶諸閣學士、待制者，謂之在外侍從。」〔註45〕這實際上是元豐改制之後的情況，在中央侍從的身份是以職事官爲區分的，在地方則以其職名來區分。唐代中書門下兩省官，也稱供奉官，朝會時立於殿陛之上，承擔的就是侍從的職責。〔註46〕宋初侍從班即指兩省官。〔註47〕內朝起居，宋初侍從班位置有了一個重要變化，原本侍從班是橫行北向的，在一品之前，也就唐代所謂「娥眉班」，宋太祖認爲侍從官在一品前不妥，因此將侍從班改爲東西相向立。〔註48〕元豐改制之前，「觀文殿大學士、資政殿大學士、資政殿學士、端明殿學士、翰林侍讀侍講學士、龍圖天章寶文閣學士、樞密直學士、三閣待制，皆爲侍從清望之選，並無職掌，多帶職以領在內省府寺監，在外藩方任使。」〔註49〕此時殿閣學士、待制實際也是被視作侍從

〔註43〕　《文獻通考》卷五十四。

〔註44〕　朱光庭等：《上哲宗論職事官帶職》，《宋朝諸臣奏議》卷四十九，538頁。

〔註45〕　趙升：《朝野類要》卷二，45頁。

〔註46〕　徐松：《唐兩京城坊考》卷一，含元殿「左右砌道盤上謂之龍尾道」，「自平地七轉，上至朝堂，分爲三層，上層高二丈，中下層各高五尺，邊有青石扶欄。上層之欄，柱頭刻螭文，謂之螭頭，左右二史所立也，諫議大夫立於此則謂之諫議坡，兩省供奉官立於此亦謂之蛾眉班。」

〔註47〕　《續資治通鑑長編》卷三，建隆三年三月壬午，「有司上重定合班儀制，升六曹侍郎在給舍上，郎中在補闕上，員外郎在拾遺上，節度使在六曹侍郎上，中書侍郎下。故事北省官爲侍從班，五品押南省四品，八品押南省五品，節度使在諸司三品下，於是改焉。」北省即指中書、門下兩省。

〔註48〕　《宋會要輯稿》儀制二之四。

〔註49〕　章如愚：《群書考索》後集卷四「秘書省」。

的，歐陽修就曾討論學士、待製作為侍從的職責與地位：「學士待制號為侍從之臣，所以奉閒宴，備顧問，以論思獻納為職、自祖宗以來尤所精擇，苟非清德美行，藹然衆譽，高文博學，獨出一時，則不得與其選。是以選用至難，員數至少，官以難得為貴，人以得職為榮，縉紳人望既隆，則朝廷之體增重。」〔註50〕太宗認為「學士之職，清切貴重，非他官一可比。」〔註51〕元豐改制之後，「自金紫光祿至太中為侍從」，侍從的標準轉化為文官品級。〔註52〕蔡條言北宋後期狀況：「脫在外侍從嘗為守帥，因事過闕還朝，若帶學士、待制職名，則便當入綴本班。」根據《正冬大慶殿朝會立班圖》〔註53〕，宰相與親王東西相向對立於香案兩側，使相在宰相南；參知政事在宰相東，門下省官在其後，殿閣學士在親王西，中書省官與待制在其後，這是在丹墀上，位置類似唐代供奉官；節度使至觀察使並金吾衛班，東西對立在龍墀上；文班五品以下與武班四品以下對立於沙墀上。宋代侍從官的隊伍相比唐代大大擴展了，並區別于樞密使等內職官，翰林學士在唐代就在三省體制之外，屬於內朝官，與樞密使等宦官同班，這裡卻與殿閣學士同列。〔註54〕

侍從官的禮遇重要體現就是其與皇帝接觸的機會，比如宴會，「凡幸苑囿、池御，觀稼、畋獵，所至設宴，惟從官預，謂之曲宴。暮春後苑賞花、釣魚，則三館、秘閣皆預。」〔註55〕。王禹偁曾描述這種侍從生涯：「內朝長得對，駕幸每教隨。瓊院觀雲稼，金明閣水嬉。賞花臨鳳沼，侍釣立魚坻。」〔註56〕

侍從官外任，在禮儀上享有待遇，《容齋隨筆》有「從官事體」：「國朝優待侍從，故事體名分多與庶僚不同，然有處之合宜及肆意者。如任知州申發諸司公狀不繫銜，與安撫、監司序官往還用大狀不書年，引接用朱衣，通判入都廳之類，皆雜著於令式。」〔註57〕侍從官本身就代表著一種資歷，比如

〔註50〕 林駉：《古今源流至論》後集卷二。
〔註51〕 《宋會要輯稿》職官六之四七。
〔註52〕 林駉：《古今源流至論》前集卷六。
〔註53〕 《文獻通考》卷一百八。
〔註54〕 蔡條：《鐵圍山叢談》卷一，19頁。唐制，北門學士在內朝樞密使班，遇天子壽節，學士待制自從樞密院先啓建道場，罷散花宴。及壽節日，則宰臣預命直省官具帖子，請學士待制赴尚書省錫宴齋莚。故中外文武百僚罔有不隸尚書省班屬御史臺者，獨學士待制不隸外省班，自屬閣門，號稱內朝官。又曰西班官。則儒者清貴，其為世之榮如此。
〔註55〕 《宋史》卷一百一十三《禮十六》，2691頁。
〔註56〕 王禹偁：《小畜集》卷八《謫居感事》。
〔註57〕 洪邁：《容齋三筆》卷四，466～468頁。

安撫使，「太中大夫以上曾歷侍從官者乃得之」，「若庶官則止稱主管某路安撫司公事」。〔註58〕范仲淹曾言：「以學士之職行都統之權，是用內朝近臣出臨戎閫，以節制諸將，孰不以朝廷之勢而望風稟律？臣輩亦以內朝之職，每睹詔令之下，或有非便，必極力議論，覆奏不已，期於必正，自以近臣當彌縫其闕而已。」〔註59〕這裡指出了學士補外的制度考量，一是以內朝近臣的身份統轄武將，二是便於和皇帝的溝通。換言之，學士的權威還是來自其天子近臣的身份。皇帝即位，在外侍從享有上表拜賀特權，體現的也是其與皇帝的密切關係。〔註60〕

　　侍從官的地位，還體現在其與宰相的關係上，如元豐五年五月十九日，詔：「翰林學士、兩省官見執政官議事，並係鞋，六曹尚書以下並靴笏。」〔註61〕侍從與宰相抗禮，之前就有例子。〔註62〕再如，「宰相禮絕庶官，都堂自京官以上則坐，選人立白事。見於私第，雖選人亦坐，蓋客禮也。唯兩制以上，點茶湯入，腳床子，寒月有火爐，暑月有扇，謂之事事有，庶官只點茶謂之事事無。」〔註63〕上朝時「大臣自從官及親王、駙馬皆有位次，在皇城外仗舍謂之待漏院，不與庶官同處」，而且「每位有翰林官給酒果，以供朝臣」。〔註64〕

　　宋代崇文的風氣，在一定程度上促進了文武職事角色的分化。眞宗曾製定《文武七條》分別賜給文武官員，《文七條》賜給京朝官任轉運使、提點刑獄、知州府軍監、通判、知縣者：「一曰清心，謂平心待物，不爲喜怒愛憎之所遷，則庶事自正。二曰奉公，謂公直潔己，則民自畏服。三曰修德，謂以德化人，不必專尚威猛。四曰責實，勿競虛譽。五曰明察，謂勤察民情，勿使賦役不均，刑罰不中。六曰勸課，謂勸諭下民，勤於孝悌之行、農桑之務。七曰革弊，謂求民疾苦而釐革之。」《武七條》賜給牧伯泊諸司使而下任部署、

〔註58〕《建炎以來朝野雜記》乙集卷十三，732～733頁。

〔註59〕范仲淹：《范文正公文集》卷十七《讓觀察使第一表》。

〔註60〕《宋會要輯稿》儀制七之八，紹興三十二年六月十三日，孝宗即位，未改元。赦：「今來登寶位，除監司、郡守及在外侍從官以上許上表稱賀外，餘令有司毋得輒受。」

〔註61〕《宋會要輯稿》儀制五之一九。

〔註62〕《名臣碑傳琬琰集》卷四十五《孫文懿公挓行狀》，初在翰林，嘗至中書白事，係鞋登政事堂，時陳司徒作相，見之不悅，且責廳事吏不以告，公曰：「學士見宰相以客禮，自有故事，況我以公事來，若有私禱，則足恭下顏所不憚矣。」

〔註63〕《萍洲可談》百川學海本。

〔註64〕《萍洲可談》百川學海本。

鈐轄、知州軍縣、都監、監押、駐泊巡檢者：「一日修身，謂修飭其身，使士卒有所法則，二日守職，謂不越其職，侵撓州縣民政。三日公平，謂均撫士卒，無有偏黨。四日訓習，謂訓教士卒，勤習武藝。五日簡閱，謂察視士卒，識其勤惰勇怯。六日存恤，謂安撫士卒，甘苦皆同，當使齊心，無令失所。七日威嚴，謂制馭士卒，無使越禁。」〔註65〕《文武七條》實際是規定了地方文武官員的職責，地方文官主要職責是制民，地方武官主要職責是訓練士卒，值得注意的是，《武七條》中有「守職」一條，不許武官干預地方民政，顯然是繼承宋初政策，爲防止武人專權而設。實際上，《文武七條》並沒有貶低武臣的內容，在皇帝眼中，文武分途主要是爲了處理政務的需要，文武官員各守其職才是理想狀態。

宋代對武臣的職責定位，很大程度上集中與服從命令，因此對軍法的討論上，始終強調「嚴階級」。開寶五年十一月嚴階級法，「詔禁軍將校有帶遙郡者許以客禮相見，自餘廂都指揮使一階一級全歸伏事之儀。」呂中稱讚此舉，「太祖既收節度兵權於是，又嚴階級，使士知有校，校知有帥，帥知有朝廷矣。」〔註66〕蔡襄曾指出「借如諸路帥臣，其官以都部署、安撫、經略、招討爲名，是委以都統之權。其將佐曰副都部署、鈐轄、都監、押等，均以賓禮見主帥，至於分管兵馬自爲部分，非如軍職節級相轄，唯主帥則都管之。」蔡襄認爲這樣不利於軍隊管理，將之作爲軍隊戰鬥力低的重要原因之一，因此他建議「如都監之類盡改軍職，節級相轄，一以軍法從事，如違犯並依階級條貫施行。」〔註67〕

宋代「以文馭武」本身主要是適用於軍事管理體制，典型如以文臣爲樞密院長官。這種職事與品位的聯繫相對固定後，就帶來文武官定位上區別，如蔡襄曾言：「國家既平四方，追鑒前失，凡持邊議、主兵要，儒臣之任；武人剗去角牙，磨治壯戾，妥帖處行伍間，不敢亢然自校輕重。」〔註68〕這段話描述的是和平時期的文武定位，即爲方便管理，應當在禮儀上壓抑武臣地位，這種觀念其一旦形成，那麼影響就會擴展到文武關係的方方面面，對文官群體具有強烈認同的士大夫們會自覺強化這一點。如南宋初，胡寅上書批

〔註65〕 《宋史》卷一百六十八《職官八》。
〔註66〕 呂中：《大事記講義》卷三，「太祖皇帝」。
〔註67〕 蔡襄：《端明集》卷九《進蔣宸箴疏》。
〔註68〕 蔡襄：《端明集》卷二十九《送馬承之通判儀州序》。

評當時武臣跋扈，與宰臣分庭抗禮的行為，謂：「右文左武，有國不易之道」，認為在禮儀上崇文抑武是「綱紀國家」的大事。〔註69〕

第二節　宋代官場儀制中的武臣角色

　　宋代的武官群體組成相較文臣要複雜的多，可以從階官與職事兩個角度來考察，武階是決定武臣俸祿的，而軍職則代表了武臣在軍隊體系中的實際職務。〔註70〕本節的分析就先從這兩個角度展開。

　　政和二年之前，武階包括正任（節度使至刺史）、遙郡（遙郡節度觀察留後至遙郡刺史）、橫行（內客省使至西上閤門副使）、班官（延福宮使至昭宣使）、諸司正使（皇城使至供備庫使）、諸司副使（皇城副使至供備庫副使）、大使臣（內殿承制、內殿崇班、閤門祗候）、小使臣（東頭供奉官至三班借職），以及殿侍以下非品官的雜階。〔註71〕政和二年，重新製定新的武階，又稱作武選，自太尉以下共分五十二階，太尉為正二品，是武階之首，自通侍大夫至三班承信郎共五十一階替換原本的橫行、諸司使副、大小使臣，紹興又將原本無品官整合為進武校尉至守闕進勇副尉八階，合計六十階。〔註72〕通侍大夫只有正五品，其與太尉之間的遷轉實際由原本的正任、遙郡來承擔。

　　正任與遙郡的來源，其實是所謂「牧伯」，即刺史、防禦使、團練使、觀察使、節度觀察留後、節度使所構成的遷轉序列，這其實是唐藩鎮之亂後地方權力的實際掌控者，到宋代演變為武官品階。這套系統有正任與遙郡之分，武選官在武階之外加刺史至留後，是遙郡；取消武階只帶刺史至節度使，則是正任。遙郡是武選官與軍職共有的加官，其禮儀待遇實際取決於帶遙郡者的本官，正任則是二者陞遷的更高序列，是相對獨立的序列。比如「朝謁御宴唯正任預焉」，遙郡則無此資格。〔註73〕慶曆八年十一月，御史何郯上書討論正任與遙郡之別：「臣伏聞閤門近進四日紫宸殿宴人使坐圖，入內都知王守

〔註69〕胡寅《斐然集》卷十六《上皇帝萬言書》，容肇祖點校，北京：中華書局，1993年，347頁。

〔註70〕武臣階官與職事之間的關係，並非單純的對應關係，兩者在功能上劃分併非絕對，可參看趙冬梅關於武選官與軍職關係的論述，《文武之間：北宋武選官研究》，11～18頁。

〔註71〕龔延明：《宋代官制辭典》，577頁。

〔註72〕參見龔延明：《宋代官制辭典》附錄18「政和、紹興武官階表」，694～695頁。

〔註73〕《宋史》卷一百六十六《職官六》，3948頁。

忠亦列在楊景宗下預坐。臣訪聞得《閤門儀制》，內外臣僚帶刺史至節度觀察留後，並繫遙郡，不得正官班列，以至賜與進獻頗甚殊絕。唯正刺史已上，凡遇宴會，坐次方許列在殿上。今若以守忠帶兩使留後，便依正官例升殿預宴，即是自今內外臣僚，凡帶遙郡，皆合殿上預坐，啓僭壞法，莫此之甚。且朝廷儀品，所以辨尊卑上下之分，不可輕棄舊章，以生紊亂。」〔註74〕

正任與遙郡的這種「牧伯」身份一個重要體現就是所謂「免坐錢」，《朝野類要》的解釋是：「國朝向有除授遙郡某州刺史，則亦有勅命下本州照應。其州遇細【繫】銜公文，則亦列其銜於後。若本官他日經由本州，則其知州合避廳遜坐，本義刺史即是正官也。舊有除節度使者，經由本鎮，不欲入坐，而本鎮迎送之外，又有禮物，俗名免坐錢，今廢之。」〔註75〕遙郡官可以享有公文繫銜，以下屬之禮見知州，節度使享有迎送待遇即免坐錢。問題是，放在文武分立的大環境下，這一制度的實際執行狀況究竟如何，是個值得探討的問題。實際上除了宋初之外，節度使經過本鎮的機會是很少的。南宋楊沂中爲昭慶軍節度使，因爲上墳常經過本鎮，「知守臣而下欲用此禮，遂命從者迂出間道以避之」。〔註76〕南宋初正是武臣地位較高的時期，楊沂中尚且避此禮，可見這一制度的執行狀況。節度使跟本鎮的聯繫，比較明確的就是，皇子建節「則上必降敕，諭本軍官吏、軍民、僧道、父老。」〔註77〕《淳熙嚴州圖經》載有趙構封遂安、慶源軍節度使時，在嚴州頒佈的敕書及節度使榜。

節度使作爲高級武官，實際也授予文臣，主要是針對離任宰相，在某種程度上實際是一種特殊禮遇。宋代有所謂「文極換武」與「武極換文」的說法，皆視作臣子的榮耀，前者即指宰相離任建節，後者指武臣帶開府儀同三司，即作使相。〔註78〕宋代宰相離任授節度使自仁宗時馮拯始，逐漸爲慣例，「蓋自非降黜皆建節」。〔註79〕但節度使旌節「皆以髹漆爲樻，文臣以朱，武臣以黑」。〔註80〕紹興時葉夢得與張澄皆以學士拜節度使，「葉嘗任執政，以暮年擁旄爲儒者之榮，自稱葉太尉；張微時用鄧洵武給使恩出身，羞爲武職，

〔註74〕 《續資治通鑑長編》卷一百六十五，3972～3973頁。
〔註75〕 趙升：《朝野類要》卷一，34頁。
〔註76〕 葉紹翁：《四朝聞見錄》丙集，「節度」，112～113頁。
〔註77〕 葉紹翁：《四朝聞見錄》丙集，「節度」，112～113頁。
〔註78〕 葉紹翁：《四朝聞見錄》丙集，「節度」，112～113頁。
〔註79〕 葉夢得《石林燕語》卷六，90頁。
〔註80〕 葉夢得《石林燕語》卷六，80頁。

但稱尚書。」〔註81〕太尉爲宋代武官的最高階，因此高級武官皆稱太尉，兩人截然相反的反應，體現了宋人對文武二分的一種觀念，即在實際生活中，文武身份的界定主要是取決於出身，而非官職，葉夢得以進士出身，一路官至執政，節度使只是對他地位的一種肯定而已；張澄則因爲其武職的出身爲恥，忌諱被稱爲武官。而且隨著文武隔閡的加深，連建節這樣的禮遇，也變得不受歡迎了，賈似道就認爲：「節度使粗人之極致爾！」〔註82〕

　　宋代武選官獨特性之一，在於其與傳統武官「出身」不同，因爲其屬於「內職」。〔註83〕唐代府兵制下的武官，十六位大將軍以下，是實際的帶兵者，宋代武選官則是皇帝的「家臣」，這從橫班及諸司使副的名稱上即可看出。政和時，朝廷「欲以將軍、校尉易橫行以下諸使至三班借職，而西班用事者嫌其途轍太殊，亦請改郎、大夫」，說明武臣們以其「內職」身份自豪，爲了強調其與「將軍」等傳統武官的不同而改用「大夫」等稱呼，當然這也引起了士大夫的不滿，認爲這是「以卒伍廝圉玷污此名」。〔註84〕這一「內職」特性，也體現在宋代的武階爲武臣與內侍通用。〔註85〕「內職」也常常用來代稱武選官，如南宋李心傳在討論檢校官時說「凡內職崇班、武臣副率以上，初除及遇恩皆帶」。〔註86〕這種身份定位也體現在朝會儀制上。如皇祐元年（1049）曾重申「武臣自殿直以上皆當赴內朝」。〔註87〕而「使臣」「日赴垂拱殿起居」的規定，遲至熙寧四年才取消。〔註88〕武臣的內職身份體現其在朝會中的角色。也有人認爲武臣以內職爲名，不利於軍隊管理，蔡襄曾說：「蓋以都監之名，本是監軍，自餘殿直諸司使副，皆是內庭之官。若令軍禮見主帥，則於禮不安，若令不相統帥，又不可成軍。」在他心目中，「軍職」才是「節級相轄」，符合軍隊要求的。〔註89〕

　　宋代的武階的「內職」色彩的一個重要體現，就是宦官、伎術官等在一

〔註81〕洪邁《容齋三筆》卷七「節度使稱太尉」，511 頁。

〔註82〕《宋史》卷四百七十四《賈似道傳》，13783 頁。

〔註83〕關於宋代武選官的研究，參見趙冬梅：《文武之間：北宋武選官研究》，北京：北京大學出版社，2010 年。

〔註84〕洪邁：《容齋續筆》卷一一，353 頁。

〔註85〕龔延明：《宋代官制總論》，《宋代官制辭典》，32 頁。

〔註86〕李心傳：《建炎以來朝野雜記》甲集卷十二，248 頁。

〔註87〕《續資治通鑑長編》卷一六六，3981 頁。

〔註88〕《續資治通鑑長編》卷二二五，5490 頁。

〔註89〕蔡襄：《端明集》卷九《進縮辰箴疏》。

定程度上與武臣共用武階。政和二年之前，班官是內侍遷轉高階與加官，政和二年班官也換爲武選階，但昭宣使等使額依然保留，作爲內侍加官存在。而且內侍也可以陞遷任遙郡官，特殊情況下可以建節。諸司使副在宋初實際是分爲東班與西班的，西班作爲武臣遷轉資序，熙寧以後，東班諸司使副除皇城使副之外，翰林使以下三十八階只授伎術官，政和二年以後，醫職又獨立出來，其官階自和安大夫至翰林祗候共二十二階。〔註90〕

宋代武臣的「內職」色彩並不只限於階官層面，實際上還有一部分武臣承擔著內廷諸司的職責。典型的就是所謂「橫行五司」，即東上閤門、西上閤門、引進、客省、四方館，其主要職責與朝會進奏有關，尤其是閤門司負責贊引官員朝見和通達奏狀，掌握了皇帝與百官的信息交流渠道。〔註91〕閤職因此被稱作「右列清選」，「以比儒臣館職」。〔註92〕也就是說武臣的內職色彩也是其權威來源之一，這也是諸司使爲何演變爲武臣官階的重要原因。但內職的實際職事未必適合武臣，如閤門官員職責之一就是宣讀制書，但官員常有不識字者，或即便識字，其水平也不足以理解詔書的四六文，因此常常需要人代讀。〔註93〕

下面集中討論一下朝會中的內職角色。北宋群臣出使回朝，見皇帝時賜酒食，「中書、樞密、宣徽使、使相，並樞密使伴；三司使、學士、東宮三師、僕射、御史大夫、節度使，並宣徽使伴；兩省五品已上、侍御史、中丞、三司副使、東宮三少、尚書丞郎、卿監、上將軍、留後、觀察、防禦、團練使、刺史、宣慶、宣政、昭宣使，並客省使伴；少卿監、大將軍、諸司使以下任發運、轉運、提點刑獄、知軍州、通判、都監、巡檢回者即賜，並通事舍人伴；客省、引進、四方館、閤門使，並本廳就食。」〔註94〕樞密使、宣徽使、客省使、通事舍人，在此承擔的就是內職的角色。三司使在宋代被稱作「計相」，但因爲其使職的身份，依然被列入內職。咸平六年，梁顥等負責製定《閤門儀制》時曾上言：「三司副使序班、朝服比品素無定例。至道中筵會，在知

〔註90〕宋代伎術官還包括天文、書法、繪畫等官。通常來說伎術官地位要低於武官，如書法、繪畫等官出職一般是補低級武官。

〔註91〕參見趙冬梅：《試論宋代的閤門官員》，《中國史研究》2004年第4期，107～121頁。

〔註92〕《宋會要輯稿》職官三四之一一。

〔註93〕《宋會要輯稿》職官三四之九，慶元二年正月十一日臣僚言。

〔註94〕《宋會要輯稿》禮四五之四〇。

制誥後，郎中前。今請同諸司少卿監，班位在上。如官至給諫卿監者，自如本品。朝會、大宴隨判使赴長春殿起居、引駕。其朝會引駕至前殿，與諸司使同退。」〔註95〕雖然文武有別，三司副使還是與諸司使「同退」。

宋初國忌行香，是由宰相、參知政事率文武常參官赴佛寺行香，內職並不參與；自景德開始，「大忌，樞密使、內職學士、內諸司使、軍職下洎列校，同爲一班，先詣西上閤門進名奉慰，宰相、參知政事、文武百官爲一班，次詣閤門進名奉慰訖，退，齊赴佛寺行香，小忌則否。」〔註96〕這裡將官員分爲內外朝兩個群體，劃分標準依然是是否內廷供職。

眞宗承天節上壽儀：「帝御長春殿，諸王上壽，次樞密使副、宣徽、三司使，次使相，次管軍節度使、兩使留後、觀察使，次節度使至觀察使，次皇親任觀察使以下，各上壽」，「既畢，咸赴崇德殿敘班，宰相率百官上壽。」〔註97〕仁宗時定長寧節上壽儀，太后垂簾崇政殿，宰臣以下上壽。〔註98〕英宗壽聖節只於紫宸殿上壽。〔註99〕神宗時，「同天節上壽班，自今樞密使副、宣徽、三司使、殿前馬步軍副都指揮使以上共作一班，進酒一盞；親王、宗室、使相至觀察、駙馬、管軍觀察使以上，皆赴紫宸殿，依本班序立上壽，更不赴垂拱殿。」〔註100〕這樣調整的原因是，之前宗室班中有外朝職事，垂拱殿與紫宸殿皆赴。徽宗天寧節上壽儀，垂拱殿先親王，次樞密官，次管軍觀察使以上；紫宸殿則禮直官、通事舍人引三公至執政官，御史臺、東上閤門分引百官，知樞密院官御座前承旨，贊拜後三公以下升東階，親王、使相以下升西階。〔註101〕高宗天申節，樞密院以下先詣垂拱殿上壽，宰臣率百官於紫宸殿上壽，而且分日作道場，樞密院官前一日作齋宴，「至日，三省官上壽立班訖，次赴滿散作齋筵」。〔註102〕此後諸帝聖節均依天申節儀。

仁宗天聖五年正月朔大朝會，皇帝先率百官赴會慶殿〔註103〕上皇太后

〔註95〕《宋史》卷一百一十八。
〔註96〕王曾：《沂公筆錄》，晁載之《續談助》卷三。
〔註97〕《宋史》卷一百一十二《禮十五》，2671～2672頁。
〔註98〕《宋史》卷一百一十二《禮十五》，2672頁。
〔註99〕《宋史》卷一百一十二《禮十五》，2673頁。
〔註100〕《宋史》卷一百一十二《禮十五》，2673頁。
〔註101〕《宋史》卷一百一十二《禮十五》，2674～2676頁。
〔註102〕《宋史》卷一百一十二《禮十五》，2677頁。
〔註103〕關於會慶殿的位置，按《宋史》卷一百六十二，會慶殿在天章閣之東，結合圖1，則知其位置大約在右掖門裏，也就說劉太后是在外朝受賀的。

壽，然後才赴天安殿受朝。其儀式中，太尉代表拜百官稱賀、上壽，稱賀時太尉自西階升，侍中承旨；上壽時則自東階升，是宣徽使承旨。〔註104〕對比元豐元年的大朝會儀，皇帝在大慶殿受朝，稱賀時也是太尉自西階升，侍中承旨，也就是說劉太后受賀時是與皇帝享有同等待遇；上壽時，太尉自東階侍立，侍中承旨，這裡侍中與宣徽使代表了外臣與內臣的分別。〔註105〕

　　垂拱殿朝會實際是宋代的常朝，是舉行頻率最高的朝會。元豐官制改革之前，垂拱殿起居的班次順序是：「先內侍唱內侍都知以下至宿衛行門計一十八班起居，後通事舍人引宰執、樞密使以下大班入，次親王，次侍衛馬步軍都指揮以下，次皇親使相以下十班入，方引見、謝、辭。或遇百官起居日，自行門後，通事舍人引樞密以下，次親王、使相以下至刺史十班入，方奏兩巡使起居。立定，方引兩省官入，次閤門引宰臣以下大班入。起居畢，候百官出絕，兩省班出，次兩巡使出，中書、樞密方奏事。」〔註106〕這裡日常起居與五日大起居的差別在於樞密使的班次，日常宰執大班包括「宰相、樞密使、文明殿學士、三司使、翰林樞密直學士、中書舍人、三司副使、知起居注、皇城內監庫藏朝官、諸司使副、內殿崇班、供奉官、侍禁、殿直、翰林醫官、待詔等」，宰執、侍從、有內廷職事的武官都包含在內，一定程度上是為了節省時間，而在禮儀功能更強的大起居時刻，樞密使會率領內職將校脫離大班先入，體現其內職身份，皇帝御紫宸殿的情況與百官起居日相同。〔註107〕乾道二年，閤門上垂拱殿四參起居儀：「皇帝坐，先讀奏目。知閤以下，次御帶、環衛官以下，次忠佐、殿前都指揮使以下，次殿前司員僚，次皇太子，次行門已上，逐班並常起居。次樞密、學士、待制、樞密都承旨以下，知閤並祗應武功大夫以下，通班常起居。次親王，次馬步軍都指揮使，次使相，次馬步軍員僚已上，逐班並常起居。次殿中侍御史入側宣大起居訖，歸侍立位。次宰執以下，並兩省官、文武百官入，相向立定，通班面北立，大起居訖（凡常起居兩拜，大起居七拜），三省升殿侍立。次兩省官出，次殿中侍御史對揖出，三省、樞密院奏事，次引見、謝、辭，次引臣僚奏事訖，皇帝起。」孝宗下詔將殿中侍御史併入宰執以下班，「親王並殿前都指揮使以下

〔註104〕《宋史》卷一百一十六《禮十九》，2744～2745頁。
〔註105〕《宋史》卷一百一十六《禮十九》，2745～2749頁。
〔註106〕《宋史》卷一百一十六，熙寧六年正月西上閤門副使張誠一奏（2757頁）。
〔註107〕《宋史》卷一百一十六《禮十九》，2753～2754頁。

殿前司員僚，逐班於宰執以下班後起居」。〔註108〕此處班次的順序，先是有實際職事的官員逐班起居，比如知閣、忠佐負責引見，皇太子也在內或許是爲了強調孝道；樞密使率領的還是內職，包含文臣侍從，武臣的諸司使副〔註109〕；親王率領的則軍職，但是逐班起居。

其實軍職才代表武官實際軍事職事，軍職作爲一個獨立的體系，包含了從三衙長官到實際並非官員的部將、隊將等。從儀制考量，三衙管軍作爲軍職的最高等級〔註110〕，其地位最有代表意義。三衙掌管禁軍，發兵之權卻在樞密院，兩者互相牽制，因此三衙與樞密院「不許接坐」，以免嫌疑。〔註111〕三衙管軍見宰相「倒仗聲喏而過」，呂夷簡作宰相時，與管軍遇於殿廊，管軍因年老「不及降級而揖」，「夷簡上表求去，以爲輕及朝廷，其人以此廢斥」。〔註112〕方岳說：「祖宗時，武臣莫尊於三衙，見執政必橫挺庭趨，肅揖而退，蓋以爲等威不如此，則不足以相制云耳。」〔註113〕宰執對三衙的態度還是基於「以文馭武」的政策，欲「相制」而已。

歐陽修曾敘述文武官相見禮儀的變遷：寶元、康定時，起居舍人王拱辰出使歸，「都知、押班、殿前馬步軍聯騎立門外，呈榜子稱『不敢求見』，舍人遣人謝之而去」；到慶曆三年，歐陽修作起居舍人時已無此禮，但「三衙管軍臣僚於道路相逢，望見舍人，呵引者即斂馬駐立，前呵者傳聲『太尉立馬』，急遣人謝之，比舍人馬過，然後敢行」，此時三衙管軍路遇起居舍人行斂馬側立禮；到歐陽修作翰林學士時，已經與三衙行分路之禮。〔註114〕歐陽修在此，感歎「三衙漸重而兩制漸輕」，給人的感覺是三衙原本地位應當在兩制之下，問題在於三衙與兩制本身沒有隸屬關係，其地位高下應當品級雜壓來考察。《歷代職源撮要》載殿前都指揮使爲從二品，殿前副都指揮使正四品，馬步軍都指揮使、副都指揮使正五品，殿前馬步軍都虞侯、捧日天武龍神衛四廂

〔註108〕《宋史》卷一百一十六《禮十九》，2758～2759頁。
〔註109〕政和新階，武功大夫換皇城使，皇城使是諸司使之首，武功大夫以下實際就是以前的諸司使副。
〔註110〕《古今合璧事類備要》後集卷五十四，「殿前、馬軍、步軍都副指揮使，三軍都虞侯，天武捧日龍神衛四廂都指揮使爲管軍。」
〔註111〕王應麟《玉海》卷一百三十九。
〔註112〕胡寅《斐然集》卷十六《上皇帝萬言書》，容肇祖點校，北京：中華書局，1993年，347頁。
〔註113〕方岳：《秋崖集》卷二十四《與趙端明》。
〔註114〕《歸田錄》卷一，5頁。

都指揮使從五品，起居舍人只有從六品。〔註 115〕王拱辰在慶曆元年以前已經知制誥，歐陽修在慶曆三年知諫院。〔註 116〕「建隆以來合班儀」中未載三衙管軍，但殿前都指揮使應與節度使相當，知制誥在觀察使之前，翰林學士在節度觀察留後之前。按照儀制，三衙管軍地位至少應與兩制相當，歐陽修所論述的變化或許與當時管軍本身品級變化有關。三衙地位實際未必有歐陽修說的那麼高，如熙寧九年上批「三衙朝廷待遇禮繼二府，事體至重，寺監小官豈可呼召，使赴期會，自今止令移文定議。」〔註 117〕寺監即可呼召三衙，說明當時三衙地位確實不高。

紹興三十年十月丙午詔：「文武官合班，如遇親王使相立西班，即令樞密院官權綴東班，惟親王使相請假則立西班。」這條看似奇怪的詔令只有放在當時背景下才可以理解，原來當時領殿前都指揮使職事楊存中以少師，主管侍衛步軍司公事趙密以使相，列班都在知樞密院事之上，知樞密院事葉義問言：「三衙本隸密院，祖宗舊制不許接坐，所以正名分示等級。豈當以官之高卑而不以職之上下，冠履倒置，非朝廷福。乞各爲班著。」〔註 118〕楊、趙二人差遣是三衙管軍，是樞密院下屬，但因爲是使相而班在樞密院之上，因此在朝會禮儀上就產生了到底執行那種標準的問題。這樣的局面是因爲南宋初，朝廷因爲戰事，給大將的官銜越來越高，三衙管軍位列使相，前代所罕有。最終下了這樣的詔書，體現了當政者的用心，一方面要仰仗大將，不能減損其待遇；另一方面，樞密院主管三衙，如果班位在大將之下，恐怕會增加管理的難度，因此折中的辦法就是讓樞密院官暫時輆宰相班，不與大將們站在一起。孝宗開始，皇帝車駕出巡，隨駕臣僚已經按照文武分班，文臣以宰相爲首，武臣以宗王爲首。〔註 119〕

武臣地位隨著局勢的變化而變化，如南宋初，武將地位較高，在禮節上也體現出來。比如紹興二年九月十五日，詔：「方今尚武之時，訪聞方面常日

〔註 115〕王益之：《歷代職源撮要》「官品」。按，只有「紹興以後合班之制」（《宋史》卷一百六十八）載三衙管軍雜壓，與此官品順序類似。

〔註 116〕《宋史》卷三百十八《王拱辰傳》。

〔註 117〕潘自牧：《記纂淵海》卷三十三，「三衙」。

〔註 118〕李心傳《建炎以來繫年要錄》卷一百八十六。

〔註 119〕洪邁：《容齋五筆》卷四，車駕出，常朝文臣自宰相至二史，武臣自宗王、使相至觀察使，以雜壓次序行焉。孝宗在普安邸，官檢校少保節度使，每出必處正尚書之後。而乾道以來，兩班分而爲二，唯使相不然。故開府儀同三司皆與執政官聯行，而居其上。（877 頁。）

視事，武臣一例庭趨，文臣一例循廊，甚失武臣之心。今後諸州武臣非緣教閱軍陣、出師討賊，若常日見長吏，職任與文臣等者並依文臣，其不應趨庭者勿庭趨，著爲令。」〔註120〕這裡沒有著重強調壓抑武臣以便於管理的道理，而是爲了得武臣之心，使其在日常見長吏時享有文臣同等待遇，當然在訓練與出師的軍事場合，還是要嚴階級之法。孝宗曾與周必大反覆討論「諸路武臣總管初到帥府見都總管，合與不合階墀」。周必大舉了兩個堅持行階墀禮的例子，北宋范純粹爲陝西運判暫攝帥事，對「不肯階墀」的總管「欲行軍法」；南宋初沈介以侍從爲湖南帥，也發生了類似事件，周認爲范、沈二人這樣作的原因是「蓋恐平時不相下則緩急誤使令耳」。另一方面北宋末，蔡薿爲浙西帥，翟汝文爲浙東帥，「嘗令總管楊應等日揖於庭」，基於「欲重節制之權」的目的，這樣的禮節似乎又輕了。因此，周必大鑒於當時「除帥少用大僚，而副總管卻多高官」，提出了折中的方案：「今之階墀，自有兩等，一則參於庭，其次止是徑趨於階之上，帥遣人傳語，請循廊，然後復用賓主之禮相見。」〔註121〕

　　下面從儀制的細節來觀察文武實際差異。先看鞍勒制度，宰相，親王，樞密使帶使相，曾任宰相觀文殿大學士宮觀使，殿前馬軍步軍都指揮使爲一等；使相，樞密副使，參和政事，宣徽使，節度使，宮觀使，殿前馬軍步軍副都指揮使、都虞候、四廂都指揮使爲一等；三司使，觀文殿學士，資政殿大學士，翰林學士承旨，翰林學士，資政殿、端明殿、翰林侍讀侍講，龍圖、天章、寶文閣、樞密直學士，御史中丞，兩使留後，觀察、防禦使，軍廂都指揮使爲一等。〔註122〕殿前馬軍步軍都指揮使享有與宰相同等待遇，在這裡軍職實際享有很高的待遇。

　　宋代文武官服帶制度，以岳珂記述最爲詳細：

　　　　凡新除恩慶，宰臣、樞密使、知樞密院事、參知政事、樞密副使、同知樞密院、簽書同簽書樞密院事，賜金笏頭二十五兩帶，副以魚袋；武臣御仙花帶，無魚袋；使相、節度使、宮觀使、觀文殿大學士，曾任宰相者即賜金笏頭二十五兩帶，副以魚袋，餘只賜御仙花帶，無魚袋；三司使（權及權使公事同）、觀文殿學士、資政殿大學士、翰林

〔註120〕《宋會要輯稿》儀制五之二四。
〔註121〕周必大《文忠集》卷一百四十九。
〔註122〕《宋史》卷一百五十《輿服二》，3511～3512頁。

學士承旨、翰林學士，資政殿、端明殿、翰林侍讀侍講、龍圖天章寶
文閣樞密直學士、龍圖天章寶文閣直學士、御史中丞兼守並同並賜金
御仙花二十兩帶；知制誥賜牯犀帶副以金魚。凡出使，見任中書樞密
使曾任宰相，並使相節度使，賜金御仙花二十五兩束帶，宣徽使曾任
中書樞密院充諸路都總管、安撫使賜金御仙花二十兩束帶；節度觀察
留後、觀察使賜金御仙花二十兩束帶；正任防禦使至刺史，内客省使
至閣門使，延福宮使至昭宣使，充諸路路分一州總管、鈐轄，沿邊知
州軍安撫賜金御仙花二十兩束帶；諸司使充者十五兩；客省引進閣門
副使、諸司副使、内侍省内侍押班充諸路沿邊路分鈐轄，賜金御仙花
十五兩束帶。文臣換武臣並賜塗金銀寶瓶十五兩帶；御前軍班換前班
並賜塗金銀帶，諸司使寶瓶二十兩；副使至崇班寶瓶十五兩；供奉官
至殿直荔枝十兩；奉職借職雙鹿八兩；堂後官新除賜塗金銀寶餅十五
兩帶；伎術官雖服紫綠皆給銀帶。〔註123〕

新授朝官賜服帶分三個等級，第一等級金笏頭二十五兩帶加魚袋，只賜
給宰執，前任宰相享有相同待遇；第二等級是金御仙花帶二十五兩，針對武
臣樞密、使相級別，均無魚袋；第三等級金御仙花帶二十兩，三司使、觀文
殿學士至諸閣直學士、御史中丞，知制誥則享有特殊待遇。武臣外任也是三
個等級，使相級別金御仙花帶二十五兩，諸司使任州級官與副使等任路分鈐
轄十五兩，兩者之間是二十兩。

宋代的佩魚制度：「凡服紫者，飾以金；服緋者，飾以銀。庭賜紫，則給
金塗銀者；賜緋，亦有特給者。京官、幕職州縣官賜緋紫者，亦佩。親王、
武官內職、將校皆不佩。」〔註124〕也就說武階是不佩魚的，伎術官即使賜緋、
紫也不能佩魚，也是同樣的道理，相反文臣借緋、紫的就可以佩魚，連中書
堂後官也賜緋魚袋。翰林學士原本屬於內職，元豐二年始許佩魚。〔註125〕

社會的崇文風氣帶來的另一結果就是武臣逐漸以得到文臣禮遇為榮。開
寶四年，建武軍節度使何繼筠卒，詔「遣中使護葬，仍賜寶劍、甲胄同葬。」
強調的是其武臣身份。紹興二十四年，太師、清河郡王張俊葬，上曰：「張俊
極宣力，與他將不同，恩數務從優厚。」特賜七梁額花冠貂蟬籠巾朝服一襲。

〔註123〕岳珂：《愧郯錄》卷一二「文武服帶之制」。
〔註124〕《宋史》卷一百五十三，3568頁。
〔註125〕《宋史》卷一百五十三，3568頁。

〔註126〕按貂蟬籠巾七梁冠爲宋代臣子冠綬最高等級，主要是賜給宰相的，張俊作爲武臣得到的特殊禮遇。〔註127〕北宋丁謂、馮拯「位三公、侍中，而未嘗冠貂蟬。」〔註128〕再比如呵引制度，武臣儀製定於慶曆二年，是比照文臣制度制訂的：「節度使在尙書下，三節；節度觀察留後在諸行侍郎下，兩節；觀察使在中書舍人下，諸衛大將軍、防禦團練使在大卿監下，內客省使比諸司大卿，景福殿使、客省使比將作監，引進使比庶子，在防禦使上，已上各一節。諸州刺史、諸衛將軍在少卿監下，宣慶、四方館使比少卿，宣政、昭宣、閣門使比司天少監，諸衛將軍上，皇城以下諸司使比郎中，客省、引進、閣門副使比員外郎，樞密都承旨在司天少監下、閣門使上，副都承旨在閣門使下，樞密院副承旨、諸房副承旨在諸司使下，已上並兩人呵引。」〔註129〕

宋代文武區分通常是以階官來區分，但樞密院都承旨、副都承旨在宋代多以武職官充，原本並無見樞密使副的儀制規定。〔註130〕熙寧三年九月二十三日詔：「樞密都承旨見樞密使副，並如閣門使禮。」〔註131〕當時東上閣門使李評爲都承旨，皇城使李綬爲之副，二人均爲士人，才提出所謂「接遇儀範」問題，最終其禮儀定位依然是參照武選官。〔註132〕乾道初，出身吏職的魏仲昌任副承旨，「每謁公府，與侍從同席升車而去」，也就是說其見宰相禮儀參照的是文臣侍從，但當時魏仲昌依然是武職〔註133〕。葉顒當時爲相，「使與卿監旅進，送之於右序，不索馬」。〔註134〕古代來賓入門之禮有臣禮、客禮的區別，從左側入是客禮，從右側入是臣禮。〔註135〕葉顒「送之右序」，顯然沒有

〔註126〕《宋史》卷一百二十四《禮二十七》，2911 頁。
〔註127〕《宋史》卷一百五十二《輿服四》，3555 頁。
〔註128〕宋敏求：《春明退朝錄》卷下。
〔註129〕《宋會要輯稿》儀制五之一六。
〔註130〕龔延明：《宋代官制辭典》言樞密院都承旨「除徽宗朝專用武臣爲外，多用文臣充任。」（106 頁）此說顯然有誤，謝維新：《古今合璧事類備要後集》卷十七「都副承旨」條：「熙寧五年，以尚書比部員外郎、集賢校理、同修起居注曾孝寬爲起居舍人、充史館修撰、兼都承旨。先是或用士人，亦止於右職中選用，文館兼領自孝寬始也。」此言「右職」當指武職，如李評雖然是士人，但其官東上閣門使，屬於武選官，曾孝寬以起居舍人兼都承旨，才是眞正文臣。
〔註131〕《宋會要輯稿》儀制五之一七。
〔註132〕謝維新：《古今合璧事類備要後集》卷十七，文淵閣四庫全書本。
〔註133〕《三朝北盟會編》卷二百三十一載魏仲昌在紹興三十一年爲右武大夫。
〔註134〕《容齋續筆》卷十一，358 頁，北京：中華書局，2005 年。
〔註135〕《通典》卷七十四：「天子受諸侯藩國朝宗覲遇」有「至於朝……諸侯序進，

以客禮對待魏仲昌。此後也出身吏職王抃爲都承旨，時爲正任觀察使，「禮遂均從官矣」，也就說武官因爲任樞密院都承旨而享有侍從官的禮遇。〔註136〕這種情況的出現可能與南宋初樞密院都承旨交錯使用文、武臣有關。〔註137〕這樣，後任的武臣會要求享有前任文臣一樣的禮遇，在此，官場慣例的效力超越了國家儀制規定，當其成爲「故事」後，也許會最終改變制度條文。

隆興中，因爲孝宗講求武備，當時不少人建議平衡文武之間的待遇。有劉御帶者，建言：「門狀、牓子初無定制，且僧道職醫皆用門狀，而武臣非橫行乃用牓子，幾與胥史卒伍輩同。」〔註138〕不管門狀與牓子最初的分別的原因如何，武臣只是要求享有文臣一樣的待遇。

實際上，文武二分的觀念在宋代並沒有士大夫所描述的那麼絕對化。比如原本文官七品以上服朝服者，簪白筆，武官則否，但後來文武皆簪。〔註139〕再如南宋士大夫服飾的變化，南宋初士大夫多服紫衫，紫衫原本是軍校服，士大夫開始服紫衫可能與兩宋之際戰事頻仍有關，紹興二十六，朝廷下令禁止，「毋得以戎服臨民」，士大夫開始改服涼衫，涼衫樣子與紫衫相同，只是是白色。〔註140〕乾道初，禮部侍郎王曮認爲涼衫「純素可憎，有似凶服」，當時高宗尚在，群臣服涼衫有損孝宗孝順的形象，「且紫衫之設以從戎，故爲之禁，而人情趨簡便，靡而至此。文武並用。本不偏廢，朝章之外，宜有便衣，仍存紫衫，未害大體。」〔註141〕王曮的意見也迎合了當時孝宗注意武備的需要，使得紫衫再度取代了涼衫。再如背子，程大昌言：「今人服公裳，必裏以背子。」〔註142〕葉夢得認爲背子原本是武士服，稱之爲「裏賤者巾衣武士服，而習俗之久」。〔註143〕

入門右」之語，杜佑注曰：「入門而右，執臣道，不敢由賓客之位。」黃震《黃氏日抄》卷二十：「公事自闑西，私事自闑東」，「公事謂聘享爲國，而與主君敵，故自闑西，客禮也」。「闑」爲古代立於門中的木樁，大門向南，入門時向北，闑之西爲左，闑之東爲右，從左側進是客禮。

〔註136〕《容齋續筆》卷十一，358頁，北京：中華書局，2005年。

〔註137〕《宋史》卷一百六十二《職官二》：建炎四年，以武臣辛道宗爲都承旨；紹興元年，以兩制爲之，而且如果未曾任侍從，特加學士等職；乾道初，再用武臣；淳熙九年，復用士人，副都承旨文、武通除。

〔註138〕《老學庵筆記》卷二。

〔註139〕《宋史》卷一百五十二《輿服四》，3558頁。

〔註140〕《宋史》卷一百五十三《輿服五》，3578頁。

〔註141〕《宋史》卷一百五十三《輿服五》，3578頁。

〔註142〕程大昌：《演繁露》卷三「背子中禪」。

〔註143〕葉夢得：《石林燕語》卷十。

　　究其原因，風俗離不開人情，宋代士大夫地位更多繫於官員身份，因此官場上奔競之風盛，如宋人描述當時干謁之風：「士大夫以造請爲勤，每遇休沐日，齎刺自旦至暮，遍走貴人門下。京局多私居，遠近不一，極日力只能至十數處，往往計會閽者納名刺上見客簿，未敢必見也。閽者得之或棄去，或遺忘上簿，欲人相逢迎，權要之門則求略，若稍不俯仰便能窘人。興國賈公衰自京師歸，余問物價貴賤，賈曰：『百物皆貴，只一味士大夫賤。』」〔註144〕士大夫爲了求陞遷想盡方法，南宋科舉競爭激烈，由於鎖廳試的錄取率較高，就有太學生先考武舉，得官後，再以官身參加鎖廳試考進士，中進士後再換文官，因此時人林穎秀批評允許武換文：「武士捨棄弓矢，更習程文，褒衣大袖，專做舉子。夫科以武名，不得雄健喜功之士，徒啓其僥倖名爵之心。」〔註145〕士大夫對文武之分的概念，要排在其對君權與官位的崇拜之下，如紹興十六年三月一日詔：「軍官起復，自古有從權之宜。近來卻有非軍中職任之人，規圖從軍，申乞起復，殊失禮制，宜行戒飭。今後非見從軍不許起復，如有規求，重行黜責。仍令御史臺覺察彈奏。」〔註146〕官員爲了起復而申請從軍，可見其對官位的追求。

小　結

　　宋朝承五代而立國，如何防範武人專權，避免成爲「第六代」，是宋初君主心中頭等大事，「以文馭武」政策的出臺就是當時提出的解決方案。宋初的制度設計深深影響到了文武職事上的定位。宋代文官基於對其士大夫身份的自我認同，多傾向於在禮儀上貶低武臣，通常認爲壓抑武臣地位是爲了便於管理，這種觀念的形成與宋代「以文馭武」的政策不無關係。文官在政治地位上的優勢，會逐漸影響到社會觀念，文武之間的隔閡由此而加深，歐陽修曾說：「大凡武臣嘗疑朝廷偏厚文臣，假有二人相爭，實是武人理曲，然終亦不服，但謂執政盡是文臣，遞相黨助，輕沮武人。」〔註147〕雖然歐陽修依然是站在文臣立場上的，但卻清楚地表達了武臣在政治上的劣勢地位使得武臣產生了受歧視的感覺，在特定情況下，這會影響他們的判斷，如元世祖平定

〔註144〕《萍州可談》卷一，北京：中華書局，2007年。
〔註145〕《文獻通考》卷三十四。
〔註146〕《宋會要輯稿》職官七七之一九。
〔註147〕《續資治通鑑長編》卷一百五十，慶曆四年六月條。

南宋之後，召見諸降將，問「爾等何降之易邪？」宋降將們答道：「宋有強臣賈似道擅國柄，每優禮文士而獨輕武官，臣等久積不平，心離體解，所以望風而送欵也。」〔註148〕

　　另一方面，在國家儀制中表現的更多的是內外之別，而非文武之分。宋代武選官的「內職」身份，不但是唐五代以來體制變遷的延續，而且在宋代君權至上的政治環境中得以保留。樞密使與文臣侍從等的儀製定位也是如此。君權的影響力還是超越於士大夫的主體意識之上。宋代文官政治的定位毋庸置疑，但維持文武之間的平衡也是君主所期待，「輕武」未必是宋代制度設計的原意。

〔註148〕《元史》卷九《世祖紀》。

餘 論

今天研究宋代，已經無法迴避「唐宋變革說」的影響。日本學者內藤湖南首倡，經京都學派深入闡發，「唐宋變革說」對中國史學界的影響毋庸諱言。現在標示「唐宋變革」的研究，許多已經遠遠超出內藤湖南原有的預設。儘管如此，「唐宋變革說」還是極大促進了唐宋史的研究。〔註1〕現在史學界大致可以認可，不同的領域有著不同的變革起點和終點，唐宋的朝代局限不再是單一分期。比如陳寅恪先生曾指出：「唐代之史可分爲前後兩期，前期結束南北朝相承之舊局面，後期開啓趙宋以降之新局面，關於政治社會經濟者如此，關於文化學術者亦莫不如此。」〔註2〕不同領域的變化必定是相關聯的，但卻未必同步，其變化的方式與深度也非一致。

以制度層面而論，唐宋政治制度包含著很強的繼承性，因有「宋承唐制」之說。朱熹謂：「本朝官制與唐大概相似，其曲折卻也不同。」〔註3〕儀制的情況也大致如此，對比《大唐開元禮》與《政和五禮新儀》，其許多儀制細節有很強的繼承性，在實踐層面，禮例與故事則主導著制度的運行，更多地體現著唐中後期以來的儀制變化。錢穆認爲：「中國歷代所製定所實行的一切制度，其背後都隱伏著一套思想理論之存在。」〔註4〕制度上的變與不變，都離

〔註1〕 對唐宋變革論的檢討，參看柳立言《何謂「唐宋變革」》（《中華文史論叢》第81期，第125～171頁）、張廣達《內藤湖南的唐宋變革說及其影響》（《唐研究》第11卷，第5～71頁）。

〔註2〕 陳寅恪：《論韓愈》，《金明館叢稿初編》，上海：上海古籍出版社，1980年，296頁。

〔註3〕 《朱子語類》卷一百二十八，3070頁。

〔註4〕 錢穆：《中國歷史研究法》，第29頁，北京：生活·讀書·新知三聯書店，2005

不開其背後思想文化的影響。〔註5〕學界多傾向於認爲宋代的禮儀、典章制度方面多承襲唐代，但思想文化上卻存在一個重大的轉折，而內藤湖南之說本意也是立足於文化上的變化。〔註6〕具體到唐宋禮儀制度的研究，情況也是千差萬別。〔註7〕作爲制度範疇的禮儀存在著沿襲唐禮的狀況，但社會風俗層面卻非如此。〔註8〕

《大唐開元禮》作爲成熟禮典的典範，是漢唐間製禮傳統的一個總結，國家禮典作爲禮制體系中最重要的部分，融合了禮經、故事與公議，其目的在於設計一個能爲各色人等所遵循的禮制秩序。〔註9〕制度一旦製定，就要面對不斷變化的社會現實，中唐以後國家面對的是重大社會轉折，加之政局的變化，《開元禮》以後的官修禮典，多是以「變禮」的身份出現，其特點趨向簡約化、儀注化與日用化。〔註10〕《開寶通禮》是宋代第一部國家禮典，其承接的實際是《開元禮》以後的傳統，其在國家禮制體系中並不具有獨尊的地位，更像是作爲《開元禮》的「變禮」出現的。〔註11〕仁宗嘉祐七年七月，

年。

〔註5〕 禮儀不變部分也是值得關注的一點，世易時移，當人的關係發生變化時，禮儀的變與不變都有其獨特考慮，重複前代的禮儀也可能是一種對「傳統的發明」。霍布斯鮑姆認爲：「發明傳統本質上是一種形式化和儀式化的過程，其特點是與過去相聯繫，即使只是通過不斷重複。」（霍布斯鮑姆等編《傳統的發明》，顧杭等譯，南京：譯林出版社，2008年，第4頁。）

〔註6〕 年發松：《「唐宋變革說」三題——值此說創立一百週年而作》，《華東師範大學學報（哲學社會科學版）》2010年第1期，1～10頁。

〔註7〕 如吳麗娛《唐宋之際的禮儀新秩序—以唐代的公卿巡陵和陵廟薦食爲中心》（《唐研究》第11卷，第233～268頁）認爲宗廟祭祀在唐朝吸收民間信仰和道教因素之後，最終發展爲宋代道教祭祀與儒家傳統同存並行的方式。這雖然也是在考察唐宋之際的變化，但其闡釋路徑已經與內藤湖南的唐宋變革不同。

〔註8〕 前輩學者對唐宋風俗觀念的變化多有論述，如陳寅恪先生認爲洪邁對白居易《琵琶行》的誤讀源自社會風俗的變遷，唐宋社會對男女關係的認識發生了明顯的變化（見陳寅恪：《元白詩箋證稿》第二章，北京：三聯書店，2001年，46～54頁）。

〔註9〕 參見甘懷眞：《「製禮」觀念的探析》，《皇權、禮儀與經典詮釋：中國古代政治史研究》，上海：華東師範大學出版社，2008年。

〔註10〕 姜伯勤：《唐貞元、元和間禮的變遷——兼論唐禮的變遷與敦煌元和書儀文書》，《敦煌藝術宗教與禮樂文明：敦煌心史散論》，北京：中國社會科學出版社，1996年。

〔註11〕 樓勁先生認爲對《開寶通禮》在統一規範禮制和禮事的作用和地位不宜作過高的估計，其象徵意義很可能強於實際意義，在宋初的禮制體系中，《開寶通

有司奏明堂制度，曰：「《開元》、《開寶》二禮，五帝無親獻禮。」〔註12〕《開元禮》在討論中依然具有相當的權威，更說明宋代禮典作為禮制中心的動搖。而且《開寶通禮》的行用狀況頗有疑問，呂大防曾言：「臣歷觀四方，唯於淄州嘗見之，以備考試舉人而已。」〔註13〕《開寶通禮》及其後的官方禮書，可由現存《太常因革禮》窺見一斑。《太常因革禮》在結構中加入了廢禮與新禮，更確定了其「變禮」的身份，而且還收入了「廟議」，禮論也包含其中了。徽宗對製禮作樂的興趣，促成了按照禮典範式編修的《政和五禮新儀》的問世，在結構上其與《大唐開元禮》最為接近。《政和五禮新儀》以「儀」為名，在系統總結了北宋禮儀制度的基礎上，重點放對在儀式的整理上，為了體系的完整性，對儀式作了鉅細無靡的規定。但是，《政和五禮新儀》在實際執行中卻碰到了巨大的難題，其頒佈之後，「增置禮直官，許士庶就問新儀，而詔開封尹王革編類通行者，刊本給天下，使悉知禮意，其不奉行者論罪。宣和初，有言其煩擾者，遂罷之。」〔註14〕《政和五禮新儀》成為一種紙面上的存在。南宋的《中興禮書》、《中興禮書續編》實際只是將已行儀注與論禮的各種公文編類成書，只是禮官們的實用手冊，而非漢唐意義上的國家禮典了。

　　制度的實施情況必然受到當時社會文化的影響，宋代禮典規定的諸多典禮，在現實中卻難覓蹤影，如冊命宰相之禮，都是以宰相上書辭免為結束，不曾付諸實施。再如冊皇太子禮，舉行次數本就不多，經受冊者再三辭免之後，其實行還要比照禮典有所減損。這種做法，源自讚賞謙卑的文化傳統，但形成慣例之後，辭免完全程序化，在某種程度上其本身就已經成為儀式組成部分，甚至是儀式的主要部分。儀制在實際生活中的作用，不是實行的守則，而是討論官員品級時的依據。

　　儀式功能實現的核心在於其象徵意義是否為社會所接受，儀式重心的轉移，通常也意味著，當時社會對其認知的變化。歐陽修在《新唐書・禮樂志》開篇即言：「由三代而上，治出於一，而禮樂達於天下；由三代而下，治出於

　　禮》儘管仍是其重要組成部分，卻失去了以往禮典充當禮制領域根本大法的地位。（樓勁：《關於〈開寶通禮〉若干問題的考察》，《中國社會科學院歷史研究所學刊》第四集，411～437頁。）

〔註12〕《宋史》卷一百一《禮志四》。
〔註13〕呂大防：《上神宗請定婚嫁喪祭之禮》，《宋朝諸臣奏議》卷九十六，1033頁。
〔註14〕《宋史》卷九十八《禮志一》，2423頁。

二，而禮樂爲虛名。」〔註15〕在其論述中，「三代」時，「凡民之事，莫不一出於禮。由之以教其民爲孝慈、友悌、忠信、仁義者，常不出於居處、動作、衣服、飲食之間。」禮儀滲透到生活的方方面面，遵守禮儀也意味著接受其背後的價值觀，也就達到了所謂教化的目的。「三代」以下，「禮樂具其名物而藏於有司，時出而用之郊廟、朝廷」，「用之郊廟、朝廷，自搢紳、大夫從事其間者，皆莫能曉習，而天下之人至於老死未嘗見也。」禮樂儀式已經少有人知，其意義瞭解者就更少，禮儀與生活脫節，其象徵意義不能被社會所瞭解，教化的功能自然也無法實現。歐陽修認爲這種轉變的原因是自秦以後，朝廷多行秦政，「其朝夕從事，則以簿書、獄訟、兵食爲急」，治理國家的方式轉變了。在某種程度上這也是歐陽修對宋代政治現實的理解。

　　在宋人筆記中，宋太祖對禮儀的態度頗有代表性。武人出身的宋太祖對大臣並不十分尊重，御史中丞雷德驤彈劾趙普惹怒了他，被「曳於庭數匝」，顯然稱不上禮貌的行爲。〔註16〕當時的儒學名臣以規勸皇帝爲己任。太祖曾召竇儀至後苑草制，竇儀「見上岸幘跣足而坐，因卻立不肯進。」太祖明白竇儀的意思，「遽索冠帶而後召入」，竇儀因言：「陛下創業垂統，宜以禮示天下，臣雖不才，不足以動聖顧，第恐豪傑聞而解體也。」太祖採納了其意見，「自是對近臣未嘗不冠帶。」〔註17〕這裡，太祖遵循禮儀是基於政治需求，通過禮儀表達尊重以籠絡大臣，是一種實用主義的態度。同樣的事情也發生在陶穀身上，可見當時儒臣的願望。〔註18〕邵伯溫記宋太祖太廟事清楚體現這一態度：「太祖初即位，朝太廟，見其所陳籩豆簠簋，則曰：『此何等物也？』侍臣以禮器爲對。帝曰：『我之祖宗寧曾識此！』命徹去。亟令進常膳。親享畢，顧近臣曰：『卻令設向來禮器，俾儒士輩行事。』」〔註19〕太祖將禮儀視作籠絡儒士的一種手段，有其形式即可，因襲前製成爲自然的選擇。在這樣的思路下，朝廷儀制在規定上沿襲舊制，甚至照抄禮文，在實際行用上卻靈活對待，以致儀制往往成爲虛文，使得儀制規定與實際有一定程度的脫節。而且因爲沿襲舊制，儀制本身的牴牾很多，在行用時常引發爭論，儀制的小修小補隨著政局的變化起起伏伏。雖然朝廷上下對儀制的權威並不十分看

〔註15〕《新唐書》卷十一，307 頁，北京：中華書局，1975 年。
〔註16〕司馬光《涑水記聞》卷一，中華書局，1989 年，9 頁。
〔註17〕《續資治通鑒長編》卷七，182 頁。
〔註18〕歐陽修：《歸田錄》卷一，7 頁。
〔註19〕《邵氏見聞錄》卷 1。

重，違反儀制的行爲時有所見，大家也習以爲常，但在政治鬥爭中卻常被對手攻擊。考察這些衝突和違禮的行爲，我們更可以窺見時人對禮儀的態度和儀制的實際執行狀況。

宋代是官僚制度高度發達的時期，「官本位」色彩在官場禮儀中有著明確的體現。造作局官員原本只是吏人，一旦有了官品，地方長官也要待以賓禮。[註20] 仁宗時尹洙曾提出鬻爵之法以籌集軍費，其內容是「凡入粟五百斛爲上爵，許以珠金爲婦女服飾，得與本部七品官接坐，犯笞罪及註誤聽贖，入粟百斛爲下爵，許畜女使，以銀爲飲食器。」[註21] 除了「犯笞罪及註誤聽贖」一條外，都屬於禮儀上的待遇。當時朝臣的反對意見是「爲國者禮義不可不立，法度不可不行，風俗不可不純。今洙所言，是棄三者之益而困生民之本也。」指出之前的賣官法「賜民爵不過公士，攝助教之名，非有階品」，已經「使夷狄有輕中國之心。」[註22] 實際上對於尹洙的反對者來說，賣官其實是對官場身份等級的破壞，當然無法允許。

以相見禮來看，宋代官場儀制其實在等級上的區隔並未得到嚴格遵守，但在實際生活中，以權力爲中心的身份區隔卻日益明顯，統屬關係日益重要，也就是對上級的禮節趨同化，行大禮者時常發生，但上級自身的品級卻不受重視，頗有些「縣官不如現管」的味道。對於國家製定的官場儀制，官員的態度多是實用主義的。

宋人重視待客之道，「凡賓者，主所與敵體而亢禮者也。是故酒醴幣帛之養莫厚於賓，進退周旋陞降之禮莫隆於賓，咨諏聽受議論可否莫嚴於賓，道合則從不合則去莫逸於賓。」[註23] 「今監司巡歷郡邑，巡檢、尉必迎於本界首，公裳危立，使者從車內遣謁吏謝之，即揖而退，未嘗以客禮延之也。至有倔橫之人，責橋道不整，驅之車前，使徒步與卒伍齒者。」[註24] 北宋迎接長官甚至有出迎三十里者。[註25] 宋代官場存在某些慣例，官員在陞遷

〔註20〕 程俱：《北山小集》卷三十《寶文閣直學士中大夫致仕太原郡開國侯食邑一千四百戶食實封一百戶贈正議大夫王公墓誌銘》：公罷，部使者行府事，亟榜賓次，曰：「造作局官雖故卑吏，然官有品，承前不接坐，非是，自今接見如賓禮。」

〔註21〕 《續資治通鑑長編》卷一百二十七，康定元年六月甲申朔，3016頁。

〔註22〕 《續資治通鑑長編》卷一百二十七，康定元年六月甲申朔，3016頁。

〔註23〕 《彭城集》卷三十二《汝州推官廳記》。

〔註24〕 《容齋三筆》卷三「監司待巡檢」。

〔註25〕 《容齋三筆》卷三「監司待巡檢」。

等環節需要上書謝主管高官，如不遵守會影響仕途。衛涇是淳熙十一年狀元，授添差簽書判官，按照慣例，狀元授簽書判官任滿，需要先上書謝宰相，然後在下一榜唱名時奉旨回京入見，衛涇認為不應以公事而謝宰相，因此沒有上書謝宰相，當時宰相王淮於是在衛涇回京後，「不與降入國門引入見指揮」，故意在程序上拖延，衛涇因此等了三月不得入見。〔註 26〕

下面一則故事則反應了宋代官民相見的情形：

> 石曼卿與劉潛、李冠為酒友。曼卿赴海州通判，將別，語潛曰：「到官可即來相見，尋約痛飲也。」既半載，往見。到倅廳門，其闇者迎謂曰：「自此入客位，勿高聲也。」既見謁者，問知無官，請衣襴鞹。潛曰：「吾酒友也。」典客者曰：「公勿怒，既至此，無復去之理，我為藉以衣。」不得已衣之。坐幾兩時，胸中不勝憤。典謁者言：「通判歇息，未敢傳。」坐幾三時，餒甚。忽報通判請，贊者請循廊。曼卿道服仙巾以就坐，不交一言，徐曰：「何來？」又久之曰：「何處安下？有關示及。」一典客從旁贊曰：「通判尊重，不請久坐。」潛大怒索去。云：「獻湯。」湯畢，又唱：「請循廊。」潛益憤，趨出。曼卿曳其腰帶後曰：「劉十，我做得通判過否？扯了衣裳，吃酒去來！」遂仍舊狂飲，數日而罷。〔註 27〕

石曼卿本人並不守禮法，這個故事卻足見當時官民相見禮儀的繁瑣。禮儀符號的大量應用，強調的是身份的區隔。鄒應博作知縣時，「雖諸生、孺子、村叟、裏嫗、老校、退卒，必與之為鈞拜禮」，眾人都十分訝異，有人解釋說：「此佛地位中人作平等心。」〔註 28〕鄒應博的行為在當時被視作超脫世俗，歸之為佛教平等觀念的影響，這恰恰說明官民上下禮節的區分是當時司空見慣的常態。在私的場合，如家中，本不必遵循公禮，但地位的差別會影響到行私禮。宋初王溥作宰相後，仍然在其父王祚見客時「朝服侍立」。〔註 29〕王溥雖然堅持遵守私禮，但客人們見到宰相侍立於旁，如何能坐得下去。

朱熹雖然認為當時禮儀「苟簡」，「以今人律之先王之禮，則今人為山野麋

〔註 26〕葉紹翁：《四朝聞見錄》甲集，9 頁。

〔註 27〕《默記》卷下，北京：中華書局，1981 年，49～50 頁。

〔註 28〕方大琮《鐵庵集》卷二十《與鄒編修應博書》。

〔註 29〕王闢之：《澠水燕談錄》卷二，呂友仁點校，北京：中華書局，1981 年，10 頁。

矣！」。〔註30〕他嚮往嚴格的禮節，如他認爲隔品拜「亦好，有等殺」，但是針
對當時官場習慣，「屬邑見郡守，不問官序，列階墀」，卻說「若欲自行其志，
勿從俗可也」。〔註31〕也就是說，他實際上更重視禮節背後所反應的東西，有「等
殺」的官場禮節代表著一種守禮的等級秩序，是朱熹所樂見的；當時「拜禮施
於顯宦，則有佞貴之嫌」，〔註32〕但因爲權力而阿諛上級，卻被視作是有損個人
品行的，是否依「官序」行禮，代表著是尊重秩序還是尊重權力。

　　朱熹觀點反應了宋代士大夫的雙重特性，一方面宋代士大夫的社會地位
很大程度上要依賴其官員身份。士大夫階層的變化是「唐宋變革」的時代特
徵之一。〔註33〕唐宋時期士大夫階層經歷重要變化，包弼德做過如下描述：「在
7 世紀，士是家世顯赫的高門大族所左右的精英群體；在 10 和 11 世紀，士是
官僚；最後，在南宋，士是爲數更多而家世卻不太顯赫的地方精英家族，這
些家族輸送了官僚和科舉考試的應試者。」〔註34〕拋開這一描述存在的爭議，
宋代士大夫階層無疑有了前所未有的一些變化。〔註35〕士大夫的官僚角色的
凸顯正是其中最重要的變化之一，受到這一變化的影響，官本位的觀念對社

〔註30〕《朱子語類》卷九十一，2335 頁。

〔註31〕《朱子語類》卷九十一，2334 頁。

〔註32〕周輝：《清波雜志》卷五。

〔註33〕張國剛將士族及其文化的形成和解體視爲唐宋變革的時代特徵，其基本預設
　　　　是，漢唐時代儒家倫理經歷了一個逐漸從經典文本到士族禮儀名教、再到社
　　　　會規範的發展過程，家法也從儒學世家的傳統學問，到士族門閥的禮教，進
　　　　而融化到士庶之家的家規家訓之中的發展過程。禮儀文化完成了從國家——
　　　　門閥（貴族）——士庶（全社會）的發展和普及的過程。參見張國剛：《論「唐
　　　　宋變革」的時代特徵》，《江漢論壇》2006 年第 3 期，89～93 頁。

〔註34〕包弼德：《斯文：唐宋思想的轉型》，4 頁，劉寧譯，南京：江蘇人民出版社，
　　　　2001 年。這一說法中最受爭議的是南宋士大夫是否可以用地方精英來描述，
　　　　筆者在此並不想作深入探究，只是認爲這一觀點提示我們應該關注兩宋士大
　　　　夫之間的差異。對這一觀點的批判可參見包偉民《精英們「地方化」了嗎—
　　　　—試論韓明士〈政治家與紳士〉與「地方史」研究方法》（《唐研究》第十一
　　　　卷，653～671 頁，北京：北京大學出版社，2005 年）。

〔註35〕黃正建《唐代「士大夫」的特色及其變化——以兩〈唐書〉用詞爲中心》（《中
　　　　國史研究》2005 年第 3 期，119～124 頁）一文從兩《唐書》中「士大夫」一
　　　　詞的使用及其意義入手，認爲「士大夫」一詞在唐初多指門閥士族，後來主
　　　　要指稱「熟詩書、明禮律」的官員。士大夫在唐代並沒有形成一個有固定特
　　　　色的階級。社會對他們還沒有比較統一的認識和要求。社會輿論的主要擔當
　　　　者是「士君子」。到宋代，「士大夫」不再指門閥士族，甚而成了士族的對立
　　　　面。宋代的「士大夫」具備了唐代「士君子」所具有的操守和左右輿論的能
　　　　力，成爲一個成熟的有自己固定特質的階級。

會的影響日漸加深，〔註 36〕官員的品級成爲現實中地位的高低最主要的衡量標準之一，重要體現就是官場禮儀對社會禮俗的影響。

另一方面，宋代是對士大夫最爲寬容的時期，對士大夫氣節的強調，培養了宋代士大夫以天下爲己任的精英意識。士大夫中的精英分子，基於儒家價值觀，對追逐官位的風氣十分不恥，將不守流俗的行爲視作其品格的象徵。北宋楊繪「待屬官無贊拜禮，胥史皁隸亦不責其曲謹」，不太重視這種相見的禮節，但因爲其「敏於吏事」，處理事務果斷公正，吏民「畏伏如神主」。〔註37〕其權威並不是靠禮節來維持，這樣的例子無疑是不多見的，因此時人將其作爲特異的行爲來讚賞。寇準出鎮地方時，「遇有過客造請，常以同年小録與參狀俱呈，若其人聯牓而年在己上者，雖州縣小官，亦展茵席以敘拜禮」。〔註38〕寇準重視同年關係超過上下關係。宰相見客之禮，「都堂自京官以上則坐，選人立白事。」這是限於辦公場合，「見於私第，雖選人亦坐，蓋客禮也。」〔註 39〕也就是說私第見客是屬於私人行爲，不必局限於宰相身份，但實際上習俗，「見者無長幼皆拜，宰相平立，少垂手扶之；送客，未嘗下階；客坐稍久，則吏從傍唱『相公尊重』，客跼蹐起退」。〔註40〕富弼被視作賢相的典範，他的平等待人受時人推崇，富弼認爲「凡待人，無貴賤賢愚，禮貌當如一。」因此他作宰相時，「雖微官及布衣謁見，皆與之抗禮，引坐，語從容，送之及門，視其上馬，乃還。」〔註41〕

正是基於這種理解，以推行儒家價值觀爲己任的宋儒，試圖重新製定一套禮儀，即符合儒家的理念，又能被社會所接受，以此重新規範百姓的生活，達到教化的目的。藍田呂氏《鄉約》、司馬光《書儀》、朱熹《家禮》都代表了這樣一種實踐。這種實踐由士大夫個人在民間推動，代表了宋代士大夫在面對社會問題時，試圖在現有國家制度之外探索新的解決方案的努力。

閻步克在分析「官本位」的概念時，將中國古代的官僚組織界定爲一個提供公共管理、行使社會調控的外向性「功能組織」，一個以內部秩序和自我

〔註36〕 這一過程唐中期就已開始，吳麗娛對敦煌書儀的研究證實了這一點，伴隨著官僚社會的成熟，官場禮儀充斥了日用的書儀。（吳麗娛：《唐禮摭遺——中古書儀研究》，北京：商務印書館，2002 年。）

〔註37〕 《范太史集》卷三十九《天章閣待制楊公墓誌銘》。

〔註38〕 高晦叟《珍席放談》卷上。

〔註39〕 《萍洲可談》百川學海本。

〔註40〕 《涑水記聞》卷十五，294 頁，北京：中華書局，1989 年。

〔註41〕 《涑水記聞》卷十五，295 頁。

生存爲中心的內向性「身份組織」，一個皇帝與官僚共同謀生謀利的「生活組織」，一個圍繞內部等級制度按部就班運行的「儀式組織」。〔註42〕以此來看，宋代官場儀制本身作爲一種禮儀制度，是這一「儀式組織」的組成部分，本文討論的各項儀制都是宋代官僚等級制度的一部分。另一方面，宋代官場儀制都是爲了維護官僚身份等級而存在的，是基於作爲「身份組織」的要求而存在的。同時，司馬光、朱熹爲代表的宋代士大夫所追求的禮治理想也包含著一種外向性「功能組織」的定位。宋代官員作爲官場中的人，處在一個「生活組織」之中，這個「生活組織」同時也代表著儀制運行的環境。這些面向加在一起，共同構成了宋代官僚組織中的官場儀制。

〔註42〕閻步克：《中國古代官階制度引論》，495 頁。

參考文獻

一、主要史料

1. （宋）包拯著、楊國宜校注《包拯集校注》，黃山書社，1999 年。
2. （宋）晁補之：《雞肋集》，影印文淵閣四庫全書本。
3. （宋）蔡絛著，馮惠民、沈錫麟點校《鐵圍山叢談》，中華書局，1983 年。
4. （宋）蔡襄：《端明集》，影印文淵閣四庫全書本。
5. （宋）曹彥約：《昌谷集》，影印文淵閣四庫全書本。
6. （宋）曹彥約：《經幄管見》，影印文淵閣四庫全書本。
7. （明）陳邦瞻編《宋史紀事本末》，中華書局，1977 年。
8. （宋）程大昌：《雍錄》，黃永年點校，中華書局，2002 年。
9. （宋）陳傅良：《止齋先生文集》，四部叢刊本。
10. （宋）陳師道著、李偉國點校《後山談叢》，上海古籍出版社，1989 年。
11. （宋）程顥、程頤著、王孝魚校點《二程集》，中華書局，2004 年。
12. （宋）程俱：《北山集》，影印文淵閣四庫全書本。
13. （宋）程珌：《洺水集》，影印文淵閣四庫全書本。
14. （唐）杜佑：《通典》，王文錦等點校，北京：中華書局，1988 年。
15. （宋）丁謂：《丁晉公談錄》，影刊咸淳百川學海本。
16. （宋）范仲淹：《范文正公集》，四部叢刊本。
17. （宋）范祖禹：《范太史集》，影印文淵閣四庫全書本。
18. （宋）范公偁：《過庭錄》，孔凡禮點校中華書局，2002 年。
19. （宋）韓琦：《安陽集》，影印文淵閣四庫全書本。
20. （宋）韓維：《南陽集》，影印文淵閣四庫全書本。

21. （宋）洪邁：《容齋隨筆》，孔凡禮點校，中華書局，2005 年。

22. （宋）洪遵：《翰苑遺事》，戴建國、袁嘉軒整理，《全宋筆記》第四編第八冊，鄭州：大象出版社，2008 年。

23. （宋）胡宏：《五峰集》，影印文淵閣四庫全書本。

24. （宋）胡銓：《澹庵文集》，影印文淵閣四庫全書本。

25. （宋）洪咨夔：《平齋文集》，四部叢刊本。

26. （宋）江少虞：《宋朝事實類苑》，上海古籍出版社，1981 年。

27. （宋）江休復：《嘉祐雜誌》，影印文淵閣四庫全書本。

28. （宋）孔平仲：《孔氏談苑》，影印文淵閣四庫全書本。

29. （宋）黎德靖編：《朱子語類》，王星賢點校，中華書局，1994 年。

30. （宋）李綱：《梁溪集》，影印文淵閣四庫全書本。

31. （宋）李燾：《續資治通鑒長編》（簡稱《長編》），中華書局點校本。

32. （宋）李心傳：《建炎以來繫年要錄》，影印文淵閣四庫全書本，1992 年。

33. （宋）李心傳著、徐規點校《建炎以來朝野雜記》，中華書局，2000 年。

34. （宋）李心傳：《道命錄》，宋史資料萃編本，臺北文海出版社，1981 年。

35. （宋）李攸：《宋朝事實》，國學基本叢書本。

36. （宋）劉敞：《公是集》，叢書集成初編本。

37. （宋）劉摯著，裴汝成、陳曉平點校《忠肅集》，中華書局，2002 年。

38. 劉琳、曾棗莊主編《全宋文》，上海辭書出版社、安徽教育出版社聯合出版，2006 年。

39. （宋）柳開：《河東先生集》，四部叢刊本。

40. （宋）劉克莊：《後村先生大全集》，四部叢刊本。

41. （宋）樓鑰：《攻媿集》，四部叢刊本。

42. （宋）陸九淵：《象山先生全集》，四部叢刊本。

43. （宋）陸游：《渭南文集》，四部叢刊本。

44. （宋）羅從彥：《豫章文集》，國學基本叢書本。

45. （宋）羅大經著、王瑞來點校《鶴林玉露》，中華書局，1983 年。

46. （宋）呂中：《宋大事記講義》，影印文淵閣四庫全書本。

47. （宋）呂頤浩：《忠穆集》，影印文淵閣四庫全書本。

48. （元）馬端臨：《文獻通考》，上海商務印書館影印十通本，1936 年。

49. （宋）馬永卿編《元城語錄解》，影印文淵閣四庫全書本。

50. （宋）孟元老著，伊永文箋注：《東京夢華錄箋注》，中華書局，2006 年。

51. 苗書梅等校點：《宋會要輯稿·崇儒》，河南大學出版社，2004 年。

52.（宋）歐陽修著、李偉國點校《歸田錄》，中華書局，1981 年。

53.（宋）歐陽修：《歐陽文忠公文集》，四部叢刊本。

54.（宋）歐陽修等：《太常因革禮》，叢書集成初編本。

55.（宋）歐陽修、宋祁：《新唐書》，中華書局，1975 年。

56.（宋）歐陽修：《新五代史》，中華書局，1974 年。

57.（宋）歐陽守道：《巽齋文集》，影印文淵閣四庫全書本。

58.（宋）彭百川：《太平治迹統類》，適園叢書本。

59.（宋）龐元英：《文昌雜錄》，北京：中華書局，1958 年。

60.（清）秦蕙田：《五禮通考》，文淵閣四庫全書本。

61.（宋）錢若水等著，燕永成點校《宋太宗實錄》，甘肅人民出版社，2005 年。

62.（宋）潛說友：《咸淳臨安志》，中華書局《宋元方志叢刊》1990 年。

63.（宋）邵伯溫著，李劍雄、劉德權點校《邵氏聞見錄》，中華書局，1983 年。

64.（宋）沈括著、胡道靜校證《夢溪筆談校證》，上海古籍出版社，1987 年。

65.（宋）史浩：《鄮峰眞隱漫錄》，影印文淵閣四庫全書本。

66.（漢）司馬遷：《史記》，北京：中華書局，1959 年。

67.（宋）司馬光：《傳家集》，影印文淵閣四庫全書本。

68.（宋）司馬光：《溫國文正司馬公文集》，四部叢刊本。

69.（宋）司馬光著，鄧廣銘、張希清點校《涑水記聞》，中華書局，1989 年。

70.（宋）司馬光著，李裕民校注：《司馬光日記校注》，中國社會科學出版社，1994 年。

71.（宋）宋祁：《景文集》，叢書集成初編本。

72.（宋）蘇軾著，孔凡禮點校《蘇軾文集》，中華書局，1986 年。

73.（宋）蘇頌著，王同策等點校《蘇魏公文集》，中華書局，1988 年。

74.（宋）蘇轍著，俞宗憲點校《龍川別志》，中華書局，1982 年。

75.（宋）蘇轍著，陳宏天、高秀芳校點《蘇轍集》，中華書局，1990 年。

76.（宋）孫逢吉：《職官分紀》，影印文淵閣四庫全書本。

77.（清）孫詒讓：《周禮正義》，北京：中華書局，1987 年。

78.（元）陶宗儀：《南村輟耕錄》，中華書局，1959 年。

79.（宋）田況：《儒林公議》，叢書集成初編本。

80.（宋）田錫：《咸平集》，影印文淵閣四庫全書本。

81.（元）脫脫等：《宋史》，中華書局，1985 年。

82.（宋）王安石：《臨川先生文集》，四部叢刊本。

83.（宋）王稱：《東都事略》，宋史資料萃編第一輯影印適園叢書本，臺北文海出版社，1979 年。

84.（宋）王鞏：《聞見近錄》，影印文淵閣四庫全書本。

85.（宋）王鞏：《隨手雜錄》，影印文淵閣四庫全書本。

86.（宋）王珪：《華陽集》，叢書集成初編本。

87.（宋）王君玉：《國老談苑》，中華書局叢書集成初編本。

88.（宋）王明清：《揮麈錄》，中華書局校點本，1961 年。

89.（宋）王欽若等編：《冊府元龜》，周勳初等校訂本，南京：江蘇古籍出版社，2006 年。

90.（宋）王十朋著、梅溪集重刊委員會編《王十朋全集》，上海古籍出版社，1998 年。

91.（宋）王素：《王文正公遺事》，影印咸淳百川學海本。

92.（宋）王應麟：《玉海》，上海書店影印本，1987 年。

93.（宋）王禹偁：《小畜集》，四部叢刊本。

94.（宋）汪藻：《浮溪集》，影印文淵閣四庫全書本。

95.（宋）汪藻：《靖康要錄》，宋史資料萃編第一輯影印十萬卷樓本，臺北文海出版社，1967 年。

96.（宋）汪莘：《方壺存稿》，影印文淵閣四庫全書本。

97.（宋）王曾：《王文正筆錄》，影印文淵閣四庫全書本。

98.（宋）魏了翁：《鶴山先生大全文集》（簡稱《鶴山集》），四部叢刊本。

99.（宋）魏泰著、李裕民點校《東軒筆錄》，中華書局，1983 年。

100.（宋）文天祥：《文山先生文集》，四部叢刊本。

101.（宋）文彥博：《潞公文集》，影印文淵閣四庫全書本。

102.（宋）文瑩著，鄭世剛、楊立揚點校《湘山野錄、續錄、玉壺清話》，中華書局，1984 年。

103.（宋）吳自牧：《夢粱錄》，浙江人民出版社，1980 年。

104.（宋）夏竦：《文莊集》，影印文淵閣四庫全書本。

105.（宋）謝深甫等：《慶元條法事類》，戴建國點校，《中國珍稀法律典籍續編》第一冊，黑龍江人民出版社，2002 年。

106.（宋）熊克著，顧吉辰、郭群一點校《中興小紀》，福建人民出版社，1985 年。

107.（宋）徐夢莘：《三朝北盟會編》，上海古籍出版社影印許涵度刻本，1987 年。

108. （清）徐松輯《宋會要輯稿》，中華書局影印本，1957 年。

109. （宋）徐元傑：《楳埜集》，影印文淵閣四庫全書本。

110. （宋）徐經孫：《矩山存稿》，影印文淵閣四庫全書本。

111. （宋）徐自明著、王瑞來校補《宋宰輔編年錄校補》，中華書局，1986 年。

112. （明）楊士奇、黃淮等編《歷代名臣奏議》，上海古籍出版社影印本，1989 年。

113. （宋）楊萬里：《誠齋集》，四部叢刊本。

114. （宋）楊億：《武夷新集》，影印文淵閣四庫全書本。

115. （宋）楊億口述、黃鑒筆錄、宋庠整理、李裕民輯校《楊文公談苑》，上海古籍出版社，1993 年。

116. （宋）姚勉：《雪坡集》，影印文淵閣四庫全書本。

117. （宋）葉紹翁著，沈錫麟、馮惠民點校《四朝聞見錄》，中華書局，1989 年。

118. （宋）葉適著，劉公純、王孝魚、李哲夫點校《葉適集》，中華書局，1961 年。

119. 佚名編《皇宋中興兩朝聖政》，宋史資料萃編第一輯影印宛委別藏影宋鈔本，臺北：文海出版社，1967 年。

120. 佚名編《宋大詔令集》，中華書局，1962 年。

121. 佚名編《宋季三朝政要》，粵雅堂叢書本。

122. 佚名編《宋史全文》，影印文淵閣四庫全書本。

123. 佚名編、汝企和點校《續編兩朝綱目備要》，中華書局，1995 年。

124. 佚名著、趙維國點校《道山清話》，大象出版社，2006 年。

125. （宋）袁說友：《東塘集》，影印文淵閣四庫全書本。

126. （宋）員興宗：《九華集》，影印文淵閣四庫全書本。

127. （宋）曾布著、程鬱點校《曾公遺錄》，大象出版社，2004 年。

128. （宋）曾鞏：《元豐類稿》，四部叢刊本。

129. （宋）曾鞏：《隆平集》，影印文淵閣四庫全書本。

130. （宋）曾肇：《曲阜集》，影印文淵閣四庫全書本。

131. （宋）張邦基著、孔凡禮點校《墨莊漫錄》，中華書局，2002 年。

132. （宋）張方平：《樂全集》，影印文淵閣四庫全書本。

133. （宋）張浚：《張魏公集》，影印文淵閣四庫全書本。

134. （宋）張栻：《南軒集》，影印文淵閣四庫全書本。

135. （宋）張世南著、張茂鵬點校《遊宦記聞》，中華書局，1981 年。

136.（宋）張舜民：《畫墁錄》，影印文淵閣四庫全書本。

137.（宋）張詠著、張其凡整理《張乖崖集》，中華書局，2000 年。

138.（宋）張載：《張載集》，中華書局，1978 年。

139.（宋）趙鼎：《忠正德文集》，影印文淵閣四庫全書本。

140.（宋）趙汝愚編，北京大學中國中古史研究中心校點整理《宋朝諸臣奏議》，上海古籍出版社，1999 年。

141.（宋）趙升編，王瑞來點校《朝野類要》，中華書局，2007 年。

142.（宋）眞德秀：《西山先生眞文忠公文集》，四部叢刊本。

143.（宋）周必大：《文忠集》，影印文淵閣四庫全書本。

144.（宋）周淙：《乾道臨安志》，中華書局《宋元方志叢刊》，1990 年。

145.（宋）周輝著、劉永翔校注《清波雜志校注》，中華書局，1994 年。

146.（宋）周密著、張茂鵬點校《齊東野語》，中華書局，1983 年。

147.（宋）周密：《武林舊事》，叢書集成初編本。

148.（宋）周密著、吳企明點校《癸辛雜識》，中華書局，1988 年。

149.（宋）鄭剛中：《北山集》，影印文淵閣四庫全書本。

150.（宋）朱弁著、孔凡禮點校《曲洧舊聞》，中華書局，2002 年。

151.（宋）朱熹：《晦庵先生朱文公文集》，四部叢刊本。

二、研究文獻

論　著

1. 費孝通等：《皇權與紳權》，上海：觀察社，1948 年。

2. 劉子健：《歐陽修的治學與從政》，臺北：新文豐出版公司，1963 年。

3. 彭利芸：《宋代婚俗研究》，臺北：新文豐出版公司，1988 年。

4. 鄧小南：《宋代文官選任制度諸層面》，石家莊：河北教育出版社，1993 年。

5. 寺地遵：《南宋初期的政治史研究》，劉靜貞、李今芸譯，臺北：稻禾出版社，1995 年。

6. 朱瑞熙：《中國政治制度通史·宋代》，北京：人民出版社，1996 年。

7. 閻步克《士大夫政治演生史稿》，北京：北京大學出版社，1996 年。

8. 王曾瑜：《宋朝階級結構》，石家莊：河北教育出版社，1996 年。

9. 龔延明：《宋代官制辭典》，北京：中華書局，1997 年。

10. 費孝通：《鄉土中國》，北京：北京大學出版社，1998 年。

11. 李無未：《中國歷代賓禮》，北京：北京圖書館出版社，1998 年。

12. 遠藤隆俊等編《宋代社會のネットワーク》，汲古書院，1998 年。

13. 朱瑞熙等：《宋遼西夏金社會生活史》，北京：中國社會科學出版社，1998 年。

14. 吳萬居：《宋代三禮學研究》，臺北：國立編譯館，1999 年。

15. 趙永春：《金宋關係史研究》，長春：吉林教育出版社，1999 年。

16. 王善軍：《宋代宗族和宗族制度研究》，石家莊：河北教育出版社，2000 年。

17. 岡元司等編《宋代人の認識──相互性と日常空間》，汲古書院，2001 年。

18. 包弼德：《斯文：唐宋思想的轉型》，劉寧譯，南京：江蘇人民出版社，2001 年。

19. 劉子健：《中國轉向內在──兩宋之際的文化轉向》，趙冬梅譯，南京：江蘇人民出版社，2001 年。

20. 楊志剛《中國禮儀制度研究》，上海：華東師範大學出版社，2001 年。

21. 游彪：《宋代蔭補制度研究》，北京：中國社會科學出版社，2001 年。

22. 楊念群：《中層理論：東西方思想會通下的中國史研究》，南昌：江西教育出版社，2001 年。

23. 徐吉軍等：《中國風俗通史・宋代卷》，上海：上海文藝出版社，2001 年。

24. 吳麗娛：《唐禮摭遺──中古書儀研究》，北京：商務印書館，2002 年。

25. 胡戟等主編《二十世紀唐研究》，北京：中國社會科學出版社，2002 年。

26. 張邦煒《宋代婚姻家族史論》，北京：人民出版社，2003 年。

27. 葛兆光：《中國思想史》，上海：復旦大學出版社，2005 年。

28. 余英時：《朱熹的歷史世界：宋代士大夫政治文化的研究》，北京：生活・讀書・新知三聯書店，2004 年。

29. 包偉民主編《宋代制度史研究百年（1900～2000）》，北京：商務印書館，2004 年。

30. 吳宗國主編：《中國古代官僚政治制度研究》，北京：北京大學出版社，2004 年。

31. 黃現璠：《古書解讀初探：黃現璠學術論文選》，桂林：廣西師範大學出版社，2004 年。

32. 平田茂樹等編《宋代社會の空間とコミユニケーシヨン》，汲古書院，2006 年。

33. 葛兆光：《古代中國的歷史、思想與宗教》，北京：北京師範大學出版社，2006 年。

34. 鄧小南：《祖宗之法：北宋前期政治述略》，北京：生活・讀書・新知三聯書店，2006 年。

35. 朱瑞熙等：《宋史研究》，福州：福建人民出版社，2006 年。

36. 吳曉萍：《宋代外交制度研究》，合肥：安徽人民出版社，2006 年。

37. 甘懷眞：《皇權、禮儀與經典詮釋：中國古代政治史研究》，上海：華東師範大學出版社，2008 年。

38. 霍布斯鮑姆等編《傳統的發明》，顧杭等譯，南京：譯林出版社，2008 年。

39. 鄧小南主編《政績考察與信息渠道：以宋代爲重心》，北京：北京大學出版社，2008 年。

40. 周揚波：《宋代士紳結社研究》，北京：中華書局，2008 年。

41. 皮慶生：《宋代民眾祠神信仰研究》（上海：上海古籍出版社，2008 年。

42. 黃寬重：《宋代的家族與社會》，北京：國家圖書館出版社，2009 年。

論 文

1. 陳義彥：《從布衣入仕論北宋布衣階層的社會流動》，《思與言》（臺北）第九卷第四號，1972 年。

2. 聶崇岐：《宋遼交聘考》，《宋史叢考》下冊，283～375 頁，北京：中華書局，1980 年。

3. 傅樂煥：《宋遼聘使表稿》，《遼史叢考》，179～285 頁，北京：中華書局，1984 年。

4. 李濟：《跪坐、蹲居與箕踞》，載《李濟考古論文集》（上），文物出版社，1985 年。

5. 汪德邁：《禮治與法治——中國傳統的禮儀制度與西方傳統的 JUS（法權）制度之比較研究》，《儒學國際學術討論會論文集》，濟南：齊魯書社，1989 年。

6. 龔延明：《論宋代官品制度及其意義》，《西南師範大學學報（哲學社會科學版）》1990 年第 1 期，13～23 頁。

7. 史繼剛：《宋代宰執的謁禁制度》，《西南師範大學學報》1990 年第 3 期，第 100～102＋119 頁。

8. 史繼剛：《宋代官吏謁禁制度述論》，《青海師範大學學報（社會科學版）》1992 年第 3 期，80～87 頁。

9. 朱瑞熙：《宋代的官民稱謂》，《上海師範大學學報》1990 年第 3 期，103～110 頁。

10. 龔延明：《宋代官吏的管理制度》，《歷史研究》1991 年第 6 期。

11. 內藤湖南：《概括的唐宋時代觀》，載劉俊文主編《日本學者研究中國史

論著選譯》第一卷，10～18 頁，北京：中華書局，1992 年。

12. 何忠禮：《宋代官吏的俸祿》，《歷史研究》1994 年第 3 期。

13. 李斌城：《唐代上朝儀初探》，載《唐文化研究》，上海：上海人民出版社，1994 年。

14. 吳以寧：《宋代朝省集議制度述論》，《學術月刊》1996 年第 10 期。

15. 鄧小南：《北宋蘇州的士人家族交遊圈——以朱長文之交遊爲核心的考察》，《國學研究》第三卷，451～486 頁，北京：北京大學出版社，1996 年。

16. 朱瑞熙《宋朝經筵制度》，《中華文史論叢》第 55 輯，1～52 頁，上海：上海古籍出版社，1996 年。

17. 蔣竹山：《宋至清代的國家與祠神信仰研究的回顧與討論》，《新史學》第八卷第二期，1996 年 6 月，187～220 頁。

18. 張全明：《也論宋代官員的俸祿》，《歷史研究》1997 年第 2 期，135～149 頁。

19. 鄧小南：《龔明之與宋代蘇州的龔氏家族——兼談南宋昆山士人家族的交遊與沉浮》，載《中國近世家族與社會學術研討會論文集》，臺北：中央研究院歷史語言研究所，1998 年。

20. 朱大渭：《中古漢人由跪坐到垂腳高坐》，載《六朝史論》，中華書局，1998 年 8 月，36～63 頁。

21. 徐規：《試析陳亮的鄉紳生活》，載《仰素集》，杭州：杭州大學出版社，1999 年，533～548 頁。

22. 朱瑞熙：《宋代官員禮品饋贈管理制度》，《學術月刊》2001 年第 2 期，52～59 頁。

23. 王善軍《近 20 年來宋代社會生活史研究綜述》《中國史研究動態》2001 年第 2 期，9～13 頁。

24. 方健：《宋代的相見、待客與交遊風俗》，《浙江學刊》2001 年第 4 期，第 123～128 頁。

25. 趙世瑜、鄧慶平：《二十世紀中國社會史研究的回顧與思考》，《歷史研究》2001 年第 6 期，157～172 頁。

26. 甘懷眞《中國古代君臣間的敬禮及其經典詮釋》，《臺大歷史學報》第 31 期，第 45～75 頁，2003 年 6 月。

27. 羅褘楠《模式及其變遷——史學史視野中的唐宋變革問題》，《中國文化研究》2003 年夏之卷，18～31 頁。

28. 藤善眞澄《宋朝の賓禮——成尋の朝見をめぐって》，《關西大學東西學術研究所紀要》36，2003 年。

29. 山口智哉：《宋代鄉飲酒禮考——儀禮空間としてみた人的結合の〈場〉》（載廣島史學研究會：《史學研究》241，2003 年。

30. 皮慶生：《宋代的「車駕臨奠」》，《臺大歷史學報》第 33 期，第 43～69 頁，2004 年 6 月。

31. 鄧小南：《近年來宋史研究的新進展》，《中國史研究動態》2004 年第 9 期，18～24 頁。

32. 游自勇：《漢唐時期「鄉飲酒」禮制化考論》，《漢學研究》第 22 卷第 2 期，2004 年 12 月。

33. 張廣達：《內藤湖南的唐宋變革說及其影響》，《唐研究》第 11 卷，5～71 頁，北京：北京大學出版社，2005 年。

34. 包偉民：《精英們「地方化」了嗎——試論韓明士〈政治家與紳士〉與「地方史」研究方法》，《唐研究》第十一卷，653～671 頁，北京：北京大學出版社，2005 年。

35. 游彪：《「禮」「俗」之際——宋代喪葬禮俗及其特徵》，《雲南社會科學》2005 年第 1 期，103～108 頁。

36. 申萬里：《宋元鄉飲酒禮考》，《史學月刊》2005 年第 2 期，28～36 頁。

37. 郭恩秀：《八○年代以來宋代宗族史中文論著研究回顧》，《新史學》第 16 卷第 1 期，2005 年 3 月，125～128 頁。

38. 黃正建：《唐代「士大夫」的特色及其變化——以兩〈唐書〉用詞爲中心》，《中國史研究》2005 年第 3 期，119～124 頁。

39. 眞鍋多嘉子：《近十五年來日本對宋代士大夫的研究》，《中國史研究動態》2005 年第 8 期，24～28 頁。

40. 山口智哉：《南宋鄉飲酒禮考》，載劉海峰主編《科舉制的終結與科舉學的興起》，238～253 頁，武漢：華中師範大學出版社，2006 年。

41. 平田茂樹：《從小說史料看宋代科舉社會的人際結合》，載劉海峰主編《科舉制的終結與科舉學的興起》，347～354 頁，武漢：華中師範大學出版社，2006 年。

42. 柳立言：《何謂「唐宋變革」》，《中華文史論叢》第 81 期，125～171 頁，2006 年 3 月。

43. 張國剛：《論「唐宋變革」的時代特徵》，《江漢論壇》2006 年第 3 期，89～93 頁。

44. 平田茂樹：《日本宋代政治史研究是現狀與課題》，《史學月刊》2006 年第 6 期，95～102 頁。

45. 趙世瑜：《明清史與宋元史：史學史與社會史視角的反思——兼評〈中國歷史上的宋元明變遷〉》，《北京師範大學學報（社會科學版）》2007 年第 5 期，87～95 頁。

46. 殷慧、肖永明《北宋禮學思想發展的二重路徑》，載《中國寶雞張載關學與東亞文明學術研討會論文集》，202～212 頁，2007 年。

47. 劉淑芬：《〈禪苑清規〉中所見的茶禮與湯禮》，《中央研究院歷史語言研究所集刊》第 78 本第 4 分冊，2007 年 12 月，629～670 頁。

48. 樓勁：《宋初禮制沿革及其與唐制的關係——兼論「宋承唐制」說之興》，《中國史研究》2008 年第 2 期，57～76 頁。

49. 楊世利：《近二十年來宋代士大夫政治研究綜述》，《中國史研究動態》2008 年第 4 期，8～14 頁。

50. 徐美莉：《中國古代的客禮》，《孔子研究》2008 年第 4 期，95～102 頁。

51. 張文昌：《唐宋禮書及其研究的回顧與展望》，載黃俊傑主編《東亞儒學研究的回顧與展望》，125～175 頁，上海：華東師範大學出版社，2008 年。

學位論文

1. 林碧琴：《聶崇義〈三禮圖〉研究》，國立政治大學中國文學研究所碩士論文，1992 年。

2. 張永升：《宋代士庶人之喪葬禮俗研究》，國立成功大學歷史語言研究所碩士論文，1994 年。

3. 惠吉興：《宋代禮學研究》，中山大學博士論文，1999 年。

4. 宋炯：《唐宋時期的朝會和朝位》，南京大學博士論文，2002 年。

5. 孫致文：《朱熹儀禮經傳通解》，國立中央大學中國文學研究所博士論文，2003 年。

6. 張文昌：《唐宋禮書研究——從公禮到家禮》，臺灣大學歷史學研究所博士論文，2005 年。

7. 李輝：《宋金交聘制度研究（1127～1234）》，復旦大學博士論文，2005 年。

8. 吳諍強：《宋代科舉與鄉村社會》，浙江大學博士論文，2006 年。

9. 楊建宏：《宋代禮制與基層社會控制研究》，四川大學博士論文，2006 年。

10. 曹顯徵：《遼宋交聘制度研究》，中央民族大學博士論文，2006 年。

11. 梁建國：《朝堂內外：北宋東京士人交遊諸側面》，北京大學博士論文，2007 年。

12. 吳羽：《唐宋禮典與社會變遷——以〈中興禮書〉為中心》，中山大學博士論文，2007 年。

13. 王化雨：《宋朝君主的信息渠道研究》，北京大學博士論文，2008 年。

14. 張禕：《制詔敕箚與北宋的政令頒行》，北京大學博士論文，2009 年。

15. 傅俊：《南宋的村落世界》，浙江大學博士論文，2009 年。